高职高专『十三五』国际贸易专业（含金融方向）系列规划教材

国际结算

主　编　陈卫华
副主编　刘晓辉　吴薇
　　　　席庆高　刘尚慧

赠送电子课件

西安交通大学出版社
XI'AN JIAOTONG UNIVERSITY PRESS

图书在版编目(CIP)数据

国际结算/陈卫华主编．—西安：西安交通大学出版社，
2013.5
 ISBN 978-7-5605-5083-1

Ⅰ.①国… Ⅱ.①陈… Ⅲ.①国际结算 Ⅳ.①F830.73

中国版本图书馆CIP数据核字(2013)第049016号

书　　名	国际结算
主　　编	陈卫华
责任编辑	赵怀瀛
出版发行	西安交通大学出版社
	(西安市兴庆南路1号　邮政编码 710048)
网　　址	http://www.xjtupress.com
电　　话	(029)82668357　82667874(发行中心)
	(029)82668315　82669096(总编办)
传　　真	(029)82668280
印　　刷	西安日报社印务中心
开　　本	787mm×1092mm　1/16　印张 15.125　字数 367千字
版次印次	2013年5月第1版　2019年11月第2次印刷
书　　号	ISBN 978-7-5605-5083-1
定　　价	39.80元

读者购书、书店添货，如发现印装质量问题，请与本社发行中心联系、调换。
订购热线：(029)82665248　(029)82665249
投稿热线：(029)82668133
读者信箱：xj_rwjg@126.com

版权所有　侵权必究

前言
Foreword

　　国际结算是用货币结清国际间债权债务的一种活动。据国家统计局统计数据，2003—2011年间，中国货物进出口贸易年均增长21.7%，2011年中国货物贸易进出口总额跃居世界第二位，连续3年成为世界最大出口国和第二大进口国。进出口贸易的迅速发展，对国际结算提出了更高的要求。作为涉外经济活动的重要环节，国际结算对进一步开拓国际市场、发展进出口贸易有着不可忽视的作用。如何快捷、安全、高效地实现国际货币的收付，是每一个涉外企业都极为关注的问题，涉外企业对从业者的要求也越来越高。

　　根据高职教育培养适应生产建设（管理、服务）第一线需要的高端技能型人才的培养目标，本书以企业对高职人才的知识、职业能力的要求，以及高职学生未来职业生涯发展的需要等主要因素作为教材编写的指导思想，以注重实务性和与国际惯例接轨为编写原则，同时结合国际结算领域的新发展和新变化遴选内容。编者在吸取国内众多国际结算教材优点的基础上，跳出从简单到复杂的认知顺序，以新手入职可能从事国际结算所涉及的具体工作为出发点，按传统的信用证、托收和汇付结算方式顺序，根据国际结算的操作流程，以任务为单元组织内容。相比同类教材，本教材的特点如下：

　　1. 体例新颖，兼顾传统，重视创新

　　本教材在编写体例上，既部分保留了传统教材的特点，又大胆采用体现"工学结合"、重视技能培养的任务引领的新型编写体例。教材分为三大篇，共十七章。第一篇国际结算准备篇（两章）、第三篇国际结算提高篇（三章）采用传统的编写体例，以案例导入开篇，通过让学生阅读精心设计的案例，对将要所学的内容产生浓厚的兴趣，变被动学习为主动学习。第二篇国际结算基础篇，包括12个工作任务，每个工作任务独立成章。每个工作任务由学习目标、任务设计、任务描述、操作示范、必备知识、拓展知识、技能训练和应知练习八个模块构成。

2. 内容务实，时效性强

为了充分反映国际结算的实际内容，本教材的案例、合同、部分单证一般都仿照真实文件的外观式样，涉及的当事人、交易内容等均经过一定的处理。这些高仿真的学习内容，基本是外贸实务的真实反映，有助于学生通过学习，增强对职场的认同感，缩短学生入职后的适应期，利于学生未来更快的发展。

3. 偏重实务，兼顾理论，操作性强

本教材的核心是第二篇，其中信用证项下的任务7个，托收项下的3个，汇付项下2个。学生通过完成"任务设计"中的任务，可以基本达到"学习目标"。完成任务时，需要注意的事项在"任务描述"中有精炼的提示。至于如何完成任务，"操作示范"会娓娓道来，引导学生一步步完成任务。学生通过完成"技能训练"和"应知练习"中的任务和练习，可以巩固学习目标，达到举一反三之效。八个部分环环紧紧相扣，浑然一体。

南通纺织职业技术学院商学院的陈卫华担任本教材的主编，负责教材框架的制定、统撰和全书的校核工作。石家庄财经职业学院的刘晓辉、山东外国语职业学院的吴薇、南京钟山学院的席庆高、燕京职业技术学院的刘尚慧担任副主编。本教材编写的具体分工为：第一章（刘尚慧）、第二章（王海燕，石家庄财经职业学院）、第三章～第十三章（陈卫华）、第十四章和附录的整理（吴薇）、第十五章（殷纡，南京信息职业技术学院）、第十六章（吴敬茹，石家庄财经职业学院）、第十七章（刘晓辉）。此外，南京钟山学院的席庆高、南京信息职业技术学院的王红梅为本教材的编写，提供了不少资料和建议。

在编写过程中，编者参考了众多国内外论著的研究成果，除注明出处的部分外，限于篇幅未能一一说明，在此一并向有关专家、学者、作者致以衷心的感谢。

由于编者水平有限，本教材在内容、编排和格式等方面难免存在不妥之处，真诚欢迎同行和广大读者指正，以使再版时予以修正。

编者
2013年2月

目录
Contents

第一篇 国际结算准备篇 /001

- 003　第一章　国际结算概述
  - 004　第一节　国际结算的含义和分类
  - 005　第二节　国际结算的内容
  - 005　第三节　国际结算的特点
  - 006　第四节　国际结算涉及的法律和国际惯例
- 008　第二章　国际结算票据
  - 008　第一节　票据概述
  - 010　第二节　汇票

第二篇 国际结算基础篇 /021

- 023　第三章　申请人制作开证申请书——任务一
- 039　第四章　开证行开立信用证——任务二
- 059　第五章　通知行通知信用证——任务三
- 072　第六章　受益人审核信用证——任务四
- 083　第七章　申请人制作改证申请书——任务五
- 089　第八章　寄单行寄单索汇——任务六
- 101　第九章　开证行审核信用证项下单据——任务七
- 121　第十章　委托人制作托收申请书——任务八
- 134　第十一章　托收行制作托收指示——任务九
- 142　第十二章　代收行通知托收单据——任务十
- 153　第十三章　汇款人制作汇款申请书——任务十一
- 169　第十四章　汇出行制作汇款报文——任务十二

第三篇 国际结算提高篇 /177

179　第十五章　银行保函和备用信用证
179　　第一节　银行保函
189　　第二节　备用信用证

194　第十六章　国际贸易融资
194　　第一节　国际贸易融资概述
195　　第二节　主要的出口贸易融资方式
201　　第三节　主要的进口贸易融资方式

209　第十七章　各种结算方式的比较和综合运用
210　　第一节　各种结算方式的比较
213　　第二节　结算方式的综合运用

附录 /219

参考文献 /235

第一篇

国际结算准备篇

第一部

日本文化と中国

第一章 国际结算概述

学习目标

能力目标

初步形成对涉及国际结算范畴的事物的敏感度

知识目标

掌握国际结算的含义、特点,了解国际结算课程学习的主要内容

案例导入

一个资深外贸人员眼中的国际结算

陆建是顺三外贸公司的总经理,从事外贸工作已有二十多年,亲历了外贸政策的变化和国际结算变化的点点滴滴。

从某知名高校的国际贸易专业毕业后,陆建被分配到某大型国有外贸公司。不久,该外贸公司改制,他和其他几个人另组了顺三外贸公司(下文简称顺三)。

顺三建立之初,只有一个客户(从原来的国有外贸公司跟随业务员来到了顺三公司)。公司人员利用不到两年的时间,发展了五个客户。由于是新客户,相互之间的信用情况不太了解,因此当时主要采用信用证结算。公司成立之初,流动资金较紧,顺三采用出口押汇和打包贷款缓解资金困境。

随着相互间贸易的进行及贸易量的扩大,顺三和客户之间的相互了解越来越多,结算方式也慢慢地从信用证方式过渡到信用证、托收和汇付并用。目前,结算方式以汇付为主。通常是国外客户先T/T一部分预付款,剩余款在客户收到正本提单的传真件后再电汇。

使陆建印象最深的一次是在某年的春季广交会上结识了一个新客户,该客户要求以D/A方式结算,没有任何商量的余地。考虑到订单金额较大,又是新客户,为了规避风险,顺三向保险公司投保了"卖方利益险",交易顺利进行。

多年来,顺三公司的结算货币以美元为主。人民币汇改前,美元和人民币汇率基本稳定,再加上相对低廉的劳动力成本,以纺织品服装为主的出口贸易给顺三带来了丰厚的利润。但是,2005年7月21日,我国开始实行以市场供求为基础、参考一篮子货币进行调节及管理的浮动汇率制度,人民币对美元的汇率从近1美元兑换8.28元人民币调整为1美元兑8.11元人民币,人民币对美元升值近2%。此后人民币汇率基本是一路高歌,顺三的出口利润日趋降低。2008年始发于美国的金融危机,使顺三的出口贸易受到了极大的影响。国外客户一改以往惯用的电汇方式,希望以D/P、D/A和O/A方式结算。为了稳住老客户,同时有效规避风险,顺三尝试了出口保理业务、远期结售汇业务,并有选择地办理了出口信用保险。这些综合措施的运用,使顺三顺利地走出了金融危机的阴霾。

2011年8月23日,人民银行、财政部、商务部、海关总署、税务总局和银监会联合发布《关

于扩大跨境贸易人民币结算地区的通知》，跨境贸易人民币结算境内地域范围扩大至全国。顺三公司以此为契机，尝试着说服客户以人民币结算，经过多次的磋商，终于成功地完成了首笔以人民币结算的出口交易。

分析：

在对外贸易中，结算环节至关重要。用何种货币结算、针对不通的客户分别选用哪种结算方式、采用什么样的融资方式等是进出口企业必须要认真考虑的问题。那么银行、企业各扮演什么角色，通过下面项目的学习、阅读，你会找到答案。

第一节 国际结算的含义和分类

一、国际结算的含义

国际结算是指国际间由于政治、经济、文化、外交、军事等方面的交往或联系而发生的以货币表示的债权债务的清偿行为或资金转移。它是一项综合的经济活动，内容包括：支付服务、贸易单证处理、结算方式操作、贸易融资、信用担保、银行间的国际合作与支付清算等。

二、国际结算的分类

国际结算可以从不同的角度按不同的标准进行分类，常见的有以下分类：

1. 按是否直接使用现金划分为现金结算和非现金结算

现金结算，是指通过收付货币金属或货币现金来结清国家间债权债务关系。在资本主义社会以前的封建社会，对外贸易主要是贩运贸易，对外贸易目的就是从中获利，贸易规模很小，交换商品种类不多，货币收付主要采用现金结算。我国古代同东亚及东南亚各国的海上贸易中，除了易货贸易外，大多使用黄金、白银和部分铜铸币进行结算。

非现金结算，是指通过各种支付工具（票据），使用银行间的划账冲抵来结清债权债务关系。该方式下，进出口商或债权债务人各自向本国银行买卖各种不同金额、不同时间的票据等，将他们之间的结算转变为通过银行之间的结算，银行则通过相互之间的账户冲抵或现金划拨来抵偿债权债务关系。相比前者，非现金结算迅速、简便，可以节约现金和流通费，有利于资金循环和周转，促进了国际间经济贸易的发展。随着现代通信技术的发展，非现金结算逐步由航空邮递发展为电报电传方式。此方面最成功、影响最大的是环球银行金融电讯协会，即SWIFT。

2. 按债权债务产生的原因划分为国际贸易结算和非贸易结算

国际贸易结算，是指以商品进出口为背景，由有形贸易引起的，即货物与货币的相对给付，卖方交货，买方付款。但买卖双方一手交钱、一手交货，钱货当面两讫的方式几乎不可能。因此，在实际中多数情况是卖方发货在先，买方付款在后，并且以单据代表货物，且有银行的加入并在其中承担一定风险和提供融资。

非贸易结算，是指由无形贸易引起的货币收付活动，其目的有清偿债权债务关系和转移资金。非贸易结算业务量大，由于不涉及商品与货币的相对给付，因而结算手续简单，通常只涉及一部分结算方式和内容。

3. 按付款方式划分为现汇结算和记账结算

现汇结算，是指通过银行对贸易和非贸易往来，用可兑换货币进行逐笔结算。进而按其信用保证、支付时间和付款依据的不同，分为汇付结算、托收结算和信用证结算。

记账结算,是指两国银行使用记账外汇进行定期结算。记账外汇是两国政府签订的支付协议项下的外汇,只能用于支付对方国家的债务,不能自由运用。

第二节　国际结算的内容

一、国际结算工具

现代银行结算主要是非现金结算,主要工具是票据,包括汇票、本票和支票。票据在结算中起着流通手段和支付手段的作用,远期票据还能充当信用工具。票据的使用极大地提高了国际结算的效率和安全性。因此,票据的要式及种类、票据行为、流通规则等是国际结算的第一个研究内容。

二、国际结算方式

以一定条件实现国际货币的收付活动的方式称为国际结算方式。在国际贸易中,进出口商在合同中需要明确写明采用哪种结算方式。经办银行应客户要求,在某种结算方式下,以票据和各种单据作为结算的重要凭证,最终实现客户委托办理的国际债权债务的清偿。

国际结算方式主要包括汇款、托收、信用证、银行保函、备用信用证、国际保理和福费廷。前三种是传统意义上的结算方式,其中汇款和托收是建立在商业信用基础上的结算方式,而信用证则是建立在银行信用基础上的结算方式。后几种称为新型的国际结算方式,其中国际保理和福费廷通常结合传统结算方式使用,不过更多情形下,它们是作为一种融资手段使用。

本书把三种传统的结算方式在第二篇国际结算基础篇中介绍,其他结算方式在第三篇国际结算提高篇中介绍。

三、国际结算单据

单据的传递和使用是实现国际结算的重要条件。货物单据化是银行作为国际贸易结算中介的前提,银行只管单据,不管货物,银行通过控制单据进而控制货物。国际结算中设计的单据众多,极为复杂,主要有商业发票、运输单据和保险单据等。(由于大多数高职院校都有外贸单证类的课程,因此本教材不具体涉及国际结算单据内容)

四、国际结算的融资业务

在国际商品和服务贸易中,进出口商取得银行的资金融通是从事国际贸易的重要条件。一个企业的自有资金总是有限的,要经营对外贸易,通常需要得到银行的帮助。银行除了对进出口商提供一般性贷款服务外,还可以在具体办理贸易结算的过程中,以进出口押汇方式向客户提供融资,向进口商提供信用证开证额度,向出口商提供票据贴现等服务,从而促进国际贸易的发展。

第三节　国际结算的特点

国际结算基于国际贸易产生而发展,经过几百年的发展,国际结算业务逐步完善。与国内结算相比而言,其活动范围广,涉及货币可兑换,文化环境及法律环境复杂。国际结算与国内结算相比,具有以下特点:

(1)国际结算是跨国货币活动,国内结算在一国范围内。

(2)国际结算使用不同货币,国内结算使用同一种货币。

(3)国际结算遵循国际惯例和根据双方事先协商的仲裁法,国内结算遵循本国法律。国际惯例一般具有通用性、稳定性、准强制性等特点。

第四节　国际结算涉及的法律和国际惯例

一、与票据相关的法律

票据是现代经济生活中主要的信用支付工具,是非现金结算的基础,在国际结算及社会活动中发挥着十分重要的作用。因此,各国政府对此极为重视,相继立法将票据流通规则法律化,以保证票据上所记载文字代表的权利。在我国,1995 年 5 月 10 日第八届全国人民代表大会常务委员会第十三次会议通过了《中华人民共和国票据法》。该法共七章,一百一十一条,分别对汇票、本票和支票做了详细的规定。凡中华人民共和国境内的票据活动,皆适用此法。

二、与结算方式相关的国际惯例

(1)ICC1995 年修订的《托收统一惯例》(URC522),ICC 第 522 号出版物,1996 年 1 月 1 日起生效。

(2)ICC1998 年颁布的《国际备用证惯例》(ISP98),ICC 第 590 号出版物,1999 年 1 月 1 日生效。

(3)ICC2007 年修订的《跟单信用证统一惯例》(UCP600),ICC 第 600 号出版物,2007 年 7 月 1 日生效。

(4)ICC2007 年更新的《跟单信用证统一惯例关于电子交单的附则(版本 1.1)》(eUCP1.1),ICC 第 600 号出版物附件,2007 年 7 月 1 日生效。

(5)ICC2007 年更新的《跟单信用证项下审核单据的国际标准银行实务》(ISBP681),ICC 第 681 号出版物,2007 年 7 月 1 日起生效(2010 年,ICC 正式启动了对 ISBP681 的修改)。

(6)ICC2008 年修订的《信用证项下银行间偿付统一规则》(URR725),ICC 第 725 号出版物,2008 年 10 月 1 日起生效。

(7)FCI2010 年 6 月更新的《国际保理通用业务规则》(GRIF)。

(8)ICC2010 年修订的《见索即付保函统一规则》(URDG758),ICC 第 758 号出版物,2010 年 7 月 1 日起生效。

(9)ICC2010 年修订的 Incoterms2010,ICC 第 715 号出版物,2011 年 1 月 1 日起生效。

(10)IFA 制定的《IFA 国际福费廷规则》(IFA GUIDELINES),2004 年起生效,《(IFA 国际福费廷规则)用户指南》(USER'S GUIDE TO THE IFA GUIDELINES)及《IFA 福费廷一级市场交易指引》(IFA PRIMARY MARKET GUIDE),2008 年生效。

拓展知识

国际结算中的往来银行

要结清国际贸易产生的债权债务,需要收款人所在地银行代理付款,因此办理国际结算的基本条件是要有一个国际性的银行网络。银行网络越广泛,办理国际结算的范围越大,资金清算就越方便。要想拥有这样的网络,一两家银行显然是不够的。并且银行也不可能直接把款项付给收款人,所有的收付行为都通过银行间的清算才能完成,所以建立银行间往来是办理国际结算必不可少的前提条件。在国际结算中主要有联行往来和代理行往来。

联行是指根据业务发展需要,在国外设立分行和支行。分行不是独立的法律实体,没有独立法人资格,只是商业银行设立的营业性机构,同时受总行所在国和东道国法律及规章的制约。其业务范围和经营政策与总行保持一致,并且分行的业务活动限制以总行的资本、资产和负债为基础来衡量。总行对分行活动负有完全责任。支行地位类似于分行,属分行管辖,规模比分行小,层次比分行低。

代理行是指接受其他国家或地区的银行委托,代办国际结算业务和提供其他服务,并建立相互代理业务关系的银行。代理行一般在国外客户当地,对当地的经济、商业往来比较了解,有利于业务开展。银行间代理关系,一般由双方银行总行直接建立,分行不能独立对外建立代理关系。我国银行建立代理关系的程序一般为:首先考察对方资信,对于资信良好、经营作风正派的银行建立代理关系,然后签订代理协议并互换控制文件(包括密押、印鉴式样、费率表等),最后双方银行确认控制文件。代理行之间单方或双方相互在对方银行开立账户的则称为账户行,账户行之间可以直接代理货币收付。

技能训练

1. 通过因特网查询以下常用货币符号代码

人民币、美元、欧元、日元、港元、英镑、瑞士法郎、新西兰元、加拿大元、新加坡元、澳大利亚元、俄罗斯卢布、韩元、科威特第纳尔、泰铢、伊朗里亚尔、菲律宾比索、马来西亚林吉特、澳门元、巴基斯坦卢比

2. 通过书籍和因特网查询SWIFT(环球银行金融电讯协会)基本信息

3. 通过因特网查询中国银行与国外银行设立分行业务情况

应知练习

一、单选题

1. 当前大多数国际贸易结算都是(　　)。
   A. 现金结算　　　B. 非现金结算　　　C. 现汇结算　　　D. 记账结算
2. 现代国际结算的核心是(　　)。
   A. 票据　　　B. 买卖双方　　　C. 买方　　　D. 银行
3. 国际贸易结算是指(　　)带来的结算。
   A. 一切国际贸易　　B. 服务贸易　　C. 有形贸易　　D. 票据交易

二、多选题

1. 国际结算基本内容包括(　　)。
   A. 国际结算工具　　B. 国际结算方式　　C. 国际结算银行　　D. 国际结算单据
   E. 国际惯例　　　　F. 国际法律
2. 银行是现代国际结算的核心枢纽,其在国际贸易结算中的作用可以囊括为(　　)。
   A. 国际汇兑　　B. 提供信用保证　　C. 融通资金　　D. 减少外汇风险

三、判断题

1. 我国内地与港澳台地区之间的货币收付,因同属于一个国家,所以就是国内结算。(　　)
2. 银行间的代理关系,一般由双方银行总行直接建立,分行不能独立对外建立代理关系。(　　)
3. 账户行一定是建立了代理关系的代理行,代理行不一定是账户行。(　　)

第二章 国际结算票据

学习目标

能力目标
1. 根据相关信息,准确制作汇票
2. 准确计算贴现额

知识目标
1. 熟记票据行为
2. 掌握汇票、本票和支票的异同点

案例导入

伦敦公司 A 向北京公司 B 采购一批服装,订单(P/O)号码为 58E01LC003,价值为 20000.00 美元,约定装运后 25 天付款。北京公司 C 向伦敦公司 D 采购一批零部件,价值为 20000.00 美元,假定货物装运日期为 2012 年 7 月 10 日。而公司 B 与 C 之间刚好存在某种业务关系,如果 A 和 B 之间、C 和 D 之间分别采用现金结算,现金循环时间长,手续相对麻烦。

分析:

采用何种工具结算,可以简化手续,省去使用现金结算的麻烦,提高效率呢?学过本章的票据结算后,你将轻松找到答案。

第一节 票据概述

一、票据的概念和种类

(一)票据的含义

票据有广义和狭义之分。广义的票据是指商业上的权利凭证(document of title),即凡赋予持有人一定权利的凭证(如提单、存单、股票、债券等)都是票据。由于广义的票据之间,无论是在性质上还是在形式上都有很大的差异,难以用明确的概念将它们统一,因此,产生了狭义的票据概念。

狭义上的票据是指以支付金钱为目的的书面支付凭证,是由出票人签名或盖章,约定由自己或另一人在见票时或将来可以确定的时间无条件支付确定金额给持票人或收款人的可流通的有价证券。票据不仅能够代替现金作为支付工具,而且因其具有信用功能从而还可以作为融资工具,它的产生和普及开启了国际贸易非现金结算的序幕,被誉为"有价证券之父"。

(二)票据的种类

各国法律对票据种类的规定并不完全一致,但在国际贸易中使用的金融票据包括汇票

(bill of exchange；draft)、本票(promissory note)和支票(cheque；check)，其中以使用汇票为主。目前，我国票据法中规定的票据包括汇票、本票和支票三种。

二、票据的特征

(一)流通性

票据是一种债券凭证，但它的流通与一般的债券的转让不同。一般债券的转让必须通知债务人方为有效；而票据的转让，可以凭交付或背书后交付就能完成，而无须通知债务人，债务人也不能以未接到转让通知为理由拒绝向票据权利人清偿债务。所以合法取得票据权利的人就能用简易的交付票据或经背书并交付票据的方式以偿付其欠他人的另一笔债务，或凭以向银行取得现金，或通过贴现取得现金。因此，只要有健全的票据市场，票据债务人的资信又是可靠的，持票人就可将票据视同现金，取得资金融通的便利，这就是票据的流通性。但是，在某些情况下，流通票据也可能失去流通能力。如果票据被加上限制性批注，如"不得转让"、"只能付某人"等，那么，这些票据就不再具有流通性了。

(二)无因性

为了消除人们接受票据的顾虑，便于票据的流通，必须以票据的第二个特性，即无因性来加以保证。所谓票据的无因性，就是指票据流通过程中的持票人行使票据权利时，不必向票据债务人陈述或证明该票据产生或转让的原因，即使该票据有原因上的缺陷，只要持票人是依法取得的，就享有票据的权利，票据债务人必须对票据持有人支付票款。

(三)文义性

由于票据的无因性决定了票据债务人只能根据票据的文字记载来履行付款义务，即所谓文义性。

(四)要式性

票据的要式性是指票据的形式内容必须符合规定，必要的项目必须齐全，对票据的处理，包括出票、提示、承兑、保证、追索等行为都必须符合票据法的要求。

以上就是票据的四个特征：流通性、无因性、文义性和要式性。正是因为具备了这四个特性，才能减少票据纠纷，保证票据的顺利流通，才能更好地发挥票据在经济活动中的汇兑、支付和信用工具的功能。

三、票据权利和票据义务

(一)票据权利

"票据权利"又称"票据上的权利"，是指持票人、收款人向票据债务人请求支付票据金额的权利，包括付款请求权和追索权。

1. 付款请求权

这是票据债权人的重要权利。按照票据法规定，上述权利的行使，必须通过"提示"行为。票据的债务人付款之后，票据权利人将票据交付付款人，票据关系即告终止，票据权利自然消灭。在特殊情况下，当付款人部分付款时，付款部分的票据权利消灭，其余部分的票据权利依然存在。有些情况下，票据权利人为防止权利丧失还可以行使保全权利。

2. 追索权

追索权是指持票人享有当票据不获付款、不获承兑或其他法定原因遭到退票时,能够向出票人、背书前手或其他债务人请求偿还票面金额、利息及有关费用的权利。持票人应当依照票据法规定,行使追索权。追索权是票据的一项权利,特别对从事国际贸易的合同当事人与银行之间的关系处理和争议的解决有十分重要的意义。

(二)票据义务

票据义务是指票据债务人向持票人支付票据金额的责任。它是基于债务人特定的票据行为(出票、背书、承兑等)而应承担的义务,主要包括付款义务和偿还义务。

实务中,票据债务人承担票据义务一般有四种情况:一是汇票承兑人因承兑而应承担付款义务;二是本票出票人因出票而承担自己付款的义务;三是支票付款人在与出票人有资金关系时承担付款义务;四是汇票、本票、支票的背书人,汇票、支票的出票人、保证人,在票据不获承兑或不获付款时的付款清偿义务。

四、票据的作用

1. 结算

结算的基本方法是非现金结算,结算时必须使用一定的支付工具,而票据就是一种支付工具,利用它可以了结债权债务。

2. 信用

票据本身不是商品,亦无所谓价值,它是建立在信用基础上的书面支付凭证。

3. 支付和流通

票据作为一种支付工具,可以减少现金的使用,并且票据经过背书可以连续地转让,使票据在市场上广泛地流通。

第二节 汇票

一、汇票的含义

根据《英国票据法》的定义,汇票是一人签发给另一人的无条件书面支付命令,要求受票人见票时或于未来某一规定的或可以确定的时间,将一定金额的款项支付给某一特定的人或其指定人或持票人。我国《票据法》第 19 条规定:"汇票是出票人签发的,委托付款人在见票时或者在指定日期无条件支付确定的金额给收款人或者持票人的票据。"

二、汇票的记载项目

汇票是一种要式证券,所以必须具备法律规定的形式和载明必要的内容,才能产生票据的法律效力。各国票据法对汇票必备内容的规定不完全相同。我国《票据法》第 22 条规定,汇票必须记载下列事项:

1. 表明"汇票"字样(word of exchange)

我国《票据法》和《日内瓦统一法》都规定,汇票上必须表明"汇票"字样,以区别于本票和支票,明确各当事人的权利和责任。《英国票据法》无此要求,但结算汇票大都有"汇票"字样。

2. 无条件支付的命令（unconditional order to pay）

汇票是出票人给付款人的无条件支付命令。这里所说的无条件支付命令，是指汇票上载有无条件支付委托的文句，该委托不受任何限制，不能将其他行为的履行或事件的发生作为其先决条件。如果汇票上有"于货物抵达目的地后付款"等附加条件或限制，则该汇票无效。但在汇票上加注出票条款（drawn clause）以表明出票依据，如"按××号信用证开立"等，则不在此列。

3. 确定的金额（the sum certain in money）

汇票的支付标的必须是金钱，且数额必须确定，即按照票据文义，任何人计算应付金额都能得到同样的结果，不会发生歧义。

汇票金额同时以文字和数字表示的，两者应一致。如有差异，按照《英国票据法》和《日内瓦统一法》的规定，应以文字表达为准。但我国《票据法》第 8 条规定："票据金额以中文大写和数码同时记载的，两者必须一致。两者不一致的，票据无效。"

4. 付款人名称（drawee；payer）

付款人又称受票人，即接受支付命令付款的人。各国票据法都要求汇票必须载明付款人的姓名或商号。付款人的名称和地址应表达清楚，以便持票人提示承兑或提示付款。在信用证结算方式中，汇票的付款人是银行；在托收结算中，付款人为进口商。

5. 收款人名称（payee）

收款人又称受款人，即受领汇票所规定金额的人。根据《英国票据法》，汇票可以指定收款人，也可以不指定收款人，而仅写付给持票人。但我国《票据法》和《日内瓦统一法》规定，汇票必须记载收款人名称。

在我国的贸易实践中，通常以出口商所在地的银行（如信用证业务中的议付行、托收中的托收行）作为收款人。

6. 出票日期（date of issue）

我国《票据法》和《日内瓦统一法》规定，汇票应当记载出票日期，否则汇票无效。

汇票记载出票日期有三个作用：①决定票据的有效期。按票据法的一般规则，票据均有一定的有效期，持票人必须在有效期内向付款人提示要求付款或承兑。我国《票据法》规定，即期汇票的有效期为自出票日起的 1 个月。②决定付款的到期日。以汇票出票日期推算付款到期日的远期汇票，必须明示出票日期。③判定出票人的行为能力。如出票人在出票时已宣告破产、清理，则可判定出票人在出票时已丧失行为能力，该汇票应认定为无效。

7. 出票人签章（drawer）

各国票据法都规定，汇票必须有出票人签名才能生效。

汇票上未记载上述规定事项之一的，汇票无效，受票人有权拒付。

附汇票样式如下，如图 2-1 所示。

```
                            Bill of Exchange
No. _____（汇票号码）
Drawn under(出票依据)_____L/C No._____Dated_____

Payable with interest at_____‰(付款利息)
Exchange for(汇票金额)_____Beijing, China(出票时间地点)_____
At(见票)_____Sight of this First of Exchange(Second of Exchange being unpaid)

Pay to the order of(收款人)_____
The sum of(金额)_____

To(付款人)_____
                                            _____（出票人）
                                            （Signature）（签字）
```

图 2-1　汇票

三、汇票的种类

汇票从不同的角度可以分成以下几种：

1. 按出票人不同，可分为银行汇票和商业汇票

(1)银行汇票(banker's draft)是指由银行签发的汇票，是一家银行向另一家银行发出的书面支付命令，出票人和付款人都是银行。

在我国，银行汇票根据用途，又分为现金银行汇票和转账银行汇票。现金银行汇票在出票金额前填写"现金"字样，并且只有在申请人和收款人都为个人时才能使用。转账银行汇票只能用于转账方式付款。

(2)商业汇票(trade bill)是指由企业或个人签发的汇票。商业汇票的付款人可以是企业、个人或银行。

我国对于商业汇票使用比较严格，只有在银行开立存款账户的法人及其他组织之间才能够使用商业汇票，而个人不能使用商业汇票。

2. 按是否附有商业单据，可分为光票和跟单汇票

(1)光票(clean bill)是指由出票人开立的不附任何单据的汇票。银行汇票多为光票。光票常在国际贸易中支付佣金、待垫费用以及收取货款尾数时开立。

(2)跟单汇票(documentary bill)是指附带有关单据的汇票，附带单据可能是发票、提单、保险单、产地证明等。商业汇票多为跟单汇票。

3. 按付款日期不同，可分为即期汇票和远期汇票

(1)即期汇票(sight bill or demand draft)是指持票人向付款人提示后对方立即付款，又称"见票即付"汇票。银行汇票多是即期汇票。

(2)远期汇票(time bill or usance bill)是指在出票一定期限后或特定日期付款的汇票。远期汇票多为商业汇票。

远期汇票的付款时间,有以下几种规定办法:
①见票后若干天付款(At ×× days after sight);
②出票后若干天付款(At ×× days after date);
③提单签发日后若干天付款(At ×× days after date of Bill of Lading);
④指定日期付款(Fixed date)。

对于远期汇票,涉及付款到期日的计算。各国票据法对计算到期日方法的规定大致相同:①算尾不算头。如见票日为3月15日,付款期限为见票日后30天,到期日为4月14日。②节假日顺延。上例中,如果4月14日为银行节假日,则付款期限应顺延至下一个银行营业日。③"月"为日历月,以月为单位计算付款期限的,指日历上的月份,不考虑每月的具体天数,一律以相应月份的同一天为到期日,若当月无对应日期,则以该月的最后一天代替。如见票日为1月31日,见票后1个月、2个月、3个月付款,则到期日分别为2月28日(如遇闰年,为29日)、3月31日、4月30日。

4. 按汇票抬头的不同,可分为限制性抬头、指示性抬头和来人抬头的汇票

汇票抬头即汇票的收款人。

(1)限制性抬头。例如"仅支付××公司"(Pay...Co. only)或"付给××公司不得转让"(Pay...Co. not transferable),这种抬头的汇票不能流通转让,只有指定的公司才有权收取票款。

(2)指示性抬头。例如"付给××公司或指定人"(Pay...Co. order 或 Pay to the order of...Co.),做成这种抬头的汇票可以经过持票人背书并交付第三者进行转让。

(3)持票人或来人抬头。例如"付给来人"(Pay bearer)或"付给持票人"(Pay holder),做成这种抬头的汇票无须由持票人背书,仅凭交付即可转让。

按照我国《票据法》必须记载收款人名称的规定,凡签发持票人或来人抬头的汇票无效。在涉外票据中,一般也不使用持票人或来人抬头。《日内瓦统一法》也不允许汇票做成来人抬头,但《英国票据法》则允许做成来人抬头,即允许不记名汇票。

出票人签发汇票后,即承担保证该汇票必然会被承兑和/或付款的责任,出票人在汇票得不到承兑或者付款时,应当向持票人清偿被拒绝付款的汇票金额和自到期日或提示付款日起至清偿日止的利息,以及取得拒绝证明和发出通知等发生的费用。

5. 按承兑人不同,可分为银行承兑汇票和商业承兑汇票

(1)远期汇票,经银行承兑后,称为银行承兑汇票(banker's acceptance bill),银行承兑后成为该汇票的主债务人,所以银行承兑汇票是一种银行信用。

(2)远期汇票,经企业或个人承兑后,称为商业承兑汇票(trader's acceptance bill)。

一张汇票往往可以同时具备几种性质。例如:一张商业汇票,同时又可以是即期的跟单汇票;一张远期的商业跟单汇票,同时又是银行承兑汇票。

四、汇票的票据行为

汇票的票据行为是以行为人在汇票上进行必备事项的记载、完成签名并交付为要件,以发生或转移票据权利、负担票据债务为目的的法律行为。汇票的票据行为主要有出票、提示、承兑和付款。汇票如需转让,通常应该经过背书行为。但当汇票遭到拒付时,还要涉及做成拒绝证书和行使追索等法律权利。

(一)出票(issue)

出票,即汇票的签发,是指出票人写成汇票并交付给收款人的行为。签发汇票的基本行为,只有经过交付才算完成出票行为。汇票的各有关当事人都必须依法履行各自的权利和义务。

汇票通常需要签发一式两份(银行汇票只签发一份),其中一份写明"正本"(original)或"第一份汇票"(first of exchange),另一份则写明"副本"(copy)或"第二份汇票"(second of exchange)。两份汇票具有同等法律效力,但只对其中一份承兑或付款。为了防止重复承兑和付款,均写明"付一不付二"和"付二不付一"(second or first unpaid)。

(二)提示(presentation)

提示,又称见票,是指收款人或持票人将汇票提交付款人要求承兑或付款的行为。提示分为两种:

(1)付款提示(presentation for payment),是指汇票的持票人向付款人或承兑人出示汇票要求付款的行为。

(2)承兑提示(presentation for acceptance),是指远期汇票的持票人向付款人出示汇票,要求付款人承诺到期付款的行为。

值得注意的是,付款提示和承兑提示均应在法定期限内进行。我国《票据法》规定,见票即付和见票后定期付款的汇票自出票日后一个月内提示,定期付款或出票日后定期付款汇票应在汇票到期日前向付款人提示承兑,而对于已经承兑的远期汇票的付款提示期限,则规定为自到期日起10日内。

(三)承兑(acceptance)

承兑是指远期汇票的付款人承诺在汇票到期日支付汇票金额的票据行为。我国《票据法》规定,"付款人承兑汇票后,应当承担到期付款的责任"。承兑的具体手续是付款人在接到汇票提示时,在汇票正面写明"承兑"字样,注明承兑日期,并由付款人签名,交还收款人或其他持票人。付款人一旦对汇票作出承兑,即成为承兑人,以主债务人的地位承担汇票到期时付款的法律责任。

(四)背书(endorsement)

背书是指以汇票权利转让给他人为目的的行为。它是转让指示性抬头汇票时的一种法律手续。经过背书,票据权利即由背书人(endorser)转移至被背书人(endorsee),即受让人,由被背书人取得票据所有权。背书人对票据所负的责任与出票人相同。对于受让人来说,所有在他以前的背书人及原出票人都是他的"前手";而对出让人来说,所有在他让与以后的受让人都是他的"后手"。前手对后手负有担保汇票必然会被承兑或付款的责任。在国际金融市场上,汇票既是一种支付工具,又是一种流通工具(negotiable instrument),通常情况下,可以在票据市场上流通转让。

背书通常有三种方式:

(1)记名背书(special endorsement),又称为特别背书。背书人在汇票背面先作被背书人的记载,再签字。例如,"付给 Smith 或其指定人"(Pay to Smith or order)。经过记名背书的汇票,被背书人可以再作背书,转让给他人。这种背书可以是记名背书,也可以是空白背书。

(2)空白背书(blank endorsement)。背书人在汇票背面只记载背书人名称并做签章,未记载被背书人的名称。

我国《票据法》规定不允许空白背书,但是空白背书在国际上非常盛行。对于空白背书后票据背书的连续性,需要借助法律上的推定认定,即后次背书的背书人视为前次空白背书的被背书人,以此类推,即使含有空白背书,也可认定背书的连续性。

做成空白背书的汇票,持票人仅凭交付完成转让。持票人在转让时不需要在票据上签章,可不承担票据责任,不受追索权人追索。持票人也可以在空白背书的签章前,添加被背书人的名称记载,将空白背书转化成为记名背书后再做背书转让。

(3) 限制性背书(restrictive endorsement)。背书人在汇票背面记载带有限制性流通的文义,使汇票不可以再流通转让。例如,"仅付B银行"(Pay to B Bank only)。

此外,在国际市场中,一张远期汇票的持有人如想在付款人付款前取得票款,可以经过背书转让汇票,即将汇票进行贴现。贴现(discount)是指远期汇票承兑后,尚未到期,由银行或贴现公司从票面金额中扣减一定贴现率计算的贴现息后,将余款付给持票人的行为。

贴现利息=贴现金额×贴现率×贴现期限

余款=汇票面值－汇票面值×年贴现率×(汇票到期日－贴现日)/360

假设你有一张100万的汇票,今天是6月5日,汇票到期日是8月20日,年贴现率是3.24%,则你贴现后得到的金额如下:

$100-100 \times 3.24\% \times 76/360 = 99.316$(万)

(五) 付款(payment)

付款是指付款人在汇票到期日,向提示汇票的合法持票人足额付款的行为。持票人将汇票注销后交给付款人作为收款证明。汇票所代表的债权债务关系随付款结束即告终止。

(六) 拒付和追索(dishonor & recourse)

拒付,也称退票,是指持票人向付款人提示付款或提示承兑时,付款人拒绝,或逃匿、死亡、破产,以致持票人无法实现提示。出现拒付,持票人有追索权,即有权向前手(背书人、出票人)要求偿付汇票金额、利息和其他费用的权利。持票人可以不按照汇票债务人的先后顺序,对其中任何一人、数人或全体行使追索权。但是,在行使追权之前必须按规定作出拒绝证书和发出拒付通知。拒绝证书,用以证明持票人已进行提示而未获结果,由付款地的公正机构出具,也可由付款人自行出具退票理由书或有关的司法文书。拒付通知,用以通知前手关于拒付的事实,使其准备偿付并进行再追索。

按照各国票据法的规定,持票人在行使追索权时,必须具备以下条件:

(1) 汇票遭到付款人拒绝承兑或拒绝付款。

(2) 持票人已在法定期限内向付款人作承兑提示或付款提示。

(3) 持票人为了行使追索权应及时做成拒付证书(protest)。

值得注意的是,汇票的出票人或背书人为了避免承担被追索的责任,可在出票时或背书时加注"不受追索"(without recourse)字样。凡加注"不受追索"字样的汇票,在市场上难以流通。

(七) 保证(guarantee)

非汇票债务人对于出票、背书、承兑等行为予以保证,也是对汇票债务的担保,保证人一般是第三者,被保证人可以是出票人、承兑人、背书人等。保证人与被保证人所负的责任完全相同。经过保证后,票据的付款责任增强,促使票据更加易于流通转让,常见的汇票保证行为做法如下:

PAYMENT GUARANTEED
FOR ACCOUNT OF
SIGNED BY _____
DATED ON   _____
GOOD AS AVAL

拓展知识

一、本票概述

(一)本票的含义和内容

按照我国《票据法》第 73 条给本票(promissory note)所下的定义:"本票是出票人签发的,承诺自己在见票时无条件支付确定的金额给收款人或者持票人的票据。"

根据《英国票据法》的规定,本票是一个人向另一个人签发的,保证于见票时或定期或在可以确定的将来的时间,对某人或其指定人或持票人支付一定金额的无条件的书面承诺。

简言之,本票是出票人对受款人承诺无条件支付一定金额的票据。

本票的基本当事人只有两个——出票人和收款人。本票的付款人就是出票人本人。按我国《票据法》,在持票人提示见票时,本票的出票人必须承担付款责任。

(二)本票的必要事项

各国票据法对本票内容的规定各不相同。根据我国《票据法》规定,本票必要的事项如下:
(1)表明"本票"的字样。
(2)无条件的支付承诺。
(3)确定的金额。
(4)收款人的名称。
(5)出票日期。
(6)出票人签字。

附本票样式如图 2-2 所示。

```
                    PROMISSORY NOTE
(本票金额)_____               _____(出票日期地点)
On the  _____(付款时间) fixed by the Promissory Note

    We promise to pay to the order of _____(收款人)
the sum of (大写金额)_____


                                        _____(出票人)
                                         (Signed)
```

图 2-2 本票

(三)本票的种类

(1)根据出票人的不同,可分为商业本票和银行本票。

商业本票是指公司、企业或者个人签发的本票,分交易性的商业本票和融资性的商业本票。

商业本票是商业信用。国际结算中使用的本票属于交易性的商业本票,目的是为了清偿债权债务。在出口贸易中,只有在出口方提供出口信贷的情况下,才接受进口商签发的分期付款的本票,并必须有进口国银行的背书保证。融资性的商业本票目的在于短期的资金融通,类似公司债券。

商业本票与商业信用密切相关,企业信用等级状况良好及资本运作管理制度完善是一国发展商业本票的基础。

银行本票是由银行签发的本票,通常被用于代替现金支付。即期银行本票是支付凭证,而不是信用工具。银行本票多为即期的,而各国为了加强对现金和货币市场的管理,一般对银行发行本票加以限制。

(2)根据付款期限的不同,可分为即期本票和远期本票。

(3)根据抬头的不同,可分为记名式本票、指示式本票和无记名式本票。

此外,公债、国库券、信用卡、旅行支票、银行券等也都属于本票。

二、支票概述

(一)支票的含义与必要事项

根据我国《票据法》第82条给支票所下的定义:支票是出票人签发,委托办理支票存款业务的银行或者其他金融机构在见票时无条件支付确定的金额给收款人或者持票人的票据。

根据我国《票据法》第85条规定,支票必须记载下列事项:

(1)表示"支票"的字样。
(2)无条件的支付委托。
(3)确定的金额。
(4)付款人名称。
(5)出票日期。
(6)出票人签字。

未记载上述规定事项之一的,支票无效。支票样式如图2-3所示。

```
        THE BANK OF COMMUNICATION(账户行)

                            _____(支票号码)
(支票金额)_____
                            _____(出票时间地点)


Pay against this Check to the order of (收款人)_____
the sum of (大写金额)_____

                                    _____(出票人)
                                         (Signed)
```

图2-3 支票

(二)支票的种类

(1)按收款人的不同,支票可分为记名支票和不记名支票。

记名支票是在支票的收款人一栏,写明收款人的姓名,如"支付××人或指定人"(pay sb. or order),取款时须有收款人签章,方可支取。不记名支票,又称空白支票。支票上不记载收款人姓名,只写"付来人"(pay bearer)。取款时持票人无须在支票背面签章,即可支取。

(2)按照支票是否保付,分为保付支票和普通支票。

保付支票是由付款银行在支票上加"保付"字样并签字,以表明在支票提示时付款行一定付款。支票保付后,付款行就成为主债务人,出票人和背书人都可免除责任,免予追索。而且,对于保付支票,一般情况下不会退票,不会有止付的通知。

(3)按照支票是否划线,分为划线支票和非划线支票。

支票不带划线者称为现金支票或者非划线支票(open cheque)。持此类支票既可提取现金,也可通过往来银行代收转账。支票带有划线者称为划线支票。这种支票在支票上划两道平行线,可分为普通划线支票和特别划线支票两种。普通划线支票是在平行线中不注明收款行的支票,收款人可通过任何一家银行代收转账;特别划线支票是在平行线中具体写有收款银行名称的支票,即付款银行只能将票款划付给划线中指定的银行,而不能像普通划线支票那样只要付给银行就行。非划线支票在由出票人、收款人、持票人加划横线后,或加注银行名称后,可成为普通划线支票或特别划线支票。但是不允许将划线支票转化成非划线支票,或将特别划线支票转化成普通划线支票。付款银行对划线支票和非划线支票承担的责任是不同的。对划线支票,付款银行必须对真正的所有人付款或按划线的要求付款。

三、汇票、本票和支票的比较

汇票与支票、本票虽然都具有票据的一般特性,但也存在明显差别。主要表现在以下几个方面:

1. 当事人

汇票和支票均有三个基本当事人,即出票人、付款人和收款人;而本票的基本当事人有两个,即出票人和收款人。本票的付款人即出票人自己。

2. 证券的性质

汇票与支票均是委托他人付款的票据,故属委托支付票据;而本票是由出票人自己付款的票据,故属自付票据或承兑票据。

3. 到期日

支票均为见票即付;而汇票和本票除见票即付外,还可以作出不同到期日的记载,如定日付款、出票后定期付款和见票后定期付款。在国际货款结算中使用的跟单汇票,还可以作出运输单据出单日后定期付款记载。

4. 承兑

远期汇票需要付款人履行承兑手续。本票由于出票时出票人就负有担保付款的责任,因此无需提示承兑,但见票后定期付款的必须经出票人见票才能确定到期日,因此又有提示见票即"签见"的必要。支票均为即期,故也无需承兑。

5. 出票人与付款人的关系

汇票的出票人对付款人没有法律上的约束,付款人是否愿意承兑或付款,是付款人自己的独立行为,但一经承兑,承兑人就应该承担到期付款责任;本票的出票人就是付款人;支票的付款人只有在出票人在付款人处有足以支付支票金额存款的条件下才负有付款义务。

技能训练

假定纽约公司 A 向巴黎公司 B 采购一批物品,订单(P/O)号码为 95E03LC001,日期为 MAY. 13,2012,价值为 10000.00 美元,约定装运后 30 天付款。巴黎公司 C 向纽约公司 D 采购一批商品,价值为10000.00美元,假定货物装运日期为JULY. 10,2012。而公司B与C之间刚好存在某种业务关系,如C向B借贷或提供物品与劳务给B。它们之间的关系如图2-4所示。

1. 根据以上案例,给出汇票的解决方案
2. 制作出汇票样本

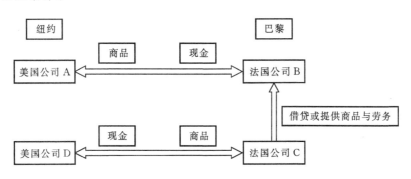

图2-4 四家公司之间的关系图

应知练习

一、单选题

1. 当国际结算从现金结算过渡到非现金结算时,其使用的用以抵消国际间债权债务关系的信用工具就是票据,国际贸易中主要的结算工具是( )。
   A. 汇票　　　　B. 本票　　　　C. 支票　　　　D. 现金
2. 远期汇票的付款人明确表示同意按出票人的指示付款的行为称为( )。
   A. 出票　　　　B. 提示　　　　C. 承兑　　　　D. 背书
3. 背书时在汇票背面只记载背书人名称并做签章,未记载被背书人的名称,称为( )。
   A. 完全背书　　B. 空白背书　　C. 限制性背书　D. 附有条件背书
4. 汇票承兑后,( )以主债务人的地位承担汇票到期付款的法律责任。
   A. 出票人　　　B. 持票人　　　C. 承兑人　　　D. 背书人
5. 见票即付的票据是( )。
   A. 汇票　　　　B. 本票　　　　C. 支票　　　　D. 商业汇票
6. 需要承兑的票据是( )。
   A. 本票　　　　B. 远期汇票　　C. 即期汇票　　D. 支票
7. 下列表示指示性抬头的语句是( )。
   A. Pay...Co. only　　　　　　B. Pay to the order of...Co.
   C. Pay bearer　　　　　　　　D. Pay holder
8. 根据我国《票据法》规定,支票的持票人应当自出票日起( )日内提示付款。
   A. 7　　　　　B. 8　　　　　C. 9　　　　　D. 10

二、多选题

1. 票据的特征有( ),正是因为具备了这些特性,才能减少票据纠纷,保证票据的顺利流通,才能更好地发挥票据在经济活动中的汇兑、支付和信用工具的功能。
   A. 流通性　　　B. 无因性　　　C. 文义性　　　D. 要式性

2.汇票按出票人的不同可以分为( )。
A.银行汇票　　　B.光票　　　　　C.商业汇票　　　D.跟单汇票

3.无须由持票人背书,仅凭交付即可转让的汇票是( )。
A.限制性抬头的汇票　　　　　B.指示性抬头的汇票
C.持票人抬头的汇票　　　　　D.来人抬头的汇票

4.可以使汇票继续流通转让的背书有( )。
A.完全背书　　　　　　　　　B.空白背书
C.限制性背书　　　　　　　　D.附有条件的背书

5.汇票和支票的当事人有( )。
A.出票人　　　B.持票人　　　　C.付款人　　　　D.收款人

6.汇票的票据行为主要有( )。
A.出票　　　　B.提示　　　　　C.承兑　　　　　D.付款

7.汇票出现拒付,持票人有追索权,即有权向前手( )要求偿付汇票金额、利息和其他费用的权利。
A.收款人　　　B.背书人　　　　C.出票人　　　　D.被背书人

8.下列属于本票的有( )。
A.公债　　　　B.国库券　　　　C.银行券　　　　D.信用卡

三、判断题

1.狭义上的票据是指以支付金钱为目的的书面支付凭证,是由出票人签名或盖章,约定由自己或另一人在见票时或将来可以确定的时间有条件支付确定金额给持票人或收款人的可流通转让的有价证券。( )

2.请求付款、请求承兑的权利,追索权是票据债务人享有的重要权利。( )

3.汇票是出票人签发的,委托付款人在见票时或者在指定日期无条件支付确定的金额给收款人或者持票人的票据。( )

4.限制性抬头的汇票可以经过持票人背书并交付第三者进行转让。( )

5.出票行为是指出票人签发汇票的行为。( )

6.汇票出现拒付,持票人有向前手(背书人、出票人)要求偿付汇票金额、利息和其他费用的权利。( )

7.汇票经过背书后,背书人对票据所负的责任与出票人相同。( )

8.本票是出票人签发的,承诺自己在见票时无条件支付确定的金额给收款人或者持票人的票据。( )

9.汇票和支票均有两个当事人,即出票人和收款人。( )

10.支票的付款人只有在出票人在付款人处有足以支付支票金额存款的条件下才负有付款义务。( )

第二篇

国际结算基础篇

第三章
申请人制作开证申请书——任务一

学习目标

能力目标
1. 读懂外贸合同和开证申请书的各项内容
2. 根据外贸合同,正确熟练地制作开证申请书并办理开证手续

知识目标
1. 熟悉开证申请书的格式,掌握开证申请书的制作要求
2. 掌握信用证的流程、开证步骤,熟记开证所需资料

任务设计

2012年4月5日南通机床进出口公司同日本的T.C公司签订了一份手工工具出口合同,合同内容如下:

SALES CONTRACT

CONTRACT NO.: NT201204005
DATE: APR.05,2012
SIGNED AT: NANTONG,CHINA

THE SELLER: NANTONG TOOL IMPORT & EXPORT CO.,LTD
ADDRESS: 58,HAONAN ROAD NANTONG,JIANGSU, CHINA
THE BUYER: TKAMLA CORPORATION
ADDRESS: 6-7,KAWARA MACH TOKYO,JAPAN

THIS CONTRACT IS MADE BY AND BETWEEN THE SELLER AND THE BUYER,WHEREBY THE SELLER AGREES TO SELL AND THE BUYER AGREES TO BUY THE UNDER-MENTIONED GOODS ACCORDING TO THE CONDITIONS STIPULATED BELOW:

(1) Name of Commodity and Specification	(2) Quantity	(3) Unit Price	(4) Amount
HAND TOOLS		FOB NANTONG	
①9pc Extra Long Hex Key Set	1200 SETS	USD1.76	USD2112.00
②8pc Double Offset Ring Spanner	1200 SETS	USD3.10	USD3720.00
③12pc Double Offset Ring Spanner	800 SETS	USD7.50	USD6000.00
④12pc Combination Spanner	1200 SETS	USD3.35	USD4260.00
⑤10pc Combination Spanner	1000 SETS	USD5.80	USD5800.00
AS PER PROFORMA INVOICE NO. NT2012004 DATED MARCH.01,2012			

Total		5400 SETS		USD21892.00
MORE OR LESS 10% OF THE QUANTITY AND THE AMOUNT ALLOWED.				

(5) **Packing**: ① 8pc Double Offset Ring Spanner Packed in 1 plastic carton of 16 sets each;

② 9pc Extra Long Hex Key Set, 12pc Combination Spanner, 10pc Combination Spanner Packed in 1 plastic carton of 10 sets each;

③ 12pc Double Offset Ring Spanner Packed in 1 plastic carton of 8 sets each.

Packed in THREE 40'CONTAINER

(6) **Delivery**: From <u>NANTONG, CHINA</u> to <u>TOKYO, JAPAN</u>

(7) **Shipping marks**: T.C / TOKYO / C /NO. 1—UP

(8) **Time of Shipment**: Latest Date of Shipment JUN. 10, 2012

(9) **Partical Shipment**: Not Allowed

(10) **Transhipment**: Allowed

(11) **Terms of Payment**: By 100% Confirmed Irrevocable and transferable negotiable Letter of Credit to be available at 30days after sight draft to be opened by the sellers.

L/C must mention this contract number. L/C advised by BANK OF CHINA NANTONG BRANCH. All banking charges outside JAPAN are for account of beneficiary.

(12) **Documents**: +Signed commercial invoice in triplicate.

+Packing list in triplicate.

+Certificate of orgin GSP FORM A, issued by the Chamber of Commerce or other authority duly entitled for this purpose.

+Full set of B/L, clean on board, marked "freight collect", consigned to order and notify the applicant.

+Certificate of Quality issued by the Entry-Exit Inspection and Quarantine Bureau at the port of NANTONG.

+Certificate of Quantity issued by the Entry-Exit Inspection and Quarantine Bureau at the port of NANTONG.

+Beneficiary's certified copy of fax send to the applicant within 24 hours after shipment advising L/C NO. , name of vessel, date of shipment, name, quantity, weight and value of goods.

(13) **Inspection**: The buyer shall have the right to reinspect the quality and quantity of the cargo. The reinspection fee shall be borne by the buyer.

(14) **Claims**: Any claims by the buyer regarding the goods shall be filed within 45days after arrival of the cargo at the port of destination specified in the relative B/L and supported by survey report issued by a recognized surveyor approved by the seller.

(15) **Force Majeure**: If the shipment of the contracted goods is prevented or delayed in whole or in part by reason of war, earthquake or other causes of Force Majeure, the seller shall not be liable. However, the seller shall notify the buyer immediately and furnish the latter by registered airmail with a certificate issued by the China Council for the Promotion of International Trade attesting such event or events.

(16) **Arbitration**: Any dispute arising from the execution of or in connection with this contract shall be settled amicably through negotiation. In case no settlement can be reached through negotiation, the case shall then be submitted to China International Economic & Trade Arbitration Commmision in Shanghai(or in Beijing) for arbitration in accordance with its arbitration rules. The arbitration award is final and binding upon both parties. The fee for arbitration shall be borne by losing party unless otherwise awarded.

The Seller:	The Buyer:
NANTONG TOOL IMPORT & EXPORT CO.,LTD	TKAMLA CORPORATION
王凡	TOM

合同签完后，进口商 TKAMLA CORPORATION 根据合同及时制作开证申请书，并向其往来银行申请开证。TKAMLA CORPORATION 的业务员从 TKAMLA CORPORATION 的往来银行东京三菱银行领回了开证申请书，开证申请书如表 3-1 所示。

表 3-1 开证申请书

IRREVOCABLE DOCUMENTARY CREDIT APPLICATION

(1) To: (2) Date:

(3) ☐ Issued by airmail ☐ Issue by teletransmission 　　☐ SWIFT 　　☐ TLX 　　☐ CABLE	(4) **Credit No.** (5) **Date and place of expiry of credit**
(6) **Applicant**	(7) **Beneficiary**
(8) **Advising Bank**	(9) **Amount**(both in figures and words)

(10) **Partial shipment** ☐ allowed ☐ not allowed	(11) **Transshipment** ☐ allowed ☐ not allowed	(16) **Credit available with** _____ By 　☐ sight payment 　☐ acceptance 　☐ negotiation 　☐ deferred payment against the documents detailed herein
(12) **Loading on board/dispatch / taking in charge at / from** _____ (13) **For transportation to** _____ (14) **Not later than** _____		(17) ☐ **and beneficiary's draft for** ____ of invoice value at _____ sight drawn on _____
(15) (　)FOB (　)CFR (　)CIF other terms _____		

续表 3-1

(18) Description of goods:

(19) Documents required:(marked with X)

1. (　) Signed commercial invoice in _____ copies indicating L/C No.
2. (　) Packing list/Weight memo in _____ copies indicating quantity, gross and net weights of each package.
3. (　) Full set of clean on board ocean Bills of Lading made out to order and blank endorsed, marked "freight (　) to collect /(　) prepaid" notifying _____
   (　) Airway bills / Cargo receipt / Copy of railway bills issued by _____ showing "freight (　) to collect /(　) prepaid" (　) indicating freight amount and consigned to _____
4. (　) Insurance Policy/Certificate in _____ for _____ of the invoice value showing ciaims payabe in China in the same currency of the draft, blank endorsed, covering _____
5. (　) Certificate of Quality in _____ copies issued by _____
6. (　) Certificate of _____ Origin in _____ copies issued by _____
7. (　) Beneficiary's certified copy of fax send to the applicant within _____ days after shipment advising L/C No., name of vessel date of shipment, name, quantity, weight and value of goods.
   (　) Other documents, if any.

(20) Additional instructions:

1. (　) All banking charges outside the opening bank are for beneficiary's account.
2. (　) Documents must be presented within _____ days after date of shipment but within the validity of this credit.
3. (　) Both quantity and credit amount _____ percent more or less are allowed.
4. (　) Third party as shipper is not acceptable. Short Form/Blank B/L is not acceptable.
5. (　) All documents to be forwarded in _____ lots by express unless otherwise stated above.
   (　) Other terms, if any.

We request you to issue on our behalf and for our account your irrevocable credit in accordance with the above instruction (marked × where appropriate).

This credit will be subjected to the uniform customs and practice for documentary credit (2007 revision, Publication No. 600 of International Chamber of Commerce, Paris, France), in so far as they are applicable.

(21) **Signature:**

第三章 申请人制作开证申请书——任务一

申请人需要完成以下几个任务：
(1) 读懂合同条款和空白开证申请书。
(2) 准备开证所需提交的材料。
(3) 根据合同，准确制作开证申请书。

任务描述

根据进口合同条款，准确制作开证申请书，是开证申请人必备的一项基本技能。开证申请书的质量，直接决定了信用证的质量和受益人是否需要改证的问题，因此它是决定进出口双方贸易能否顺利进行的首要条件。因此，申请人务必在读懂合同条款的基础上，严格按合同条款，及时填制开证申请书，确保开证申请书内容和合同条款的一致性。

操作示范

第一步：读懂合同条款和空白开证申请书

认真仔细地阅读贸易合同和空白开证申请书，弄清合同条款的要求和申请书各个项目的含义，为准确缮制开证申请书做好准备。

第二步：准备开证所需提交的材料

TKAMLA CORPORATION 作为进口商，根据合同要求有义务按时申请开立信用证。在开证时需要根据进口货物的类型和进口国的规定，确定需要提交开证行审核的材料。

在我国，申请开证时须提交开证申请书、贸易合同、外贸进口批文（如进口配额许可类证明、机电产品进口登记证明等）、外管部门规定的有关文件（如购汇申请书、进口付汇核销单、进口付汇备案表等）。如果是首次办理业务还须提供经营进出口业务的批文、工商营业执照等，办理保证金账户的开立手续。

第三步：根据合同，正确制作开证申请书

开证申请书由开证行提供，分正反两面。正面是一些需要根据合同条款填写的栏目；反面是申请人对开证行的申明，用以明确双方责任。开证申请书一般填写一式三份，一份留业务部门，一份留财务部门，一份交银行。申请人必须按合同条款的具体规定，在开证申请书中写明对信用证的各项要求，内容要明确、完整，无词意不清的记载。下面对空白开证申请书的各栏目，按照编码顺序，结合具体任务做详细分析。

1. **开证申请书抬头（to）**

开证申请书的抬头应填写开证行，申请人一般选择自己的往来银行作为开证行。本案中，开证行是 BANK OF TOKYO-MITSUBISHI UFJ LTD,TOKYO JAPAN。

2. **申请日期（date）**

本栏填写进口商向开证行申请开立信用证的日期，通常以将开证申请书送往开证行的日期作为申请日期。本案中，填写 APR.10,2012。

3. **信用证的开立方式**

信用证的开立方式主要有信开和电开两种。所谓信开，是指开证行根据开证申请书，在信用证模板上进行选择和添加某些条款并由有权签字人签字、通过快邮方式发出的信用证。这种方式开出的信用证，通知行需要核对印鉴以判断信用证的真伪，目前这种方式已很少使用。所谓电开，是指开证行通过电讯方式开出信用证，包括通过电报开证、电传开证和 SWIFT 开

证。电报和电传开证,开证行在开证时要加密押,通知行要核对密押以核实信用证的真伪。而通过 SWIFT 系统开证,不需要加押和核押,较为便捷。目前,已加入 SWIFT 系统的银行,大都通过该系统开证。本案中,选择 ISSUED BY SWIFT。

4. 信用证号(credit no.)

信用证号是开证行开立信用证的一个业务流水编号,各银行有各自的编号规则。该号码由开证行决定,申请人不填。

5. 信用证的效期和交单地点(date and place of expiry)

任何信用证都必须规定效期和交单地点,效期是针对交单地点而言的。一般情况下,交单地点规定在受益人所在国,信用证效期一般根据最迟装运期加交单期确定。本案例填写:JUN. 25,2012 IN CHINA。

6. 开证申请人(applicant)

本栏目填写开证申请人,即合同买方的名称和地址:TKAMLA CORPORATION,6－7,KAWARA MACH TOKYO JAPAN。

7. 受益人(beneficiary)

本栏目填写受益人,即合同卖方的名称和地址:NANTONG TOOL IMPORT & EXPORT CO.,LTD 58,HAONAN ROAD NANTONG,JIANGSU,CHINA。

8. 通知行(advising bank)

本栏目填写通知行的名称、地址和 SWIFT 代码。通知行通常由卖方提供,一般是卖方的往来银行。如果卖方未提供,则由开证行指定。一般情况下,开证行指定出口商所在地的海外分行作为通知行,在没有海外分行时,则选择代理行。本案中,填写:BANK OF CHINA NANTONG BRANCH,CHINA BIC CODE:BKCHCNBJ95GX,NO. 98,MIDDLE ROAD OF RENMIN,NANTONG,JIANGSU,CHINA。

9. 金额(amount)

本栏根据合同金额,以大小写同时填写,两者必须一致。本案中,填写 USD21892.00(SAY U. S. DOLLARS TWENTY ONE THOUSAND EIGHT HUNDRED AND NINETY TWO ONLY.)。

10. 分批装运(partial shipment)

根据合同规定,进行选择。本案合同不允许分批装运,因此选择 not allowed。

11. 转运(transshipment)

根据合同规定,进行选择。本案合同允许转运,因此选择 allowed。

12. 装运/发送/接管地(loading on board/dispatch/taking in charge at/from)

根据合同规定,进行填写。海洋运输填装运港,空运填起运地机场。本案中填写:Nantong China。

13. 目的港(for transportation to)

根据合同规定,进行填写。本案中填写:Tokyo Japan。

在有转运港的情况下,则应在目的港后显示转运港的信息。如经香港转运纽约,则目的港应填写为:"New York,USA via Hong Kong"。

14. 最迟装运期(not later than)

根据合同规定,进行填写。本案中填写:JUN. 10,2012。

15. 贸易术语(terms of delivery)

根据合同规定，进行选择。本栏选择：FOB。如果合同使用的是 FOB、CFR、CIF 以外的贸易术语，则在 other terms 处填写合同规定的贸易术语。如合同使用的是 FCA 贸易术语，则如此表示：(×)OTHER TERMS:FCA。

16. 指定银行和兑用方式

此栏需要填两项内容：①信用证指定银行名称；②信用证兑用方式。

UCP600 第 6 条规定："信用证必须规定其是以即期付款、延期付款、承兑还是以议付的方式兑用。"在 Credit available with 后填写指定银行，By 后填写兑用方式，通常以通知行作为指定银行。

本案中，在 Credit available with 后填写 BANK OF CHINA NANOTNG BR，并选择 negotiation。

17. 汇票条款

若需要提交汇票，则在该栏填写汇票金额和期限。至于付款人，则由开证行确定，无需在开证申请书中填写。

本案中填写：beneficiary's draft for <u>100%</u> of invoice value at <u>30days</u> after sight。

18. 货物描述(description of goods)

根据合同规定填写。

19. 所需单据(documents required)

根据合同条款选择需要提供的单据。本案中，合同需要的发票、装箱单、FORM A 产地证、提单、质量证明和受益人证明，在空白申请书中均有，直接选择后再根据合同进行正确填写即可，同时补充未列出的数量证明。

20. 附加指示(additional instructions)

附加指示通常包含两种情况：一种是合同中未提及但是必须要交代的，如费用条款和交单期限条款；另一种是合同中要求的，但是在以上各栏目中无法体现的。本案中，费用条款和单据提交的期限条款，直接选择后根据实际要求填写即可，另外还需添加唛头条款和要求信用证加具保兑、信用证可转让和提及合同号码的条款。

21. 签章(signature)

正确填写好以上各项内容后，分别在开证申请书的正面和反面盖章、签名。

制作好的开证申请书如表 3-2 所示。

表 3-2 开证申请书

IRREVOCABLE DOCUMENTARY CREDIT APPLICATION

To:BANK OF TOKYO-MITSUBISHI UFJ LTD

TOKYO JAPAN   DATE:APR. 10,2012 JAPAN

( ) Issued by airmail (X) Issue by teletransmission 　(X) SWIFT 　( ) TLX 　( ) CABLE	Credit No. Date and place of expiry of credit JUN. 25,2012 IN CHINA

续表 3-2

Applicant TKAMLA CORPORATION 6-7, KAWARA MACH TOKYO, JAPAN		Beneficiary NANTONG TOOL IMPORT & EXPORT CO., LTD 58, HAONAN ROAD NANTONG, JIANGSU, CHINA
Advising Bank BANK OF CHINA NANTONG BRANCH, CHINA BIC CODE: BKCHCNBJ95GX NO. 98, MIDDLE ROAD OF RENMIN, NANTONG, JIANGSU, CHINA		**Amount** (both in figures and words) USD21892.00 (SAY U. S. DOLLARS TWENTY ONE THOUSAND EIGHT HUNDRED AND NINETY TWO ONLY.)
Partial shipment ( ) allowed (X) not allowed	**Transshipment** (X) allowed ( ) not allowed	**Credit available with** BANK OF CHINA, NANTONG BRANCH By ( ) sight payment ( ) acceptance (X) negotiation ( ) deferred payment at against the documents detailed herein (X) and beneficiary's draft for
Loading on board/dispatch/taking in charge at/from <u>NANTONG, CHINA</u> Not later than <u>JUN. 10, 2010</u> For transportation to <u>TOKYO, JAPAN</u>		
(X) FOB ( ) CFR ( ) CIF other terms _____		<u>100</u> of invoice value at <u>30days</u> after sight drawn on _____

Description of goods:

Name of Commodity and specification	Quantity	Unit Price	Amount
HAND TOOLS		FOB NANTONG	
①9pc Extra Long Hex Key Set	1200 SETS	USD1.76	USD2112.00
②8pc Double Offset Ring Spanner	1200 SETS	USD3.10	USD3720.00
③12pc Double Offset Ring Spanner	800 SETS	USD7.50	USD6000.00
④12pc Combination Spanner	1200 SETS	USD3.35	USD4260.00
⑤10pc Combination Spanner	1000 SETS	USD5.80	USD5800.00
AS PER PROFORMA INVOICE NO NT2010004 DATED MARCH 01, 2010			
Total Amount	5400 SETS		USD21892.00
MORE OR LESS 10% OF THE QUANTITY AND THE AMOUNT ALLOWED.			

Documents required: (marked with X)

1. (X) Signed commercial invoice in <u>THREE</u> copies indicating L/C No.
2. (X) Packing list in <u>THREE</u> copies indicating quantity, gross and net weights of each package.
3. (X) Full set of clean on board ocean Bills of Lading made out to order and blank endorsed, marked "freight (X) to collect/( ) prepaid" notifying <u>THE APPLICANT</u>
   ( ) Airway bills/Cargo receipt/copy of railway bills issued by _____ showing "freight ( ) to collect/ ( ) prepaid" ( ) indicating freight amount and consigned to _____

续表 3-2

4. ( )Insurance Policy/Certificate in ____ for ____ of the invoice value showing claims payable in China in the same currency of the draft, blank endorsed, covering ____
5. (X)Certificate of Quality in THREE copies issued by the Entry-Exit Inspection and Quarantine Bureau at the port of NANTONG.
6. (X)Certificate of GSP FORM A Origin in TWO copies issued by the Chamber of Commerce or other authority duly entitled for this purpose.
7. (X)Beneficiary's certified copy of fax send to the applicant within 24 hours after shipment advising L/C No., name of vessel, date of shipment, name, quantity, weight and value of goods.
( )Other documents, if any.
8. (X)Certificate of Quantity issued by the Entry-Exit Inspection and Quarantine Bureau at the port of NANTONG.

Additional instructions:
1. (X)All banking charges outside the opening bank are for beneficiary's account.
2. (X)Documents must be presented within 15 days after date of shipment but within the validity of this credit.
3. (X)Both quantity and credit amount 10 percent more or less are allowed.
4. ( )Third party as shipper is not acceptable, Short Form / Blank B/L is not acceptable.
5. ( )All documents to be forwarded in ____ lots by express unless otherwise stated above.
6. (X)Shipping mark: T.C / TOKYO / C /NO.1—UP
7. (X)The L/C is confirmed and transferable and L/C must mention this contract number.
8. Packed in 40' container.

TKAMLA CORPORATION
Signature: TOM

必备知识

一、信用证的含义

根据国际商会第 600 号出版物《跟单信用证统一惯例》(UCP600) ARTICLE 2 的规定:"信用证指一项不可撤销的安排,无论其名称或描述如何,该项安排构成开证行对相符交单予以承付的确定承诺。"(Credit means any arrangement, however named or discribed, that is irrevocable and thereby constitutes a definite undertaking of the issuing bank to honour a complying presentation.)

定义中提到的承付和相符交单在 UCP600 的 ARTICLE 2 中也有定义。承付是指:如果信用证为即期付款信用证,则即期付款;如果信用证为延期付款信用证,则承诺延期付款并在承诺到期日付款;如果信用证为承兑信用证,则承兑受益人开出的汇票并在汇票到期日付款。相符交单是指与信用证条款、UCP600 的相关适用条款以及国际标准银行实务一致的交单。

二、申请开证步骤

1. 填写开证申请书

根据进口合同规定的开证日期,及时、准确地填写开证申请书,向开证行申请开证。关于开证申请书的填写,上文已作详述。

2. 提交开证所需其他资料

进口合同副本、开证申请书和进口付汇核销单是每笔开证业务必须提交的。此外,根据货物的种类以及国家的规定,可能还需提交进口许可证、进口配额证等。

3. 支付开证保证金和开证手续费

开证行对申请人的资信和申请人提交的资料进行合规、合法性审核后,如决定开证,则向申请人收取开证保证金和开证手续费。

信用证业务中,开证行承担第一性的付款责任,开证行为了降低自己的开证风险,通常会根据申请人的经营情况、收益情况、资金实力、经营作风和信誉等情况,要求申请人交一定比例的现金保证金和提供开证行认可的担保,确保开证金额得到100%的风险保障。保证金的比例,根据申请人信用情况而定,通常信用好的企业,保证金比例较低。

如果申请人在开证行核定的授信额度内开证,则不需交保证金和提供担保。

申请人在申请开证时,必须按规定支付一定金额的开证手续费。以中国银行为例,一般为开证金额的1.5‰,最低每笔500元人民币。

拓展知识

一、信用证的当事人

(1)开证申请人(applicant),又称开证人(opener),是指向银行提出申请开立信用证的一方,一般为进口人,即买卖合同的买方。

(2)开证行(opening bank;issuing bank),是指接受开证人委托,开立信用证的银行,一般是进口地的银行。开证人与开证行的权利和义务以开证申请书为依据。信用证一经开出,按信用证规定的条款,开证行承担第一性付款的责任。

(3)受益人(beneficiary),是指信用证上所指定的有权使用该信用证的人,一般为出口人,也就是买卖合同的卖方。它有按时交货、提交符合信用证要求的单据的义务和索取货款的权利。

(4)通知行(advising bank;notifying bank),是指受开证行的委托,将信用证通知(或转递)给受益人的银行。通知行一般是出口人所在地的银行,而且通常是开证行的代理行。通知行的主要义务是审核信用证的表面真实性。

(5)议付行(negotiating bank),是指对受益人交来的汇票及/或单据办理议付的银行。

(6)付款行(paying bank;drawee bank),是指开证行授权进行信用证项下付款或承兑并支付受益人出具的汇票的银行。开证行通常为付款行,付款行也可以是接受开证行委托的代为付款的第三家银行。付款行的付款是终局性的付款,付款后,不可再向受益人追索。

(7)承兑行(accepting bank),是指对受益人签发的远期汇票予以承兑,并到期付款的银行。承兑行可以是开证行本身,也可以是其他的银行。承兑行付款后向开证行要求偿付。若承兑行不承兑,或承兑后倒闭或丧失付款能力,则由开证行承担最后付款责任。

(8)偿付行(reimbursing bank),又称信用证清算银行(clearing bank),是指受开证行的指示或授权,对有关代付行或议付行的索偿予以照付的银行。偿付行是开证行的付款代理,它只凭代付行或议付行的索偿付款,不审查单据,不负单证不符之责,因此它的付款并不是终局性的付款,一旦开证行随后发现单据不符合信用证的规定,开证行可以向代付行或议付行追索已由偿付行支付的款项。

（9）保兑行（confirming bank），是指应开证行或受益人的请求在信用证上加具承担保证兑付责任的银行。它和开证行处于相同的地位，即对于汇票及/或单据承担不可撤销的付款责任。保兑行有必须议付或代付的责任。在已经议付或代付之后，不论开证行发生什么变化，都不得向受益人追索。因此，保兑行的付款也是终局性的付款。

（10）转让行（transferring bank），是指应受益人（在转让信用证时又称第一受益人）的委托，将可转让信用证转让给信用证的受让人（即第二受益人）的银行。转让行一般为通知行，可以是议付行、付款行或保兑行或开证行。

二、信用证结算方式的业务流程

在国际贸易结算中使用的跟单信用证有不同的类型，其业务程序也各有特点，但都要经过申请开证、开证、通知、交单、付款、赎单这几个环节。以中国银行作为开证行，以最常见的议付信用证为例，说明其业务程序，如图3-1所示。

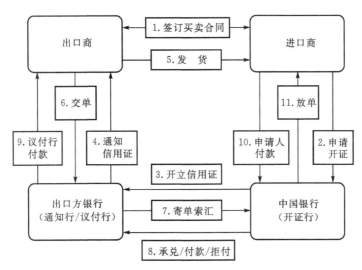

图3-1 议付信用证流转程序图

以议付信用证为例，具体流转程序如下：

（1）签订买卖合同。买卖双方签订进出口合同，并在合同中订明使用议付信用证结算方式。

（2）申请开证。开证申请人按合同规定的期限，提交开证所需资料和一定比例的押金或其他担保品向所在地银行申请开证。

（3）开立信用证。开证行严格审核开证所需的相关资料，确保手续齐备，资料表面合法后，接受申请人的开证申请，将信用证开给出口商所在地的分行或代理行并请他们通知受益人。

（4）通知信用证。通知行核对签字印鉴或密押无误后，将信用证通知受益人。

（5）发货。受益人收到信用证后，审证并根据情况要求修改并确认修改后，即备货装运。

（6）交单（议付）。受益人在备货装运的同时备齐信用证要求的全套单据，在有效期内送指定银行交单（议付）。若受益人申请议付，则议付行在审单后确认单单一致、单证一致的情况下，给受益人议付80%左右的发票金额，单据寄信用证中指定的银行（大多数情况下为开证行）索汇。

(7)寄单索偿。议付行议付后,将全套议付单据寄给开证行或指定银行请求偿付货款。

(8)承兑/付款/拒付。开证行或指定行在收到单据翌日起的5个银行工作日内,完成审单后,办理承兑/付款/拒付。若单据为相符单据,则对远期议付信用证,履行承兑手续,对即期议付信用证,履行付款义务。若单证为不相符单据,则拒付。

(9)议付行付款。议付行收到开证行或其他指定银行的付款后,扣除议付款以及议付款产生的利息后,将余额解付给受益人。

(10)申请人付款。开证行完成付款后,通知申请人付款赎单。开证申请人应到开证行审核单据,若单据无误,即应付清全部货款与有关费用;若单据和信用证不符,开证申请人有权拒付。开证申请人付款后,即可从开证行取得全套单据。

(11)开证行放单。开证申请人付款后,开证行将全套单据交给申请人。

三、开证申请与 ISBP681 条款

ISBP681 中有关"信用证的申请和开立"有四个条款,需要申请人在申请开立信用证前加以关注。

(1)信用证条款独立于基础交易,即使在信用证明确提及了基础交易的情况下也是如此。但是,为避免在审单时发生不必要的费用、延误和争议,开证申请人和受益人应当仔细考虑要求何种单据、单据由谁出具和提交单据的期限。

(2)开证申请人承担其有关开立或修改信用证的指示不明确所导致的风险。除非另有明确规定,开立或修改信用证的申请即意味着授权开证行以必要或适宜的方式补充或细化信用证条款,以使信用证得以使用。

(3)开证申请人应当注意,UCP600 的许多条文,诸如第 3 条、第 14 条、第 21 条、第 23 条、第 24 条、第 28 条(i)、第 30 条和第 31 条,其对术语的界定可能导致出乎意料的结果,除非开证申请人对这些规定充分熟悉。例如,在多数情况下,要求提交提单而且禁止转运的信用证必须排除 UCP600 第 20 条(c)款的适用,才能使禁止转运发生效力。

(4)信用证不应规定提交由开证申请人出具或副签的单据。

技能训练

1.训练资料

SALES CONTRACT

NO.:SC2009001

DATE:AUG. 05,2011

SIGNED AT:NANTONG,CHINA

BUYER: JAE&SONS PAPERS COMPANY
　　　　203 LODIA HOTE OFFICE 1546,DONG-DU,
　　　　BUSAN,KOREA

SELLER: NANTONG PRIEMARY ECONOMIC TRADE CO., LTD
　　　　ZHAXI INDUSTRY AREA NANTONG JIANGSU

This contract is made by the Seller;whereby the Buyer agrees to buy and the Seller agrees to sell the under-mentioned commodity according to the terms and conditions stipulated below:

1. COMMODITY:UNBLEACHED KRAET LINEBOARD.
   UNIT PRICE:USD390.00/PER METRIC TON,CFR BUSAN KOREA
   TOTAL QUANTITY:100 METRIC TONS,MORE OR LESS 10% ARE ALLOWED
   PAYMENT TERM:BY IRREVOCABLE L/C 90DAYS AFTER B/L DATE
2. TOTAL VALUE:USD39000.00(SAY U.S. DOLLARS THIRTY NINE THOUSAND ONLY.*****MORE OR LESS 10% ALLOWED.)
3. PACKING:TO BE PACKED IN STRONG WOODEN CASE(S),SUITABLE FOR LONG DISTANCE OCEAN TRANSPORTATION.
4. SHIPPING MARK:THE SELLER SHALL MARK EACH PACKAGE WITH FADELESS PAINT THE PACKAGE NUMBER, GROSS WEIGHT,MEASUREMENT AND THE WORDING:"KEEP AWAY FROM MOISTURE", "HANDLE WITH CARE", ETC. AND THE SHIPPING MARK:SC2009001
   BUSAN KOREA
5. TIME OF SHIPMENT:BEFORE OCTOBER 02,2011
6. PORT OF SHIPMENT:MAIN PORTS OF CHINA
7. PORT OF DESTINATION:BUSAN,KOREA
8. INSURANCE: TO BE COVERED BY THE BUYER AFTER SHIPMENT
9. DOCUMENTS REQUIRED:
   + SIGNED INVOICE IN TRIPLICATE INDICATING L/C NO. AND CONTRACT NO..
   +FULL SET(3/3)OF CLEAN ON BOARD OCEAN BILL OF LADING MARKED "FREIGHT PREPAID" MADE OUT TO ORDER BLANK ENDORSED NOTIFYING THE APPLICANT.
   + PACKING LIST/WEIGHT LIST IN TRIPLLCATE INDICATING QUANTITY/GROSS AND NET WEIGHT.
   +CERTIFICATE OF ORIGIN.
   +NO SOLID WOOD PACKING CERTIFICATE ISSUED BY MANUFACTURER.
10. OTHER CONDITIONS REQD IN L/C:
    +ALL BANKING CHARGES OUTSIDE THE OPENING BANK ARE FOR BENEFICIARY'S A/C.
    +DO NOT MENTION ANY SHIPPING MARKS IN YOUR L/C.
    +PARTIAL AND TRANSSHIPMENT ALLOWED.
11. REMARKS:THE LAST DATE OF L/C OPENING:20. AUGUST,2011.

The Seller:	The Buyer:
NANTONG PRIEMARY ECONOMIC TRADE CO., LTD ZHAXI INDUSTRY AREA NANTONG,JIANGSU,CHINA	AE&SONS PAPERS COMPANY 203 LODIA HOTE OFFICE 1546,DONG-DU,BUSAN,KOREA
魏成功	JACK

2. 制作开证申请书

表 3-3 开证申请书

IRREVOCABLE DOCUMENTARY CREDIT APPLICATION

To: Date:

☐ Issued by airmail ☐ Issue by teletransmission 　　☐ SWIFT 　　☐ TLX 　　☐ CABLE	Credit No. Date and place of expiry of credit
Applicant	Beneficiary
Advising Bank	Amount(both in figures and words)

Partial shipment ☐ allowed ☐ not allowed	Transshipment ☐ allowed ☐ not allowed	Credit available with _____ By ☐ sight payment ☐ acceptance ☐ negotiation ☐ deferred payment against the documents detailed herein ☐ and beneficiary's draft for ____ of invoice value at ____ sight drawn on ____
Loading on board/dispatch/taking in charge at/from _____ For transportation to _____ Not later than _____		
( )FOB ( )CFR ( )CIF other terms _____		

Description of goods:

续表 3-3

Documents required:(marked with X)
1. (　)Signed commercial invoice in ＿＿ copies indicating L/C No.
2. (　)Packing list/Weight memo in ＿＿ copies indicating quantity, gross and net weights of each package.
3. (　)Full set of clean on board ocean Bills of Lading made out to order and blank endorsed, marked "freight (　)to collect /(　)prepaid"notifying ＿＿＿
   (　)Airway bills / Cargo receipt / Copy of railway bills issued by ＿＿＿＿ showing"freight (　)to collect /(　)prepaid"(　)indicating freight amount and consigned to ＿＿＿＿
4. (　)Insurance Policy/Certificate in ＿＿ for ＿＿ of the invoice value showing claims payable in China in the same currency of the draft, blank endorsed, covering ＿＿＿＿＿＿＿＿＿＿＿＿＿
5. (　)Certificate of Quality in ＿＿ copies issued by ＿＿
6. (　)Certificate of ＿＿＿ Origin in ＿＿ copies issued by ＿＿
7. (　)Beneficiary's certified copy of fax send to the applicant within ＿＿＿ days after shipment advising L/C No., name of vessel date of shipment, name, quantity, weight and value of goods.
   (　) Other documents, if any.

Additional instructions:
1. (　)All banking charges outside the opening bank are for beneficiary's account.
2. (　)Documents must be presented within ＿＿＿ days after date of shipment but within the validity of this credit.
3. (　)Both quantity and credit amount ＿＿＿ percent more or less are allowed.
4. (　)Third party as shipper is not acceptable, Short Form / Blank B/L is not acceptable.
5. (　)All documents to be forwarded in ＿＿ lots by express unless otherwise stated above.
   (　)Other terms, if any.

　　We request you to issue on our behalf and for our account your irrevocable credit in accordance with the above instruction (marked × where appropriate)

　　This credit will be subject to the uniform customs and practice for documentary credit(2007 revision, Publication No. 600 of International Chamber of Commerce, Paris, France), in so far as they are applicable.

Signature:

应知练习

一、单选题

1. 以下属于信用证业务基本当事人的是(　　)。
   A. 开证行　　　B. 偿付行　　　C. 议付行　　　D. 保兑行
2. 根据进口合同及时申请开证,是(　　)的义务。
   A. 申请人　　　B. 受益人　　　C. 通知行　　　D. 开证行
3. 目前,大多数银行采用(　　)方式开立信用证。
   A. SWIFT　　　B. CABLE　　　C. TLX　　　D. AIRMAIL
4. 一定需要受益人提交汇票的是(　　)。
   A. 即期付款信用证　　　　　　B. 承兑信用证

C. 议付信用证　　　　　　　D. 延期付款信用证

5. 信用证业务中,(　　)承担第一性付款责任。
A. 开证行　　B. 申请人　　C. 通知行　　D. 受益人

6. 信用证业务中,汇票的出票人是(　　),付款人是(　　)。
A. 受益人,银行　　　　　　B. 受益人,申请人
C. 申请人,银行　　　　　　D. 银行,申请人

7. 根据UCP600,信用证指的是一项不可撤销的安排,无论其名称或描述如何,该项安排构成(　　)对相符交单予以承付的确定承诺。
A. 通知行　　B. 偿付行　　C. 开证行　　D. 交单行

8. 开证申请书反映了(　　)和(　　)之间的合同关系。
A. 申请人和开证行　　　　　B. 申请人和受益人
C. 受益人和开证行　　　　　D. 受益人和通知行

9. 在信用证业务流程中,基本当事人应当是(　　)。
A. 开证行和申请人　　　　　B. 开证行和受益人
C. 受益人和付款行　　　　　D. 申请人和付款行

二、多选题

1. 对受益人的付款是终局性付款的银行,包括(　　)。
A. 开证行　　B. 付款行　　C. 议付行　　D. 偿付行

2. 申请人申请开证,需要提交(　　)。
A. 开证申请书　　　　　　　B. 进口合同复印件
C. 开证保证金或提供担保　　D. 开证手续费

3. UCP600第6条中规定的信用证,包括(　　)。
A. 即期付款信用证　　　　　B. 承兑信用证
C. 不可撤销信用证　　　　　D. 议付信用证

4. 开证申请书不能反映(　　)和(　　)之间的关系。
A. 申请人和开证行　　　　　B. 申请人和受益人
C. 受益人和开证行　　　　　D. 受益人和通知行

5. 相符交单是指与(　　)一致的交单。
A. 信用证　　　　　　　　　B. UCP600相关适用条款
C. 国际标准银行实务　　　　D. 合同

三、判断题

1. 根据合同及时申请开证是申请人的主要义务之一。(　　)
2. 开证行根据申请人提交的进口合同开立信用证。(　　)
3. 保兑行在付款责任方面,和开证行处于相同的地位。(　　)
4. 申请人在开证行核定的授信额度内开证,则不需交保证金和提供担保。(　　)

第四章
开证行开立信用证——任务二

学习目标

能力目标
根据开证申请书,准确开证
知识目标
掌握 SWIFT MT700 报文的特点

任务设计

任务一中,进口方 TKAMLA CORPORATION 的业务人员 TOM 根据与出口方南通机床进出口公司签订的合同 NT201204005,于 2012 年 4 月 10 日填制完开证申请书(见表 3-2),准备好开证所需的其他资料,于当日提交往来银行 BANK OF TOKYO-MITSUBISHI UFJ LTD,TOKYO JAPAN,申请开证。作为开证行,应当完成下列任务:

(1)读懂开证申请书中的条款,检查开证所需提交的相关材料。
(2)弄懂 SWIFT 信用证每场的开证要求。
(3)严格依据开证申请书,准确开出信用证。

任务描述

根据开证申请书,准确开出信用证是开证行进口岗业务员必须具备的一项基本技能。为了避免日后改证给各方造成麻烦,进口岗业务员首先应当从专业的角度,依据进口合同审核开证申请书的各个条款,对发现的问题条款,及时同开证申请人沟通,妥善处理,确保开证申请书和进口合同的一致性。其次,开证时,必须严谨、细致,避免疏忽大意,确保信用证和开证申请书的一致性。

操作示范

开证行 BANK OF TOKYO-MITSUBISHI UFJ LTD,TOKYO JAPAN 进口岗业务员根据合同仔细审查完开证申请书以及开证所需提交的其他相关材料后,确认材料齐全,表面合规,于 2012 年 4 月 12 日通过 SWIFT 系统开立了信用证 MT700,发送给通知行中国银行南通分行。

第一步:弄清开证申请书中的各项要求,对开证所需提交的材料进行合规性检查

申请开立信用证,各国要求申请人提供的资料并不完全相同。开证行进口岗的业务员收到申请人提交的开证材料后,首先应核查材料是否齐全,其次检查材料的表面一致性和合规性,尤其是对开证申请书和进口合同的一致性检查特别重要。最后要关注一下申请书中规定的开证方式。本案例要求通过 SWIFT 系统开证。

第二步:弄懂 SWIFT 信用证每场的开证要求

在 SWIFT 系统中传递有关信用证的信息,都使用 MT7 开头的报文类型,开立信用证使用MT700(根据需要,有时还会出现MT701和MT702报文)。MT700和MT701是由开证行发送给通知行,用来列明发报行(开证行)开立的跟单信用证条款的报文格式。报文的开头和结尾部分是发报行和收报行之间的联系信息,中间正文部分是信用证的栏位。这些栏位有的是必不可少的,被称为必选项;有的栏位根据需要确定是否选用,被称为可选项。各个栏位的结构一样,都是由栏位名称、栏位代号和条款内容三部分构成。栏位名称是条款的属性,是对栏位代号的具体说明,栏位代号由两位数字或两位数字加一个字母后缀组成。栏位名称和栏位代号是固定的,条款内容则根据交易情况而有所不同。例如"Date and Place of Expiry:31D","Date and Place of Expiry"是栏位名称,"31D"是栏位代号。

第三步:根据开证申请书填制MT700报文的各项内容

开证行进口岗业务员将SWIFT系统提供的信息输入界面,根据开证申请书的各个栏目,逐一填制到MT700报文的各个场中。填制时特别要注意:①开证申请书中提及的内容不能遗漏;②MT700报文中的必填项必须填写,否则,无法完成信用证的开立。MT700的内容如表4-1所示。

表4-1 MT700报文的内容

M/O	栏位代号	栏位名称	容量	说明和要求
M	27	Sequence of total	1n/1n	报文页次,必选项。该栏位用于列明报文的页次顺序以及总的报文页数。如果跟单信用证条款能够全部容纳在MT700报文中,则该栏填1/1;当信息超过最大输入长度,报文会自动转成MT701。如该信用证由一份MT700和一份MT701报文组成,那么在MT700报文的该项目填入"1/2",在MT701报文的该项目中填入"2/2",依次类推。
M	40A	Form of documentary credit	24x	跟单信用证形式。由于UCP600中规定信用证是不可撤销的,因此该项目有以下几种填法:IRREVOCABLE,不可撤销跟单信用证;IRREVOCABLE TRANSFERABLE,不可撤销可转让跟单信用证;IRREVOCABLE STANDBY,不可撤销备用信用证。
M	20	Documentary credit number	16x	信用证号码。信用证的号码实际上即为开证行的业务编号,进出口双方和银行在相互业务联系中必须引用该编号。信用证号码必须清楚,没有变字等错误,如果信用证号码在信用证中前后出现多次,应注意其相互是否一致,否则应电洽开证行修改。
O	23	Reference to pre-advice	16x	预先通知的编号。如果采用此格式开立的信用证已被预先通知,即之前开证行曾经发送过一份MT705格式,此栏位应填入"PREADV/",后面注明预先通知的编号或日期。

续表 4-1

M/O	栏位代号	栏位名称	容量	说明和要求
O	31C	Date of issue	6n	开证日期。如电文中没有此项目,那么开证日期就是开证行的发电日期。信用证的开证日期应明晰、完整。开证日期表明进口商是否根据商务合同规定的开证期限开立信用证。同时,在需要使用开证日期计算其他时间或根据开证日期来判断所提示单据的出单日期是否在开证日之后等情况时尤为重要。
M	40E	Applicable rules	4*35x	适用的惯例。这是 UCP600 新增的项目。一般用"UCP LATEST VERSION","UCP LATEST VERSION"表示适用最新版本,目前也就是 UCP600。
M	31D	Date and place of expiry	4*35x	截止日及交单地点。信用证的有效期是受益人向银行提交单据的最后日期,受益人必须在有效日期到期前或当天向银行提交单据,办理付款、承兑或议付手续。逾期交单,银行可以以信用证过期为由,解除所承担的义务。信用证的到期地点是受益人在有效期内向银行提交单据的地点,一般在出口国家,以方便受益人办理交单。
O	51a	Applicant bank	A or D	申请人的银行。如果开证行和申请人的银行不是同一家银行,则开证行在开立信用证时使用该栏位列明申请人的银行。申请人的银行并不被 UCP 认可,承担承付责任的是开证行。
M	50	Applicant	4*35x	申请人
M	59	Beneficiary	[/34x]	受益人
M	32B	Currency code,amount	3a15n	货币代号、金额
O	39A	Percentage credit amount tolerance	2n/2n	信用证金额加减百分率,金额允许有 10% 的溢短装就用 10/10。斜杠前数字表示溢装比例,斜杠后数字表示短装比例。该栏不能和"39B"同时出现。
O	39B	Maximum credit amount	13x	最高信用证金额。该栏不能和"39A"同时出现。
O	39C	Additional amounts covered	4*35x	附加金额

续表 4-1

M/O	栏位代号	栏位名称	容量		说明和要求
M	41a	Available with...By...	A or D	指定银行及信用证兑用方式。该栏位列明被授权对该信用证付款、承兑或议付的银行及该信用证的兑用方式。当项目代号为"41A"时,银行用 SWIFT 代码表示;当项目代号为"41D"时,银行用行名地址表示;如果信用证为自由议付信用证,该项目代号为"41D",银行用"ANY BANK IN …(地点/国名)"表示;如果信用证为自由议付信用证,且对议付地点也无限制时,该项目代号应为"41D",银行用"ANY BANK"表示。	
O	42C	Drafts at...	3*35x	汇票期限	若信用证下需要开立汇票,则需要填写。
O	42a	Drawee	A or D	付款人	
O	42M	Mixed payment details	4*35x	混合付款指示	
O	42P	Deferred payment details	4*35x	延迟付款指示	
O	43P	Partial shipments	1*35x	分批装运	
O	43T	Transshipment	1*35x	转运	
O	44A	Place of taking in charge/dispatch from.../place of receipt	1*65x	接管地/发货地/接收地	这四项是 UCP600 中的新内容。把原来的 44A 和 44B 拆成这四个项目。原来的 44A 填写所有运输方式下的装运地,现在 44A 只能填写非海运和空运方式下的装运地,而 44E 则仅填写海运和空运方式下的装运地;原来的 44B 填写所有运输方式下的目的地,现在 44B 只能填写非海运和空运方式下的目的地,而 44F 则仅填写海运和空运下的卸货/目的港。
O	44E	Port of loading/Airport of dispatch	1*65x	装运港/始发港	
O	44F	Port of discharge/Airport of destination	1*65x	卸货港/目的港	
O	44B	Place of final destination/For transportation to.../Place of delivery	1*65x	最终目的地/运往……/交货地	
O	44C	Latest date of shipment	6n	最后装船日,用 YYMMDD 的格式表示	
O	44D	Shipment period	6*65x	装运期间	
O	45A	Description of goods and/or services	50*65x	货物描述/或各种服务	当一份信用证由一份 MT700 报文和 1~3 份 MT701 报文组成时,项目"45a""46a"、"47a"的内容只能完整地出现在某一份报文中(即在 MT700 或某一份 MT701 报文中),不能被分割成几部分,分别出现在几个报文中。在 MT700 报文中,"45a""46a"、"47a"三个项目代号应分别为"45A""46A"、"47A",在报文 MT701 中,这三个项目的代号应分别为"45B"、"46B"、"47B"。
O	46A	Documents required	50*65x	应提交的单据	
O	47A	Additional conditions	50*65x	附加条件	

续表 4-1

M/O	栏位代号	栏位名称	容量	说明和要求
O	71B	Charges	6*35x	费用。该项目的出现只表示费用由受益人负担。若报文无此项目，则表示除议付费、转让费外，其他费用均由开证申请人负担。
O	48	Period for presentation	6*35x	交单期限。如信用证无该栏位出现，则受益人应在装运日后的 21 个日历日内交单。
M	49	Confirmation instructions	7x	保兑指示。该项目内容可能出现下列某一代码：CONFIRM：要求收报行保兑该信用证。MAY ADD：收报行可以对该信用证加具保兑。WITHOUT：不要求收报行保兑该信用证。要注意的是：即使这里显示"CONFIRM"，也还需要有收报行的确认，即明确表示对该信用证保兑，保兑才生效。
O	53a	Reimbursement bank	A or D	偿付行
O	78	Instructions to the paying / accepting /negotiation bank	12*65x	对付款/承兑/议付行的指示
O	57a	"advise through" bank	A,B or D	如果信用证需要通过收报行以外的另一家银行转递、通知或加具保兑后通知给受益人，此栏位内填写该银行，即第二通知行。
O	72	Sender to receiver information	6*35x	银行间的指示

若信用证内容超出 MT700 报文的容量，则同时需要开 MT701 报文

M/O	项目编号	项目名称	容量
M	27	Sequence of total	1n/1n
M	20	Documentary credit number	
O	45B	Description of goods and/or services	100*65x
O	46B	Documents required	100*65x
O	47B	Additions conditional	100*65x

按 MT700 报文的填制要求，制作好的 MT700 报文如表 4-2 所示。①

---

① 为了教学的需要，方便后面几个任务的展开，本任务的开立信用证环节故意设置了多个不符点。现实中，一般只有很少几个不符点。

表 4-2　MT700 报文

MT S700	ISSUE OF A DOCUMENTARY CREDIT
SEQUENCE OF TOTAL	*27 :1/1
FORM OF DOC. CREDIT	*40A:IREVOCABLE AND NOT TRANSFERABLE
DOC. CREDIT NUMBER	*20 :NT31173
DATE OF ISSUE	31C:120412
APPLICABLE RULES	*40E:UCP LATEST VERESION
EXPIRY	*31D:DATE 120625 PLACE CHINA
APPLICANT BANK	*51A:* BANK OF TOKYO-MITSUBISHI UFJ LTD
	* TOKYO JAPAN
APPLICANT	*50 :TKAMLA CORPORATION
	6-7,KAWARA MACH TOKYO ,JAPAN
BENEFICIARY	*59 :NANTONG TOOL IMPORT & EXPORT CO. ,LTD
	58,HAONAN ROAD NANTONG,JIANGSU,CHINA
AMOUNT	*32B:CURRENCY EUR AMOUNT 21892.00
AVAILABLE WITH/BY	*41D:ANY BANK IN CHINA
	BY NEGOTIATION
DRAFTS AT…	42C:AT SIGHT
DRAWEE	42D:BANK OF TOKYO-MITSUBISHI UFJ LTD
	1-5-2 HONGOKU-CHO NIHONBASHI CHUO-KU
	TOKYO 103-0021 JAPAN PARTIAL SHIPMENTS
	43P:ALLOWED
TRANSSHIPMENT	43T:NOT ALLOWED
PORT OF LOADING	44A:NANTONG
FOR TRANSPORTATION TO	44B:TOKYO JAPAN
LATEST DATE OF SHIPMENT	44C:120610
DESCRIPT OF GOODS	45A:HAND TOOLS
	AS PER PROFORMA INVOICE
	NT201204 DATED MARCH.01,2012 FOB TOKYO
DOCUMENTS REQUIRED	46A:

　　+ SIGNED COMMERCIAL INVOICE IN TRIPLICATE.
　　+ PACKING LIST IN TRIPLICATE.
　　+ CERTIFICATE OF ORIGIN GSP FORM A, ISSUED BY THE CHAMBER OF COMMERCE OR OTHER AUTHORITY DULY ENTITLED FOR THIS PURPOSE.
　　+ FULL SET OF B/L, CLEAN ON BOARD, MARKED "FREIGHT COLLECT", CONSIGNED TO:TKAMLA CORPORATION,6-7,KAWARA MACH TOKYO,JAPAN,NOTIFY APPLICANT.
　　+ INSURANCE POLICY/CERTIFICATE IN DUPLICATE ENDORSED IN BLANK FOR 110% INVOICE VALUE,COVERING ALL RISKS OF CIC OF PICC (1/1/1981).
　　+ CERTIFICATE OF QUALITY ISSUED BY THE ENTRY-EXIT INSPECTION AND QUARANTINE BUREAU AT THE PORT OF NANTONG.

续表 4-2

	+CERTIFICATE OF QUANTITY ISSUED BY THE ENTRY-EXIT INSPECTION AND QUARANTINE BUREAU AT THE PORT OF NANTONG. +BENEFICIARY'S CERTIFIED COPY OF FAX SENT TO THE APPLICANT WITHIN 24 HOURS AFTER SHIPMENT ADVISING L/C NO. NAME OF VESSEL,DATE OF SHIPMENT,NAME,QUANTITY,WEIGHT AND VALUE OF GOODS. +SIGNED APPLICANT'S CERTIFICATE CERTIFYING THAT THE QUALITY OF GOODS CONFIRMED WITH THE TERMS AND CONDITIONS OF THE CONTRACT NT201104005.
ADDITIONAL COND.	47A： + A DISCREPANCY HANDLING FEE OF USD50.00 WILL BE ASSESSED BY THE BANK OF TOKYO-MITSUBISHI UFJ LTD,TOKYO BRANCH ON EACH PRESENTATION OF DOCUMENTS NOT IN STRICT COMPLIANCE WITH THE TERMS AND CONDITIONS OF THE CREDIT. THIS FEE IS FOR THE ACCOUNT OF THE BENEFICIARY AND WILL BE DEDUCTED FROM THE PROCEEDS WHEN PAYMENT IS EFFECTED. + DRAFT MUST INDICATE THE NUMBER AND DATE OF THIS CREDIT.
CHARGES	71B ；ALL BANKING CHARGES ARE FOR ACCOUNT OF BENEFICIARY.
PRESENTATION PERIOD	48 ；DOCUMENTS MUST BE PRESENTED WITHIN 15 DAYS AFTER THE DATE OF SHIPMENT BUT WITHIN THE VALIDITY OF THE CREDIT.
CONFIRMATION	*49 ；WITHOUT.
"ADVISE THROUGH"	57D ；BANK OF CHINA,NANTONG CITY CHONG CHUN SUB-BRANCH NO.98 RENMIN MIDDLE RD, NANTONG,JIANGSU，CHINA

第四步：检查 MT700 报文的各个场次的内容

MT700 报文拟制好后,由复核人员检查 MT700 报文中的各必要项目是否都填妥,申请书中的内容有没有漏填。检查无误后,复核人员将报文发出。

必备知识

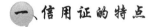信用证的特点

1. 开证行承担第一性付款责任

信用证是银行开立的有条件的承诺付款的书面文件。只要受益人在信用证规定的期限内提交符合规定的单据,开证行就必须保证付款,而不论开证申请人拒付还是倒闭。因此,开证行付款承诺是一项独立的责任。

2. 信用证是一份自足的文件

信用证是根据买卖双方签订的合同开立的,信用证一经开出,就成为独立于合同以外的文件。信用证各当事人权利和义务完全以信用证中所列条款为依据,不受买卖合同的约束；开证行及其他参与信用证业务的当事人只能根据信用证规定办事,不受贸易合同的约束。

3. 信用证业务是纯单据业务

在信用证业务中，各有关方面处理的是单据，而不是与单据有关的货物或服务。银行在处理信用证业务时，只审查受益人所提交的单据是否与信用证条款相符，以决定是否履行其付款责任。只要受益人提交符合信用证条款的单据，开证行就应承担付款责任，申请人也应接受单据并向开证行付款赎单。如果申请人付款后发现货物有缺陷，则可凭单据向有关责任方提出损害赔偿要求，而与银行无关。因此，作为受益人，应确保相符交单，才能从开证行处顺利收汇。

二、开证行的义务

1. 根据开证申请人的指示开立信用证

申请人通过提交开证申请书而与开证行建立委托合同关系。在这种合同关系下，开证行有义务按照申请人申请书的指示开立信用证，开证行如开立有违申请书内容的信用证，由此产生的后果均由开证行负责。实践中，开证行为了尽量避免承担因信用证与开证申请书不符所承担的责任，往往会在开证申请书（格式条款）中规定一些免责条款。根据 UCP600 第 35 条，电讯传递过程中发生的延误、残缺或其他差错，开证行可以免责。

2. 承担第一付款责任

如果信用证受益人提交的单据符合信用证规定，开证行则有义务根据单证一致原则向受益人支付信用证金额，或承兑受益人出具的汇票。需要强调的是，开证行的这种付款义务不仅仅是对受益人的义务，同时也是针对开证申请人的义务。付款既是开证行履行对受益人的有条件支付承诺，也是履行其与开证申请人委托合同项下的义务。

3. 审核单据的义务

信用证通常规定受益人在请求银行履行付款、承兑或议付义务时，必须向银行提交信用证规定的单据。银行在履行付款、承兑或议付义务之前，应严格审核受益人提交的单据是否符合信用证规定的各项条件。UCP600 第 14 条 a 款规定，开证行包括其他指定银行，仅基于单据本身确定其是否在表面上构成相符交单。因此，审核单据是开证行的一项重要法定义务，同时，它也是开证行对开证申请人的一项重要合同义务。需要注意的是，银行的严格审核义务仅限于形式审查，不包括对单据的真实性、有效性方面的审查。UCP600 第 34 条对银行审单作出明确的免责规定，银行对单据完整性、准确性、真实性或法律效力等不负责任。

4. 开证行对其他受托行的义务

开证行与通知行、议付行等其他银行之间是委托合同关系。在这种合同关系中，开证行负有遵循委托义务的责任，即对受托银行偿付的义务。当开证行授权另一家银行凭表面符合信用证条款的单据进行通知、付款、承兑汇票或议付时，如果受托银行已对受益人支付或承兑，开证行必须偿付受托银行并接受其传递的单据。在承担上述义务的同时，开证行在开立信用证后，若对符合信用证规定的单据进行付款，那么基于与开证申请人的合同约定，开证行有权从申请人处获得偿付。但若开证行背离了开证申请书，或开证行错误地兑付了单证不符的单据，开证申请人有权拒绝偿付。

三、信用证的类型

1. 跟单信用证和光票信用证

以信用证项下的汇票是否附有货运单据，信用证可分为跟单信用证和光票信用证。

(1)跟单信用证(documentary credit)。它是指开证行凭跟单汇票和单据或仅凭单据付款的信用证。单据是指代表货物或证明货物已交运的单据而言,前者指海运提单,后者指铁路运单、航空运单、邮包收据等。国际贸易所使用的信用证绝大部分是跟单信用证。

(2)光票信用证(clean credit)。它是指开证行仅凭不附单据的汇票付款的信用证。有的信用证要求汇票附有非货运单据,如发票、垫款清单等,也属光票信用证。在采用信用证方式预付货款时,通常是用光票信用证。

2.保兑信用证和非保兑信用证

以是否有另一家银行保证兑付,信用证可分为保兑信用证和非保兑信用证。

(1)保兑信用证(confirmed L/C)。它是指另一家银行,即保兑行(confirming bank)应开证行请求,对其所开信用证加以保证兑付的信用证。经保兑行保兑的信用证,保兑行保证凭符合信用证条款规定的单据履行向受益人或其指定人付款的责任,而且付款或议付后对受益人或其指定人无追索权。这种信用证有开证行与保兑行两家银行对受益人负责。所以,一般来说,它对出口人的安全收汇是有利的。在实践中,保兑行通常由通知行担任,但有时通知行是一家,保兑行是另一家银行的情形也常见。按 UCP600 的解释,信用证一经保兑,即构成保兑行在开证行承诺以外的一项确定的承诺(a definite undertaking),保兑行对受益人承担必须付款或议付的责任。保兑行不是以开证行的代理人身份,而是以"本人"的身份对受益人独立负责,并对受益人负首先付款的责任,受益人不必先向开证行要求付款,而可径向保兑行交单索偿。因此,在首先付款的责任方面,保兑行与开证行相同。保兑行有必须付款或议付之责,而在议付或付款后,即使开证行倒闭或拒付,都不能向受益人追索。总之,保兑行对信用证的责任相当于本身开证,无论开证行发生什么变化,在信用证的有效期内都不能撤销保兑行的保兑责任。在实际业务中,为发挥保兑行作用,一般均应向保兑行办理交单议付手续。

(2)非保兑信用证(unconfirmed L/C)。它是指未经除开证行以外的其他银行保兑的信用证,即一般的不可撤销信用证。

3.即期付款信用证、延期付款信用证、承兑信用证和议付信用证

UCP600 第 6 条规定:"信用证必须规定其是以即期付款、延期付款、承兑还是议付的方式兑用。"

(1)即期付款信用证(sight payment L/C)。它是指规定受益人开立即期汇票随附单据,或不需要汇票仅凭单据向指定银行提示,请求付款的信用证。即期付款信用证是否需要汇票,完全取决于具体的信用证的规定。对这种信用证,开证行、保兑行(若有)或指定付款行承担即期付款的责任。

(2)延期付款信用证(deferred payment L/C)。它又称迟期付款信用证,或称无承兑远期信用证,是指仅凭受益人提交的单据,经审核单证相符确定银行承担延期付款责任起,延长一段时间及至付款到期日付款的信用证。

确定付款到期日的方法有三:一是交单日后若干天;二是运输单据显示的装运日后若干天;三是固定的将来日期。这种信用证的特点是:受益人不必开具汇票,开证行也不存在承兑汇票的问题。由于这种信用证不使用汇票,不作承兑,因此也不能贴现,在实践中大多使用于金额较大的资本货物的交易。

(3)承兑信用证(acceptance L/C)。它是指被信用证指定的付款行在收到符合信用证规定的远期汇票和单据时,先在汇票上履行承兑手续,等汇票到期日再行付款的信用证。

(4)议付信用证(negotiation L/C)。UCP600 第 2 条对"议付"的解释是:"指定银行在相符交单下,在其应获偿付的银行工作日当天或之前向受益人预付或者同意预付款项,从而购买汇票(其付款人为指定银行以外的其他银行)及/或单据的行为。"因此议付信用证是指开证行在信用证中,邀请指定银行议付的信用证。议付信用证按是否限定议付行,又可分为公开议付信用证和限制议付信用证两种。前者是指任何银行均可办理议付,后者则是指仅由被指定的一家银行办理议付。

由于开立信用证银行与受益人一般分处两国,由受益人向开证行索款存在不便,受益人可以邀请一家本地银行(议付行)先行审单垫款,这有利于出口商资金融通。对信用证申请人和开证行的好处是单证相符的单据没有到达柜台前不需付款,且单证是否相符最终由开证行确认,开证行可以认为议付行寄来的单据有不符项而拒付。

4. 即期信用证和远期信用证、假远期信用证

根据付款时间的不同,信用证可分为即期信用证、远期信用证和假远期信用证。

(1)即期信用证(sight L/C),是指开证银行或其指定的付款行在收到符合信用证条款的跟单汇票及/或装运单据后,立即履行付款义务的信用证,包括即期付款信用证和即期议付信用证。

(2)远期信用证(time L/C;usance L/C),是指开证行或其指定的付款行在收到符合信用证条款的汇票及/或单据后,在规定的期限内保证付款的信用证。其主要作用是便利进口人资金融通。承兑信用证、延期付款信用证和远期议付信用证都是远期信用证。

(3)假远期信用证,是指进口人为了融资方便,或利用银行承兑汇票以取得比银行贷款利率低的优惠贴现率,在与出口人订立即期付款的合同后,要求开立银行承兑的信用证,证中规定受益人应开立远期汇票,而这种远期汇票"可即期付款,所有贴现和承兑费由买方负担"。(The usance draft is payable on a sight basis, discount charges and acceptance commission are for buyer's account)。由于这种信用证的贴现费用由买方负担,因此,又称为"买方远期信用证"(buyer's usance L/C),在我国习惯上称它为"假远期信用证"(usance credit payable at sight)。

5. 可转让信用证和不可转让信用证

根据受益人是否有权把使用信用证的权利转让给其他人使用,信用证可分为可转让信用证和不可转让信用证。

(1)可转让信用证(transferable L/C)。UCP600 第 38 条 b 款规定:"可转让信用证是指特别注明'可转让'(transferable)字样的信用证。可转让信用证可应受益人(第一受益人)的要求转为全部或部分由另一受益人(第二受益人)兑用。"

可转让信用证的转让由转让行办理。转让行是指办理信用证转让的指定银行,或当信用证规定可在任意银行兑用时,指开证行特别如此授权并实际办理转让的银行。开证行也可担任转让行。

由转让行转为可由第二受益人兑用的信用证为已转让信用证。除非另有约定,有关转让的费用,须由第一受益人承担。若信用证允许部分支款或部分发运,信用证可以部分地转让给数名第二受益人。已转让信用证不得应第二受益人的要求转让给任何其后受益人。第一受益人不视为其后受益人。

已转让信用证必须明确说明是否允许及在何条件下允许将修改通知第二受益人。如果信

用证转让给数名第二受益人,其中一名或多名第二受益人对信用证修改的拒绝并不影响其他第二受益人接受修改。

已转让信用证必须准确转载原证条款,但下列项目除外,即:信用证金额和规定的任何单价可减少;截止日可提前;交单期限可缩短;最迟发运日或发运期间可提前或缩短;必须投保的保险比例可以增加,以达到原信用证或 UCP600 规定的保险金额;可用第一受益人的名称替换原证中的开证申请人。当然,如果原证特别要求开证申请人名称应在除发票以外的任何单据中出现时,已转让信用证必须反映该项要求。

在转让信用证下,第二受益人或代表第二受益人的交单必须交给转让行,以便第一受益人以自己的发票和汇票替换第二受益人的发票和汇票,其金额不得超过原信用证的金额。经过替换后,第一受益人可在原信用证项下支取自己发票与第二受益人发票间的差价。

如果第一受益人未能在转让行第一次要求时提交其自己的发票和汇票,或提交的发票导致了第二受益人的交单中本不存在的不符点,而其未能在第一次要求时修正,转让行有权将从第二受益人处收到的单据交开证行,并不再对第一受益人承担责任。

此外,需要说明的是,进口人开立可转让信用证,意味着他同意出口人将交货、交单义务由出口人指定的其他人来履行,但并不等于买卖合同也被转让。如果发生第二受益人不能交货,或交货不符合合同规定,第一受益人仍要承担买卖合同规定的卖方责任。

(2)不可转让信用证(untransferable L/C),是指受益人无权将使用信用证的权利转让给其他人使用的信用证。凡信用证中未注明"transferable"的信用证,均为不可转让信用证。

6. 循环信用证和非循环信用证

根据是否可以循环使用,信用证可分为循环信用证和非循环信用证。

(1)循环信用证(revolving L/C)的含义。循环信用证是指受益人在一定时间内使用规定金额后,能够重新恢复信用证原金额并再度使用,周而复始,直至达到该证规定次数或累计总金额用完为止的信用证。

循环信用证一般适用于货物比较大宗单一,可定期分批均衡供应、分批支款的长期合同。对进口人来说,可节省逐笔开证的手续和费用,减少押金,有利资金周转;对出口人来说,可减少逐批催证和审证的手续。

(2)循环信用证循环的类别。循环信用证的循环分为可按"时间"循环和按"金额"循环。

循环信用证按"时间"依次循环可分为:

①自动循环(automatic revolving)。

受益人按规定的时间或时间间隔装运货物议付后,信用证可自动恢复到原金额供再度使用。如:

——本信用证项下总金额,于每次议付后自动循环。

The total amount of this credit shall be restored automatically after date of negotiation.

——本信用证项下支付金额,于每次议付后自动恢复循环,直至用完金额____美元为止。

The amounts paid under this credit are again available to you automatically until the total of the payments reaches US $ _____

②通知循环(notice revolving),亦称非自动循环(non-automatic revolving)。

通知循环,顾名思义,受益人于每次装货议付后,须等待和收到开证银行致受益人通知后,才能恢复到原金额再度使用。如:

——于每次装货议付后,须待收到开证银行通知,方可恢复到原金额使用。

The amount shall be reinstated after each negotiation only upon receipt of Issuing Banks notice stating that the credit might be renewed.

——受益人于每次装货议付后,须待收到开证银行发出的通知,方可恢复到原金额使用。

The amount of each shipment shall be reinstated after each negotiation only upon receipt of Issuing Banks notice stating that the credit might be renewed.

③定期循环(periodic revolving),即半自动循环(semi-automatic revolving),是指受益人于装货议付后,须经过一定期间方可恢复原金额再度使用。定期循环是依契约的规定,可按月、按季循环使用。如:

——每次议付后于7天之内,议付银行未接到停止循环的通知时,本信用证项下尚未用完的余额,可积累于原金额中使用。

Should the Negotiating Bank not be advised of stopping renewal within seven days after each negotiation, the unused balance of this credit shall be increased to the original amount.

循环信用证按"金额"循环可分为:

①积累循环(cumulative revolving),是指上期未使用之余额可转入下期使用。如:

——每三(3)个日历月积累循环一次,由20××年3月15日,从达成第一笔交易之日起至20××12月15日循环终止。

Per three(3) calender month cumulative commencing with 15th March 20××, revolving on the first business day of each successive month and ending with 15th December 20××.

②非积累循环(non-cumulative revolving),是指本期尚未使用的余额,不能转入下期使用。不能转入下期使用的尚未使用的余额视为过期、放弃和作废的金额处理,故称非积累循环。如:

——每批货物所支付的金额,尚未满额时不得积累使用。

The unused balance of each shipment is not cumulative to the following shipment.

(3)非循环信用证(non-revolving letter of credit),是指凡信用证所列的金额不可循环使用的信用证。

在实务中,一般的信用证都属非循环信用证。但可循环的信用证必须在信用证中注明,凡未注明者皆为非循环信用证。

7. 对开信用证（reciprocal L/C）

对开信用证是指两张信用证的开证申请人互以对方为受益人而开立的信用证。对开信用证的特点是第一张信用证的受益人(出口人)和开证申请人(进口人)就是第二张信用证的开证申请人和受益人。第一张信用证的通知行通常就是第二张信用证的开证行。两张信用证的金额相等或是大致相等,两张信用证可同时互开,也可先后开立。

对开信用证多用于易货贸易或来料加工和补偿贸易业务,交易的双方都担心凭第一张信用证出口或进口后,另一方不履行进口或出口的义务,于是采用这种互相联系、互为条件的开证办法,用以彼此约束。

对开信用证从生效时间看,有两种做法:一是同时生效的对开信用证,即一方开出的信用证,虽已为对方所接受,但暂不生效,等另一方开来回头信用证被该证受益人接受时,通知对方银行两证同时生效;二是分别生效的对开信用证,即一方开出的信用证被受益人接受后随即生效,无需等待另一方开来回头信用证。

对开信用证有以下特点:一是双方必须承担购买对方货物的义务,一方的出口必以另一方的进口为条件,互相联系,互相制约,而且两证的金额要相等或大致相等;二是第一张信用证的受益人(出口人)和开证人(进口人)就是第二张信用证的开证人(进口人)和受益人(出口人),两方地位刚好对调,第一张信用证的通知行常常就是第二张信用证的开证行,反过来也是一样。这种信用证在易货贸易、补偿贸易、来料加工、来件装配业务中的使用居多。

8. 对背信用证（back to back credit）

对背信用证又称背对背信用证、桥式信用证、从属信用证或补偿信用证,是指中间商收到进口商开来的信用证后,要求原通知行或其他银行以原证为基础,另开一张内容相似的新信用证给另一受益人。对背信用证的受益人可以是国外的,也可以是国内的,对背信用证开证银行只能根据不可撤销信用证来开立。对背信用证的开立通常是中间商转售他人货物,从中图利,或两国不能直接办理进出口贸易时,通过第三人以此方式来沟通贸易。

对背信用证的内容除开证人、受益人、金额、单位、装运期限、有效期限等可变动外,其他条款一般与原证相同。由于对背信用证的条款修改时,新开证人需要得到原开证人和开证行的同意,所以受益人使用对背信用证时必须慎重。

对背信用证中常见的变动:①受益人是直接供货人;②开证申请人是原证受益人;③金额单价减少;④装运有效期缩短;⑤如果中间商不愿意露出供货人名称,可规定提单货运人或发票以外的其他单据做成中立人或第三者的名称,以免透露实际供货人的名称。

9. 预支信用证（anticipatory letter of credit）

预支信用证的特点是进口商先付款、出口商后交货的贸易方式,是进口商给予出口商的一种优惠、融通资金的便利。凡欲采用预支款的信用证,买卖双方于谈判时,出口商须向进口商提出支付条款,预支款额和方法列明在信用证内。经进口商同意后,进口商填写并签署开立信用证申请书中予以明示。

(1)预支信用证适用的情形。

①契约商品系市场供不应求的短缺商品,进口商采用优惠的有竞争性的支付方式,以求尽速获得商品以应市场的急需。

②出口商资金短缺或资金周转不灵,出口商要求采用预支信用证,但进口商可利用此机会以提供优惠的支付方式为理由,以求压低价格。

③进口商为搜索货源,及时抓到货源,故将预支信用证开至出口地的代理商或委托商,及时、灵活地抓住紧俏商品,以预支货款的办法与其对手予以竞争。

(2)预支信用证的种类。

①预支全部金额信用证。

预支全部金额信用证(clean payment credit)的做法是由出口商开出光票(clean bill)预支全部货款,亦称预付货款方式。除开具光票外还须附上一张保证书(statement),保证书的内容是讲明出口商负责交付信用证规定的所需单据,保证按时交货。

若受益人事后未补交单据或将预支款挪作他用,或未采购契约规定的契约货物而带来风险时,垫款银行不承担责任,其风险应由进口商或开证银行按信用证规定的条款偿还已垫款的本息。

②红色条款信用证。

红色条款信用证(red clause letter of credit)用于预支信用证所列金额的部分款项,预支部分金额条款用红颜色打印字体,以示明确、醒目,故称红色条款信用证。

在国际贸易实务中,近年来对预支部分款项的条款亦未用红色字体,亦可通用。红色条款内容须表明允许出口商预支部分金额,然后在指定日期补交单据后,银行扣除预支款的本息,付清余额。

进口商同意采用红色条款信用证,一旦出现风险,其预支款应由进口商承担责任,故采用红色条款信用证时应慎重从事。

③绿色条款信用证。

绿色条款信用证(green clause letter of credit)与红色条款信用证的功能相类似,但绿色条款信用证所含的内容与做法比采用红色条款信用证更为严格。

采用绿色条款信用证的做法,系出口商须将预支资金所采购的契约货物,以银行的名义存放仓库,将仓库单据交付银行持有,以保证该预支金额依信用证规定使用,并受到控制以减少资金被挪用的风险。

在国际贸易的实务中,进口商同意采用绿色条款信用证时,进口商须向开证银行提供担保或抵押,而且一般来讲凡采用绿色条款信用证项下预支金额数量较大,故为了明确其功能,必须在信用证中注明"绿色条款信用证"字样。

④打包信用证。

打包信用证(packing letter of credit)又称打包放款(packing loan),其功能是指出口商接到信用证后,凭信用证所列条款向银行预支一定数量的金额用于购买契约货物和打包装运,装运后预支款额的本息于议付时扣除。这种作法是出口商所在地银行给予出口商的一种"装运前融资"(pre-shipment finance)。

融通银行须承担融资预支款的风险。银行为了减少风险,有时于预支款时须出口商提供抵押品并办理有关手续。

(3)预支信用证的垫款方式。

预支信用证是出口商依信用证规定条款签发光票并签署保证书(保证以后补交单据),以此向议付银行或指定银行预支全部或部分信用证项下的款额。

采用预支信用证,有如下垫款方式:

①由进口商直接垫款:进口商于开证时,须提交预支的现金,或于出口商按规定预支款后,立即以等额的现金调拨给开证银行,出口商所付利息由进口商收取。

②由开证银行代进口商垫款:开证银行为预支款垫付,并由开证银行收取利息。

③由代付银行代替开证银行或进口商垫款:若信用证条款规定由代付银行垫付预支款,其利息由代付银行收取。

不论采用哪一种垫款方式,其原则是由谁垫款而由谁来收取利息。如预支款额后遭到损失由进口商承担。但出口商不得使用预支款项偿还债务或抵偿货款,更不能用于与信用证无关业务的任何开支。

10. **备用信用证**

备用信用证(standby credit),又称担保信用证(guarantee credit),是指开证行开给受益人的一种有条件的保证付款的书面文件。其主要内容是在信用证中规定,在开证申请人未能按时偿还贷款或货款、未能履行投标人的职责,开证行负责为其支付。如开证申请人履行了信用证中规定的上述某项义务,则该信用证就不起作用,所以其被称作备用信用证。

拓展知识

SWIFT 简介

1. 含义

SWIFT 又称"环球同业银行金融电讯协会",是国际银行同业间的国际合作组织,成立于 1973 年,目前全球大多数国家大多数银行已使用 SWIFT 系统。SWIFT 的使用,为银行的结算提供了安全、可靠、快捷、标准化、自动化的通讯业务,从而大大提高了银行的结算速度。由于 SWIFT 的格式具有标准化的优点,目前信用证的格式主要都是用 SWIFT 电文。

2. 特点

(1)SWIFT 需要会员资格。我国的大多数专业银行都是其成员。

(2)SWIFT 的费用较低,速度快。同样多的内容,SWIFT 的费用只有 TELEX(电传)的 18% 左右,只有 CABLE(电报)的 2.5% 左右。

(3)SWIFT 的安全性较高。SWIFT 的密押比电传的密押可靠性强、保密性好,具有较高的自动化。

(4)SWIFT 的格式具有标准化。对于 SWIFT 电文,SWIFT 组织有着统一的要求和格式。

3. SWIFT 报文的容量

SWIFT 报文由一些项目组成,每一种报文格式规定了由多少字母、多少数字或多少字符组成,这些规定的表示方法及含义如下:

n:只表示数字;

a:只表示字母;

Q:表示数字或字母;

X:表示 SWIFT 电讯汇总允许出现任何一个字符(包括 10 个数字、26 个英语字母、有关标点符号、空格键、回车键和跳行键);

*:行数。

例如,2n:表示最多填入 2 位数字;3a:表示必须填入 3 个字母;5*35X:表示填入的内容最多 5 行,每行最多 35 个字符。

4. SWIFT 银行识别代码

每家申请加入 SWIFT 组织的银行都必须事先按照 SWIFT 组织的统一原则,制定出本行的 SWIFT 地址代码,经 SWIFT 组织批准后正式生效。银行识别代码(Bank Indentifier Code,BIC)是由电脑可以自动判读的八位或是十一位英文字母或阿拉伯数字组成,用于在 SWIFT 电文中明确区分金融交易中相关的不同金融机构。十一位数字或字母的 BIC 可以拆分为银行代码、国家代码、地区代码和分行代码四部分。以中国银行北京分行为例,其银行识别代码为 BKCHCNBJ300。其含义为:BKCH(银行代码)、CN(国家代码)、BJ(地区代码)、300(分行代码)。

(1)银行代码(bank code):由四位英文字母组成,每家银行只有一个银行代码,并由其自定,通常是该行的行名字头缩写,适用于其所有的分支机构。

(2)国家代码(country code):由两位英文字母组成,用以区分用户所在的国家和地理区域。

(3)地区代码(location code):由0、1以外的两位数字或两位字母组成,用以区分位于所在国家的地理位置,如时区、省、州、城市等。

(4)分行代码(branch code):由三位字母或数字组成,用来区分一个国家里某一分行、组织或部门。如果银行的BIC只有八位而无分行代码时,其初始值订为"×××"。

技能训练

根据下述开证申请书,开立SWIFT信用证

1. 开证申请书

表4-3 开证申请书

IRREVOCABLE DOCUMENTARY CREDIT APPLICATION

To:HSBC. HELSINKI　　　　　　　　　　DATE:OCT. 24,2011　CHINA

( ) Issued by airmail (X) Issue by teletransmission 　　(X) SWIFT 　　( ) TLX 　　( ) CABLE	**Credit No.** **Date and place of expiry of credit**: DEC. 10,2011 IN CHINA
Applicant: F. T. C. CORP. AKEDSANTERINK AUTOP P. CP. BOX 9,FINLAND	**Beneficiary** NANTONG JINYUAN IMPORT & EXPORT CO. , LTD. 18XUEYUAN STREET, NANTONG,P. R. CHINA
Advising Bank: BANK OF CHINA NANTONG BRANCH,CHINA BIC CODE:BKCHCNBJ95GX NO. 98, MIDDLE ROAD OF RENMIN, NANTONG JIANGSU,CHINA	**Amount**(both in figures and words) USD16500. 00 (SAY U. S. DOLLARS SIXTEEN THOUSAND FIVE HUNERED ONLY.)

Partial shipment (X) allowed ( ) not allowed	Transshipment (X) allowed ( ) not allowed	Credit available with ANY BANK By ( ) sight payment 　( ) acceptance 　(X) negotiation 　( ) deferred payment at against the documents detailed herein (X) and beneficiary's draft for 　100　of invoice value at * * * after sight drawn on HSBC, HELSINKI
Loading on board/dispatch/taking in charge at/from NATONG,CHINA　Not later than NOV 25,2011 For transportation to HELSINKI		
( )FOB ( )CFR (X)CIF other terms _____		

续表 4-3

| **Description of goods**:
1000 DOZENS 100% COTTON SHIRTS, USD16.50PER DOZEN, 2 DOZENS TO A CARTON, CIF HELSINKI |

Documents required: (marked with X)

1. (X) Signed commercial invoice in <u>THREE</u> copies indicating L/C No. and Contract No. NTJY2011X06.
2. (X) Packing list in <u>THREE</u> copies indicating quantity, gross and net weights of each package.
3. (X) Full set of clean on board ocean Bills of Lading made out to order and blank endorsed, marked "freight
   ( ) to collect /(X) prepaid" notifying <u>THE APPLICANT</u>
   ( ) Airway bills/Cargo receipt/Copy of railway bills issued by _____ showing "freight ( ) to collect
   /( ) prepaid" ( ) indicating freight amount and consigned to _____
4. (X) Insurance Policy/Certificate in <u>TRIPLICATE</u> for <u>110</u> of the invoice value showing claims payable in <u>DESTINATION</u> in the same currency of the draft, blank endorsed, covering <u>All Risks, War Risks</u>
5. ( ) Certificate of Quality in _____ copies issued by _____
6. (X) Certificate of Origin in <u>TWO</u> copies issued <u>COMPETENT AUTHORITIES</u>
7. ( ) Beneficiary's certified copy of fax send to the applicant within _____ hours after shipment advising L/C No., name of vessel, date of shipment, name, quantity, weight and value of goods.
   ( ) Other documents, if any.
8. (X) beneficiary's certificate must be sent to applicant within 2 days after shipment shipment showing 1 set of shipping sample has bee sent to the buyer before shipment.

Additional instructions:
1. (X) All banking charges outside the opening bank are for beneficiary's account.
2. (X) Documents must be presented within <u>15</u> days after date of shipment but within the validity of this credit.
3. (X) Both quantity and credit amount <u>10</u> percent more or less are allowed.
4. ( ) Third party as shipper is not acceptable, Short Form / Blank B/L is not acceptable.
5. ( ) All documents to be forwarded in ____ lots by express unless otherwise stated above.
6. (X) L/C must mention this contract number.

F. T. C. CORP.

Signature： Tom Black

2. 信用证

MT S700	ISSUE OF A DOCUMENTARY CREDIT
SEQUENCE OF TOTAL	*27　：
FORM OF DOC. CREDIT	*40A：
DOC. CREDIT NUMBER	*20　：
DATE OF ISSUE	31C：
APPLICABE RULES	*40E：
EXPIRY	*31D：
APPLICANT BANK	*51A：

APPLICANT	*50:
BENEFICIARY	*59:
AMOUNT	*32B:
AVAILABLE WITH/BY	*41D:
DRAFTS AT...	42C:
DRAWEE	42D:
PARTIAL SHIPMENTS	43P:
TRANSSHIPMENT	43T:
PORT OF LOADING	44A:
FOR TRANSPORTATION TO	44B:
LATEST DATE OF SHIPMENT	44C:
DESCRIPT OF GOODS	45A:
DOCUMENTS REQUIRED	46A:

ADDITIONAL COND.	47A：
CHARGES	71B：
PRESENTATION PERIOD	48：
CONFIRMATION	*49：
"ADVISE THROUGH"	57D：

应知练习

一、单选题

1. 根据SWIFT手册,开证行开立跟单信用证应使用( )。
   A. MT490　　B. MT756　　C. MT700　　D. MT710

2. 根据UCP600,信用证必须规定可在其处兑用的银行,或是否在任一银行兑用。可在其处兑用信用证的银行所在地是指受益人( )。
   A. 取得议付款项的地点　　B. 提交单据的地点
   C. 得到偿付的地点　　D. 装运的地点

3. SWIFT MT700报文中"Presentation Period：48"栏位所规定的交单期限只适用于信用证要求提交( )的情况。
   A. 正本运输单据　　B. 副本运输单据　　C. 运输行收据　　D. 大幅收据

4. 当开立即期信用证时,SWIFT MT700报文中的41A栏位应表述为( )。
   A. by payment　　B. by deferred payment
   C. by acceptance　　D. by negotiation

5. 信用证规定最迟装运期为11月5日,截止日为11月20日,交单期限为装运后20天,提单显示货物实际装船日为10月25日,汇票的出票日期不得迟于( )。
   A. 11月5日　　B. 11月20日　　C. 11月25日　　D. 11月14日

6. 根据UCP600,信用证项下的汇票付款人不可以是( )。
   A. 保兑行　　B. 申请人　　C. 付款行　　D. 开证行

7. 据UCP600,以下几种信用证中总是不含汇票的是( )。
   A. 延期付款信用证　　B. 即期付款信用证
   C. 议付信用证　　D. 承兑信用证

二、多选题

1. 信用证由BANK A通知,规定Available with Bank of China by negotiation时,受益人向( )交单才能得到UCP600条款的保护。
   A. Bank of China　　B. Bank A　　C. Issuing Bank　　D. Any Bank

2.如果信用证要求提交以开证行为付款人的汇票,可配合使用的兑用方式为( )。
A.即期付款　B.延期付款　C.承兑　D.议付

3.SWIFT MT700报文的"charges:71B"栏位表明的是应由受益人承担的费用,如果该栏位缺省,则表明除了( )之外,其他费用由申请人承担。
A.开证费　B.议付费　C.邮费　D.转让费

4.据UCP600,信用证项下的汇票付款人可以是( )。
A.申请人　B.开证行　C.指定付款行　D.指定承兑行

5.以下属于开证行的义务的是( )。
A.根据开证申请人的指示开立信用证　　B.承担第一付款责任
C.审核单据　　　　　　　　　　　　　D.拒付不相符单据

三、判断题

1.任何类型的信用证,都需要受益人提交汇票。( )

2.根据UCP600,开证行自收到受益人的相符单据后翌日起的7个银行工作日内,必须完成付款或拒付。( )

3.假远期信用证和承兑信用证都需要收益人提交远期汇票。( )

4.在可转让信用证中,转让行对第二受益人提交的相符单据,有必须付款的义务。( )

5.根据UCP600第35条,电讯传递过程中发生的延误、残缺或其他差错,开证行可以免责。( )

第五章
通知行通知信用证——任务三

学习目标

知识目标
1. 敏锐地发现信用证中的软条款,提醒受益人
2. 根据信用证,准确制作信用证通知书

知识目标
熟知通知行的权利义务

任务设计

2012年4月12日,BANK OF TOKYO-MITSUBISHI UFJ LTD 的进口业务员通过 SWIFT 发送了号码为 NT31173 的跟单信用证给通知行中国银行南通崇川支行。通知行收到信用证后,可以选择接受开证行的邀请通知该信用证,或不接受邀请,拒绝通知信用证。如决定不接受开证行的邀请通知该证,则应毫不延迟地告知发送信用证的银行。中国银行南通崇川支行的业务员接受了这笔业务,决定通知该信用证,并在2012年4月13日发出信用证通知书。该业务员通知信用证的具体任务如下:

(1)判断真信用证实性,查找软条款和判断偿付路线的可行性等。
(2)盖章、登记等内部处理。
(3)制作信用证通知书,通知受益人。

任务描述

通知行收到开证行发来的信用证后,应仔细审证,以判断信用证的真伪性、是否存在软条款以及开证行指定的付汇路线是否可行等,依据审证结果作相应的处理后,做好内部登记,制作信用证通知书,通知受益人。通知行在通知信用证给受益人时,应注意提供尽可能周全、专业的服务,为日后受益人来议付单据争取机会。

操作示范

第一步:审核信用证,判断其真实性、查找软条款和判断偿付路线的可行性

判断信用证的真伪是通知行的主要义务之一。UCP600 第9条b款规定:"通知行通知信用证或修改的行为表示其已确信信用证或修改的表面真实性,而且其通知准确地反映了其收到的信用证或修改的条款。"因此,通知行收到开证行发来的信用证后,对于信开信用证,应核对密押是否正确,印鉴是否相符;对于电开信用证,应核对密押是否正确,从表面上辨别信用证的真伪。

如果审核后密押或印鉴不符的,一方面应及时联系开证行进行核实,另一方面若需要通知

受益人的,则应在信用证中注明"押未核,仅供参考"。(As we are unable to verify the signature/test keys appearing on this credit, we merely pass it to you without any responsibility or engagement.)

本信用证是通过SWIFT系统开立的MT700,由于SWIFT系统自动核押,因此通过该系统发送的信用证都是真实的信用证。

除了确认信用证的真实性外,对于信用证是否存在"软条款"、是否带有政治上歧视性的条款以及付汇路线等是否合理,通知行都需要严加审核,并依情况及时处理。

第二步:盖章、登记等内部处理

通知行审核完信用证后,需要在信用证上(包括信用证通知书)加盖信用证通知专用章,同时对所通知的信用证进行登记,并完成通知手续费的收取。

第三步:制作信用证通知书,通知受益人

目前,大多数银行的信用证通知书都有专门的格式,通知书中主要有通知行的信息和信用证的相关信息。在银行实务中,除了受益人需要手工参与选择外,其他信息都是系统自动产生,通知行需要在信用证通知书上加盖通知行的专用通知章。表5-1是中国银行的信用证通知书格式。

表 5-1 信用证通知书

1. BANK OF CHINA ADDRESS:			
2.信用证通知书 NOTIFICATION OF DOCUMENTARY CREDIT			
SWIFT:BKCHCNBJ95G FAX:			3. DATE:
4. TO:		WHEN CORRESPONDING 5. PLEASE QUOTE OUR REF NO.	
6. ISSUING BANK 开证行		7. TRANSMITTED TO US THROUGH 转递行 REF NO.	
8. L/C NO.信用证号	9. DATED 开证日期	10. AMOUNT 金额	11. EXPIRY PLACE 有效地
12. EXPIRY DATE 效期	13. TENOR 期限	14. CHARGE 未付费用	15. CHARGE BY 费用承担人
16. RECEIVED VIA 来证方式	17. AVAILABLE 是否生效	18. TEST/SIGN 印押是否相符	19. CONFIRM 我行是否保兑

续表 5-1

> DEAR SIR, 迳启者:
> WE HAVE PLEASURE IN ADVISING YOU THAT WE HAVE RECEIVED FROM THE A/M BANK A(N) LETTER OF CREDIT. CONTENTS OF WHICH ARE AS PER ATTACHED SHEET (S).
> THIS ADVICE AND THE ATTACHED SHEET(S) MUST ACCOMPANY THE RELATIVE DOCUMENTS WHEN PRESENTED FOR NEGOTIATION.
> 兹通知贵司:我行收自上述银行信用证一份,现随附通知,贵司交单时,请将本通知书及信用证一并提示。
>
> REMARK 备注:
> PLEASE NOTE THAT THIS ADVICE DOES NOT CONSTITUTE OUR CONFIRMATION OF THE ABOVE L/C NOR DOES IT CONVEY ANY ENGAGEMENT OR OBLIGATION ON OUR PART.

THIS L/C CONSISTS OF SHEET(S), INCLUDING THE COVERING LETTER AND ATTACHMENT (S).
本信用证连同面函及附件共_____页。

IF YOU FIND ANY TERMS AND CONDITIONS IN THE L/C WHICH YOU ARE UNABLE TO COMPLY WITH AND OR ANY ERROR(S), IT IS SUGGESTED THAT YOU CONTACT APPLICANT DIRECTLY FOR NECESSARY AMENDMENT(S) SO AS TO AVOID ANY DIFFICULTIES WHICH MAY ARISE WHEN DOCUMENTS ARE PRESENTED.

如本信用证中有无法办到的条款/或错误,请迳与开证申请人联系,进行必要的修改,以排除交单时可能发生的问题。

THIS L/C ADVISED SUBJECT TO ICC UCP PUBLICATION NO. 600
本信用证之通知系遵循国际商会跟单信用证统一惯例第600号出版物办理。

此证如有任何问题及疑虑,请与国际结算部出口科联络,电话:

            20. YOURS FAITHFUL
            FOR BANK OF CHINA

通知书各栏目的填制如下:
1. 信用证的通知行
  出口方一般选择自己的账户行为通知行,以便于业务联络及解决将来可能发生的贸易融资需求。
  本案应填:BANK OF CHINA NANTONG BRANCH
      ADDRESS:98 REN MIN ZHONG ROAD,
          NANTONG, JIANGSU, CHINA

2. 信用证通知书

对于国外银行开来的信用证,其受理与通知是办理出口信用证业务的第一步。

通知行受理国外来证后,应在1~2个工作日内将信用证审核完毕并通知出口商,以利于出口商提前备货,在信用证效期内完成规定工作。

信用证的通知方式,则因开证形式而异。如信开信用证,通知行一般以正本通知出口商,将副本存档;对于全电本,通知行将其复制后以复制本通知出口商,原件存档。电开信用证或修改(包括修改通知)中的密押(SWIFT信用证无密押)需涂抹后再行通知。

如果信用证的受益人不同意接受信用证,则应在收到信用证通知书的三日内以书面形式告知通知行,并说明拒受理由。

3. 通知日期

通知行把信用证通知给受益人的日期。

本案应填:2012/04/13

4. 受益人

信用证上指定的有权使用信用证的人,一般为出口方。

本案应填:NANTONG TOOL IMPORT & EXPORT CO.,LTD 58,HAONAN ROAD NANTONG,JIANGSU,CHINA

5. 通知行的业务编号

收到国外开来的信用证后,应仔细审核通知行的签章、业务编号及通知日期。

本案应填:AD95G10100801

6. 开证行

开证行是受开证人之托开具信用证、保证付款的银行,一般在进口方所在地。

本案应填:BANK OF TOKYO MITSUBISHI UFJ LTD. 1-5-2 HONGOKU-CHO NIHONBASHI CHUO-KU TOKYO 103-0021 JAPAN

7. 转递行

转递行负责将开证行开给出口方的信用证原件,递交给出口方。只有信开信用证才有转递行,电开信用证无转递行。本案无转递行。

8. 信用证号

信用证号是开证行的银行编号,在与开证行的业务联系中必须引用该编号。信用证号必须清楚,没有变字等错误。

如果信用证号在信用证中多次出现,应注意前后是否一致,否则当电洽修改。

本案应填:NT31173

9. 开证日期

信用证上必须注明开证日期,如果没有,则视开证行的发电日期(电开信用证)或抬头日期(信开信用证)为开证日期。

由于有些日期需要根据开证日期来计算或判断,而且开证日期还表明进口方是否按照合同规定期限开出信用证,因此开证日期非常重要,应当清楚明了。

本案应填:2012/04/12

10. 信用证金额

本案应填:EUR21892.00

第五章 通知行通知信用证——任务三

11. 信用证的有效地点

有效地点是指受益人在效期以内向银行提交单据的地点。国外来证一般规定有效地点在我国境内，但如果规定有效地点在国外，则应提前交单以便银行有合理时间将单据寄到有效地的银行，这一点应特别注意。

本案应填：本地，即出口商所在地

12. 信用证的有效期限

信用证的有效期限是受益人向银行提交单据的最后期限，受益人应在有效期限日期之前或当天将单据提交指定地点的指定银行。

一般情况下，开证行和开证申请人（进口方）规定装运期限后10天、15天或21为交单的最后期限。如果信用证没有规定该期限，按照国际惯例，银行将拒绝受理于装运日期后21天提交的单据。

本案应填：2012/06/25

13. 信用证的期限

这里指信用证是即期还是远期。

本案应填：AT SIGHT

14. 未付费用

受益人尚未支付给通知行的费用，按实际填写。本案中受益人已支付给通知行信用证通知费。

本案应填：RMB0.00

15. 费用承担人

信用证中规定的各相关银行的银行费用等由谁来承担。一般信用证都规定：开证行以外的所有费用由受益人承担。

本案应填：BENEFICIARY

16. 来证方式

开立信用证可以采用信开和电开方式。

信开信用证，由开证行加盖信用证专用章和经办人名章并加编密押，寄送通知行；电开信用证，由开证行加编密押，以电传方式发送通知行。

本案应填：SWIFT

17. 信用证是否生效

有些信用证在一定条件下才正式生效。一般通知行在通知此类信用证时会在正本信用证上加注"暂不生效"字样。因此在此种情况下，受益人应在接到通知行的正式生效通知后再办理发货。通常"简电开证"暂不生效，全电开证为生效的信用证。本案为全电开证信用证。

本案应填：VALID

18. 印押是否相符

收到国外开来的信用证后，应仔细审核印押是否相符。

信开信用证要注意其签章，看有无印鉴核符签章；电开信用证应注意其密押，看有无密押核符签章（SWIFT L/C 因随机自动核押，无此章）。

在一般情况下，通知行在通知信用证前会预先审查一下，看其有无不利条款，并在信用证上注明，受益人若发现此类注明，应加强注意或及时接洽开证人修改信用证。

本案应填:YES

19. 我行是否保兑

保兑行是指接受开证行的委托要求,对开证行开出的信用证的付款责任以本银行的名义实行保付的银行。保兑行在信用证上加具保兑后,即对信用证独立负责,承担必须付款或议付的责任。汇票或单据一经保兑行付款或议付,即使开证行倒闭或无理拒付,保兑行也无权向出口商追索票款。保兑行通常是通知行,也可是其他第三者银行。

本案例中的信用证为非保兑信用证,所以填:NO

20. 通知行签章

一般银行都有各种业务专用章,以用于不同的业务。

本案中,加盖中国银行的信用证通知专用章。

填制好的信用证通知书如表5-2所示。

表5-2 信用证通知书

BANK OF CHINA   NANTONG BRANCH
ADDRESS:98 REN MIN ZHONG ROAD,
         NANTONG,JIANGSU,CHINA

CABLE:CHUNGKUO   信用证通知书
TLX:8365100BOCNT CN   NOTIFICATION OF DOCUMENTARY CREDIT
SWIFT:BKCHCNBJ95G
FAX:0513-85527796   2012/04/13

TO: NANTONG TOOL IMPORT & EXPORT CO.,LTD 58,HAONAN ROAD NANTONG,JIANGSU,CHINA		WHEN CORRESPONDING PLEASE QUOTE OUR REF NO.	AD95G10100801
ISSUING BANK 开证行 BANK OF TOKYO MITSUBISHI UFJ LTD. 1-5-2 HONGOKU-CHO NIHONBASHI CHUO-KU TOKYO 103-0021 JAPAN		TRANSMITTED TO US THROUGH 转递行 REF NO.	
L/C NO.信用证号 NT31173	DATED 开证日期 2012/04/12	AMOUNT 金额 EUR21892.00	EXPIRY PLACE 有效地 LOCAL
EXPIRY DATE 效期 2012/06/25	TENOR 期限 DAYS:AT SIGHT	CHARGE 未付费用 RMB0.00	CHARGE BY 费用承担人 BENE
RECEIVED VIA 来证方式 SWIFT	AVAILABLE 是否生效 VALID	TEST/SIGN 印押是否相符 YES	CONFIRM 我行是否保兑 NO

续表 5-2

> DEAR SIRS,迳启者：
> WE HAVE PLEASURE IN ADVISING YOU THAT WE HAVE RECEIVED FROM THE A/M BANK A(N) LETTER OF CREDIT. CONTENTS OF WHICH ARE AS PER ATTACHED SHEET(S).
> THIS ADVICE AND THE ATTACHED SHEET(S) MUST ACCOMPANY THE RELATIVE DOCUMENTS WHEN PRESENTED FOR NEGOTIATION.
> 兹通知贵司：我行收自上述银行信用证一份，现随附通知，贵司交单时，请将本通知书及信用证一并提示。
>
> REMARK 备注：
> PLEASE NOTE THAT THIS ADVICE DOES NOT CONSTITUTE OUR CONFIRMATION OF THE ABOVE L/C NOR DOES IT CONVEY ANY ENGAGEMENT OR OBLIGATION ON OUR PART.
>
> THIS L/C CONSISTS OF SHEET(S),INCLUDING THE COVERING LETTER AND ATTACHMENT(S).
> 本信用证连同面函及附件共　　页。
>
> IF YOU FIND ANY TERMS AND CONDITIONS IN THE L/C WHICH YOU ARE UNABLE TO COMPLY WITH AND OR ANY ERROR(S). IT IS SUGGESTED THAT YOU CONTACT APPLICANT DIRECTLY FOR NECESSARY AMENDMENT(S) SO AS TO AVOID ANY DIFFICULTIES WHICH MAY ARISE WHEN DOCUMENTS ARE PRESENTED.
>
> 如本信用证中有无法办到的条款/或错误，请迳与开证申请人联系，进行必要的修改，以排除交单时可能发生的问题。
>
> THIS L/C ADVISED SUBJECT TO ICC UCP PUBLICATION NO. 600
> 本信用证之通知系遵循国际商会跟单信用证统一惯例第600号出版物办理。
>
> 此证如有任何问题及疑虑，请与国际结算部出口科联络，电话：0513-85527796
> 　　　　　　　　　　　　　　　　　　　YOURS FAITHFUL
> 　　　　　　　　　　　　　　　　　　　FOR BANK OF CHINA

必备知识

一、通知行的责任

通知行的责任主要体现在UCP600的第9条中，主要有：
(1)承担承付或议付的责任。a款规定："……非保兑行的通知行通知信用证及修改时不承担承付或议付的责任。"

(2)确定信用证表面的真实性,准确通知信用证条款。b款规定:"通知行通知信用证或修改的行为表示其已确信信用证或修改的表面真实性,而且其通知准确地反映了其收到的信用证或修改的条款。"

(3)通知同一信用证项下的修改。d款规定:"经由通知行或第二通知行通知信用证的银行必须经由同一家银行通知其后的任何修改。"也就是说,通知行如果通知了原证,那么也必须通知该证下的任何修改,不得拒绝。

(4)不通知信用证或不能确定信用证的表面真实性必须告知。e款规定:"如一银行被要求通知信用证或修改但其决定不予通知,则应毫不延误地告知其处收到信用证、修改或通知的银行"。f款规定:"如一银行被要求通知信用证或修改但其不能确定信用证、修改和通知的表面真实性,则应毫不延误地通知看似从其处收到指示的银行……"

二、通知行的审证要点

通知行的审证包括信用证的真伪审核、政策上的审核、对开证行的审核、对信用证性质与开证行付款责任的审核、对索汇路线等的审核。

(1)信用证的真伪审核。从信用证的开立方式看,有信开信用证、电开信用证和通过SWIFT系统开立的信用证。对于信开信用证,应该核对密押是否正确,印鉴是否相符;对于电开信用证,应该核对密押是否正确;通过SWIFT系统开立的信用证,因为该系统自动核押,无需另行核押。

(2)政策上的审核。来证各项内容应符合我国的方针政策,不得有歧视性内容,否则应根据不同情况向开证行交涉。

(3)对开证行的审核。对开证行所在国家的政治经济状况、开证行的资信、经营作风等必须进行审查,对于资信欠佳的银行,应酌情采取适当的保全措施。

(4)对信用证性质与开证行付款责任的审核。对于不可撤销的信用证,若在其上附加有限制性条款或保留字句,使"不可撤销"名不符实,开证行的付款责任不确定时,应要求对方按一般做法改正。

(5)对索汇路线的审核。信用证的索汇路线必须正常、合理,应当是国际结算中通常采用的方式,对索汇路线迂回、环节过多的,应与开证行联系修改。尤其要关注的是,索汇路线中含受美国OFAC制裁的信息,一定要联系开证行修改,以免给收汇带来麻烦。

拓展知识

一、不同开证方式开出的信用证的通知

1. 信开信用证的通知

开证行通过信函开立信用证,一般为一式两份。通知行先缮制信用证通知书,将通知书和正本信用证通知给受益人,副本信用证由通知行自行留档。有时因邮递原因,副本先到,应复制副本并注明"正本未到,供受益人参考"。若在合理时间仍未收到正本,则应联系开证行。待正本到达后,按常规手续处理。

2. 关于预通知的问题

有时申请人为了使受益人尽早了解信用证的开立情况,或为赶上合同规定的开证期限,要求银行将同意开立的信用证的简要内容以电讯方式发出预通知。此类预通知一般只列明受益

人名称、信用证号码、合同号、金额、商品名称等几项主要内容,银行实务中称之为"简电"通知。

目前大多以SWIFT方式发出的信用证预通知的格式为MT705报文,该报文是未生效的信用证。随后开证行发送全电信用证MT700,MT700才是可执行的有效信用证。

在通知"简电"时,通知行应在简电上表明"简电,仅供参考"字样。

二、第二通知行问题

实务中,在申请人提供的通知行与开证行无代理关系的情况下,开证行可以自行选择一家和自己有代理关系的银行作为通知行,同时在该栏位列明申请人提供的银行(即第二通知行)名址,供通知行再通过第二通知行来通知信用证。此外,部分开证行为了照顾自己海外分行的业务,有意为之的也不少见。

UCP600对第二通知行的相关责任要求,同通知行类似,具体见上文必备知识中的"通知行责任"。

技能训练

以下是一份信用证,请以通知行的身份,制作信用证通知书

1. 信用证

MT S700		ISSUE OF A DOCUMENTARY CREDIT
SEQUENCE OF TOTAL	*27	:1/1
FORM OF DOC. CREDIT	*40A	:IRREVOCABLE
DOC. CREDIT NUMBER	*20	:N5632405TH11808
DATE OF ISSUE	31C	: 090715
EXPIRY	*31D	:090909 CHINA
APPLICANT BANK	*51A	:CITY NATIONAL BANK 133 MORNINGSIDE AVE NEW YORK, NY 10027 Tel:001-212-865-4763
APPLICANT	*50	:ORTAI CO., LTD. 30 EAST 40TH STREET, NEW YORK, NY 10016 TEL:001-212-992-9788 FAX:001-212-992-9789 BENEFICIARY
BENEFICIARY	*59	:SUZHOU TAISHAN SUITCASE&BAG CO., LTD. 66 ZHONGSHAN ROAD SUZHOU 116001, CHINA TEL:0086-0512-84524788
AMOUNT	*32B	: USD 22422.00
AVAILABLE WITH/BY	*41D	:ANY BANK IN CHINA BY NEGOTIATION
DRAFTS AT...	42C	:SIGHT
DRAWEE	42D	:ISSUING BANK
PARTIAL SHIPMENTS	43P	:NOT ALLOWED
TRANSSHIPMENT	43T	:NOT ALLOWED
PORT OF LOADING	44A	:SHANGHAI,CHINA

FOR TRANSPORTATION TO	44B:	NEW YORK, U.S.A
LATEST DATE OF SHIPMENT	44C:	090825
DESCRIPT OF GOODS	45A:	CIF NEWYORK TROLLEY CASES AS PER SC NO. TSSC0801005
DOCUMENTS REQUIRED	46A:	

+ MANUALLY SIGNED COMMERCIAL INVOICE IN 2 COPIES INDICATING L/C NO. AND CONTRACT NO. CERTIFYING THE CONTENTS IN THIS INVOICE ARE TRUE AND CORRECT.
+ FULLSET OF ORIGINAL CLEAN ON BOARD MARINE BILLS OF LADING MADE OUT TO ORDER, ENDORSED IN BANK MARKED FREIGHT PREPAID AND NOYIFY APPLICANT.
+ PACKING LIST IN 2 COPIES ISSUED BY THE BENEFICIARY.
+ ORIGINAL GSP FORM A CERTIFICATE OF ORIGIN ON OFFICIAL FORM ISSUED BY A TRADE AUTHORITY OR GOVERNMENT BODY.
+ INSURANCE POLICIES OR CERTIFICATES IN DUPLICATE, ENDORSED IN BLANK FOR 110 PERCENT OF INVOICE VALUE COVERING ICC CLAUSES(A).
+ MANUFACTURER'S QUALITY CERTIFICATE CERTIFYING THE COMMODITY IS IN GOOD ORDER.
+ BENEFICIARY'S CERTIFICATE CERTIFYING THAT ONE SET OF COPIES OF SHIPPING DOCUMENTS HAS BEEN SENT TO APPLICANT WHTHIN 5 DAYS AFTER SHIPMENT.

ADDITIONAL COND.   47A:

+ UNLESS OTHERWISE EXPRESSLY STATED, ALL DOCUMENTS MUST BE IN ENGLISH.
+ ANY PROCEEDS OF PRESENTATIONS UNDER THIS L/C WILL BE SETTLED BY TELETRANSMISSION AND A CHARGE OF

		USD50.00 (OR CURRENCY EQUIVALENT) WILL BE DEDUCTED.
		+SHIPPING MARKS:
		ORTAI
		TSI0601005
		NEWYORK
		C/NO.1-1231
CONFIRMATION	*49	:WITHOUT
"ADVISE THROUGH"	57D	:BANK OF CHINA SUZHOU BRANCH
SENDER TO RECEIVER INFORMATION	72	:DOCUMENTS TO BE DESPATCHED BY COURIER SERVICE IN ONE LOT TO CITY NATIONAL BANK

2.信用证通知书

1. BANK OF CHINA
   ADDRESS:

2.信 用 证 通 知 书
NOTIFICATION OF DOCUMENTARY CREDIT

SWIFT:BKCHCNBJ95G
FAX: 3. DATE:

4. TO:	WHEN CORRESPONDING
	5. PLEASE QUOTE OUR REF NO.
6. ISSUING BANK 开证行	7. TRANSMITTED TO US THROUGH 转递行

8. L/C NO. 信用证号	9. DATED 开证日期	10. AMOUNT 金额	11. EXPIRY PLACE 有效地
12. EXPIRY DATE 效期	13. TENOR 期限	14. CHARGE 未付费用	15. CHARGE BY 费用承担人
16. RECEIVED VIA 来证方式	17. AVAILABLE 是否生效	18. TEST/SIGN 印押是否相符	19. CONFIRM 我行是否保兑

> DEAR SIRS,迳启者:
> WE HAVE PLEASURE IN ADVISING YOU THAT WE HAVE RECEIVED FROM THE A/M BANK A(N) LETTER OF CREDIT. CONTENTS OF WHICH ARE AS PER ATTACHED SHEET (S).
> THIS ADVICE AND THE ATTACHED SHEET(S) MUST ACCOMPANY THE RELATIVE DOCUMENTS WHEN PRESENTED FOR NEGOTIATION.
> 兹通知贵司:我行收自上述银行信用证一份,现随附通知,贵司交单时,请将本通知书及信用证一并提示。
>
> REMARK 备注:
> PLEASE NOTE THAT THIS ADVICE DOES NOT CONSTITUTE OUR CONFIRMATION OF THE ABOVE L/C NOR DOES IT CONVEY ANY ENGAGEMENT OR OBLIGATION ON OUR PART.

THIS L/C CONSISTS OF _____ SHEET(S), INCLUDING THE COVERING LETTER AND ATTACHMENT(S).
本信用证连同面函及附件共　　页。

IF YOU FIND ANY TERMS AND CONDITIONS IN THE L/C WHICH YOU ARE UNABLE TO COMPLY WITH AND OR ANY ERROR(S), IT IS SUGGESTED THAT YOU CONTACT APPLICANT DIRECTLY FOR NECESSARY AMENDMENT(S) SO AS TO AVOID ANY DIFFICULTIES WHICH MAY ARISE WHEN DOCUMENTS ARE PRESENTED.
如本信用证中有无法办到的条款/或错误,请迳与开证申请人联系,进行必要的修改,以排除交单时可能发生的问题。

THIS L/C ADVISED SUBJECT TO ICC UCP PUBLICATION NO. 600
本信用证之通知系遵循国际商会跟单信用证统一惯例第 600 号出版物办理。

此证如有任何问题及疑虑,请与国际结算部出口科联络,电话:

20. YOURS FAITHFULLY

FOR BANK OF CHINA

应知练习

一、单选题

1. 以下不属于通知行审证要点的是(　　)。
   A. 信用证同合同是否相符　　B. 信用证的真实性
   C. 付汇路线是否合理　　D. 开证行的资信
2. 通知行通知信用证,一般向(　　)收取信用证通知费。
   A. 开证行　　B. 受益人　　C. 申请人　　D. 偿付行
3. 对于开证行发出的通知信用证邀请,通知行可以(　　)。
   A. 选择通知,或者放弃通知　　B. 必须通知,不得放弃

C. 不能通知,必须放弃　　　　D. 置之不理
4. 对于下列( ),通知行一般需要核印鉴。
A. 信开信用证　　B. CABLE 开证　　C. 电传开证　　D. SWIFT 信用证
5. 一般情况下,通知行是( )。
A. 受益人所在地银行　　　　B. 申请人所在地银行
C. 第三国银行　　　　　　　D. 以上各选项均对

二、多选题
1. 以下属于通知行义务的是( )。
A. 信用证的真伪审核　　　　　　　　B. 对开证行的审核
C. 付汇路线是否合理的审核　　　　　D. 政策上的审核
2. 以下不需要开证行核印鉴的是( )。
A. 信开信用证　　B. CABLE 开证　　C. 电传开证　　D. SWIFT 信用证

三、判断题
1. 信用证修改不必通过原通知行通知,可以选择另一家银行通知。( )
2. 实务中,出现第二通知行,通常会增加受益人的成本。( )
3. 凡是电开信用证,均需人工核密押。( )
4. 任何情况下,通知行都必须议付受益人的交单。( )
5. 如一银行被要求通知信用证但其不能确定信用证的表面真实性,则应毫不延误地通知看似从其处收到指示的银行。( )

第六章
受益人审核信用证——任务四

学习目标

能力目标
1. 能根据出口贸易合同，熟练查找信用证中的问题条款
2. 能根据审证结果，正确缮制信用证修改函电

知识目标
1. 掌握审证的方法
2. 掌握改证的原则和程序

任务设计

2012年4月13日南通机床进出口公司的业务员王凡从通知行中国银行南通崇川支行拿回了信用证通知书（见表5-2）和信用证（见表4-2）。接下来，王凡应当审核信用证，他的具体任务如下：

(1) 读懂合同和信用证条款。
(2) 根据合同，审核信用证，查找问题条款。
(3) 对信用证的问题条款提出修改意见，撰写修改电文。

任务描述

根据合同，查找信用证中存在的问题条款，是信用证结算方式中受益人非常重要的一个工作环节，这个工作环节完成的质量情况，直接决定了受益人是否可及时、足额从开证行收回货款。因此，受益人应当高度重视审证，细致审证，一次性地找出信用证中所有的问题条款，并提出合适的处理意见，撰写修改电文，要求申请人通过开证行进行修改。

操作示范

第一步：读懂合同NT201204005条款和信用证NT31173条款

认真研读合同和信用证，特别注意金额、装运条款、信用证的类型、信用证的效期、交单地点、交单期和单据要求等细节。

第二步：根据合同，审核出口来证，找出问题条款

审证中查找的问题条款包括三个方面的条款，即与合同不一致的条款、信用证漏开的合同条款和影响受益人收汇的"软条款"。

首先，查找信用证与合同不一致的条款。对照合同条款，逐条审核信用证条款后，发现如下不符：

(1) 信用证类型不符。信用证为"NOT TRANSFERABLE"（不可转让），而合同要求为

"TRANSFERABLE"(可转让)。

(2)形式发票号码不符。信用证中为"NT201204"而合同中为"NT2012004"。

(3)分批装运规定不符。信用证中规定"PARTIAL SHIPMENT:ALLOWED"(分批装运允许),而合同中规定"PARTIAL SHIPMENT:NOT ALLOWED"(分批装运不允许)。

(4)转运条款规定不符。信用证中规定"TRANSHIPMENT:NOT ALLOWED",而合同中规定"TRANSHIPMENT:ALLOWED"。

(5)货币类型不同。信用证中为"EUR"(欧元),而合同中为"USD"(美元)。

(6)汇票期限规定不同。信用证中为"AT SIGHT"(即期汇票),而合同要求"AT 30 DAYS AFTER SIGHT DRAFT"(见票以后30天)。

(7)价格条款不符。信用证中为"FOB TOKYO",而合同为"FOB NANTONG"。

(8)提单抬头不符。信用证要求记名提单抬头:"CONSIGNED TO:TKAMLA CORPORATION,6-7,KAWARA MACH TOKYO,JAPAN",而合同要求空白抬头"CONSIGNED TO ORDER"。

(9)要求提交保险单不符。信用证要求提交保险单,而合同采用的是FOB贸易术语,由进口方自办保险,不需要受益人提交保险单。

(10)费用条款规定不符。信用证规定"ALL BANKING CHARGE ARE FOR ACCOUNT OF BENEFICIARY"(所有银行费用由受益人承担),而合同规定"ALL BANKING CHARGES OUTSIDE JAPAN ARE FOR ACCOUNT OF BENEFICIARY"(日本以外的所有银行费用由受益人承担)。

(11)信用证显示为不保兑信用证与合同要求不符,合同要求为保兑信用证。

其次,查找信用证漏开的合同条款。

(12)信用证中未提及溢短装条款。经过审证发现,合同中要求的溢短装条款"MORE OR LESS 10% OF THE QUANTITY AND THE AMOUNT ALLOWED"在信用证未提及。

最后,审核查找影响受益人收汇的"软条款"。

(13)信用证存在一个影响受益人收汇的"软条款"。"SIGNED APPLICANT'S CERTIFICATE CERTIFYING THAT THE QUALITY OF GOODS CONFIRMED WITH THE TERMS AND CONDITIONS OF THE CONTRACT NT201004005"(提交申请人签名的证明货物质量满足合同要求的证明)。

第三步:分析找出的信用证问题条款,提出修改意见并撰写修改电文

对于查找出的信用证中存在的与合同不一致的条款,必须具体分析后,再确定是否需要修改。一般而言,以下情况可以不改:对我方有利,又不影响对方利益;对我方不利,但是在不增加成本或仅增加很少成本的情况下,经过努力可以完成。以下情况必须修改:对我方有利,但是严重影响对方利益;对我方不利,必须增加较大成本才可以完成或完全无法完成。

根据这个原则,以上找出的13个不符点条款中:

◎ 对我方有利,又不影响对方利益的是"(3)分批装运规定不符。信用证中规定"PARTIAL SHIPMENT:ALLOWED"(分批装运允许),而合同中规定"PARTIAL SHIPMENT:NOT ALLOWED"(分批装运不允许)。"因为信用证允许分批装运,且没有对如何分批作进一步的规定,受益人可以根据货物的市场行情作出分批与否的具体安排,有了更大的自主权。

◎ 对我方有利,但是严重影响对方利益的是:"(5)货币类型不同。信用中为"EUR"(欧元），而合同中为"USD"（美元）。"

因为欧元的价值比美元大，因此以欧元替代美元，进口方有较大的损失。

◎ 对我方不利，必须增加较大成本才可以完成或完全无法完成的是其余的 11 个条款。

因此，通过以上分析，需要修改的是除了（3）以外的 12 个条款，向进口方发送的要求修改信用证的电文如下：

2012 年 4 月 13 日，王凡给 TKAMLA CORPORATION 的 TOM 发送了改证电文如表 6-1 所示。

表 6-1　改证电文

Dear sirs,
We are pleasure to receive your L/C No. NT31173 issued by BANK OF TOKYO-MITSUBISHI UFJ LTD TOKYO JAPAN. But we find it contains some discrepancies with S/C NO. NT201204005. Please instruct the issuing bank to amend the L/C A. S. A. P. The L/C should be amended as follows：
(1) Under field 40A, form of documentary credit amends to "irrevocable and transferable".
(2) Under field 45A, the correct no. of proforma invoice no. is NT2012004, the correct terms of price is FOB NANTONG instead of FOB TOKYO.
(3) Under field 43T, transshipment is allowed instead of not allowed.
(4) Under field 32B, the correct currency is USD instead of EUR.
(5) Under field 42C, the tenor of draft is "AT 30 DAYS AFTER SIGHT" instead of "AT SIGHT".
(6) Under field 46A, the consignee of B/L should be "TO ORDER" instead of "TKAMLA CORPORATION, 6-7, KAWARA MACH TOKYO, JAPAN"; cancel the clause of "INSURANCE POLICY/CERTIFICATE IN DUPLICATE ENDORSED IN BLANK FOR 110% INVOICE VALUE, COVERING ALL RISKS OF CIC OF PICC (1/1/1981)"; cancel the clause "SIGNED APPLICANT'S CERTIFICATE CERTIFYING THAT THE QUALITY OF GOODS CONFIRMED WITH THE TERMS AND CONDITIONS OF THE CONTRACT NT201004005".
(7) Under field 71B, the charge clause amends to "All banking Charges outside JAPAN are for account of beneficiary".
(8) Under field 49, "a named bank" should be indicated instead of "WITHOUT".
(9) Under field 47A, to insert the clause "MORE OR LESS 10% OF THE QUANTITY AND THE AMOUNT ALLOWED".

Thank you for your kind cooperation.
XBest regards

NANTONG TOOL IMPORT & EXPORT CO., LTD
王凡

必备知识

一、审证含义

广义的审证包括银行（通知行）审证和受益人审证，狭义的审证即受益人审证。实务中，银行审证包括审核开证行的资信、付款责任、索汇路线及信用证的真伪等，而出口商着重审核信用证的条款是否与买卖合同规定相一致。由于信用证业务中,出口商只有提交了满足信用证要求的单据,才可能从开证行或其他行获得付款。因此认真审核信用证,找出与合同不一致的信用证条款,并根据实际情况联系进口商通过开证行修改,对出口商的安全及时收汇十分重要。通知行的审证内容已在任务三中讨论过,下文仅对出口商审证作相关讨论。

二、审证依据

（1）贸易合同。进口商根据贸易合同缮制开证申请书,开证行依据开证申请书开立信用证,本质上信用证是依据贸易合同开立的,因此其条款应当与贸易合同条款相符。出口方若不能履行信用证条款,就无法凭信用证取得货款。因此,审查信用证条款与贸易合同是否相符,是出口商收到信用证后首先要做的工作。

在审证的过程中,应正确理解"相符",它并非指信用证与合同条款表面的严格一致,信用证条款"宽于"合同,对受益人有利,或即使在"严于"合同条款时受益人出于某种考虑愿意作出某种"让步",均可认为信用证与合同条款一致。

（2）UCP600。UCP600是信用证业务中最重要的国际惯例之一,目前已被世界上大多数国家和地区的银行采用。受益人在审证时应按照UCP600的规定来确定是否可以接受信用证的某些条款。

（3）实际业务情况。审核贸易合同中未提及或无法援引UCP600的某些信用证条款,应当结合实际业务考虑是否接受。

三、审证内容

信用证内容涉及信用证本身的条款、合同条款、汇票和单据要求、银行之间的寄单指示和款项划拨指示五个方面,前面四项内容由受益人审核,审核的要点包括:

（1）对信用证性质和类型的审核。UCP600第3条规定:"A CREDIT IS IRREVOCABLE EVEN IF THERE IS NO INDICATION TO THAT EFFECT."（信用证是不可撤销的,即使未如此表明）。因此,审证时要特别关注信用证的40A栏,如果该场显示有"REVOCABLE"字样,则必须修改信用证。关于信用证的种类,在SWIFT信用证中有两处从不同的角度表明。一处是第41栏,另一处是第49栏。第41栏显示的按兑付方式进行的分类。UCP600第6条b款规定:"A CREDIT MUST STATE WHETHER IT IS AVAILABLE BY SIHGT PAYMENT,DEFERRED PAYMENT,ACCEPTANCE OR NEGOTIATION."（信用证必须规定其是以即期付款、延期付款、承兑还是以议付的方式兑用）。第49栏显示信用证的保兑性质。另外,信用证是即期还是远期往往通过汇票的付款期限即42D栏反映。

（2）对信用证金额与币别的审核。信用证的总金额与币别是否与合同一致。若信用证列有商品数量和单价时,应计算总值是否正确。需要特别注意的是:当数量允许"溢短装"时,信用证金额是否有相应的机动幅度。通常情况下,数量和金额规定有相同的机动幅度,但在某些情况下,只规定数量的机动幅度,而没有金额的机动幅度。

（3）对汇票条款的审核。UCP600第6条c款规定:"A CREDIT MUST NOT BE ISSUED AVAILABLE BY A DRAFT DRAWN ON THE APPLICANT."（信用证不得开成凭以申请人为付款人的汇票兑用）。信用证汇票的付款人必须是开证行或其指定行,如果是以开证申请人为付款人的,应要求修改。汇票付款期限的规定必须与合同规定相一致。

(4) 对货物描述的审核。信用证规定的装运货物是受益人装运货物和制作单据的依据。因此,接到来证后,必须依照合同对信用证内规定的品名、牌号、规格、数量、包装、单价等项目仔细核对。

(5) 信用证的截止日和交单地点的审核。UCP600 第 6 条 d 款规定:"信用证必须规定一个交单的截止日。规定的承付或议付的截止日将被视为交单的截止日。"通常信用证在规定截止日的同时,也规定交单地点,它包括出口地、进口地和第三国三种情况。出口地交单对出口商最有利,进口地交单和第三国交单对出口商不利,因为交单地点在国外,出口商将承担邮递迟延、邮件遗失等风险。因此,出口商应尽可能争取在出口地交单。

(6) 装运期。装运期是出口商将货物装上运往目的地的运输工具或交付给承运人的日期,原则上应与合同相一致。信用证的截止日和装运期之间应有一定的合理间隔,一般为 10～15 天,以便出口商在货物装运后有足够的时间制单、审单,办理议付手续。如果信用证未规定装运期,则最迟装运期与信用证效期为同一天,即通常所称的"双到期"。这种规定方法不太合理,出口方应视具体情况提请进口方修改。

(7) 交单期。信用证的交单期是指运输单据出单日期后必须提交符合信用证条款的单据的特定期限。交单期不得迟于信用证的截止日。如果未规定该期限,按 UCP600 第 14 条 c 款的规定,银行将不接受迟于装运日后 21 天提交的单据。

(8) 对运输条款的审核。装运条款通常包括装运地(港)、目的地(港)、装运期、分批装运和转运等信息。装运地(港)、目的地(港)应与合同一致,交货地必须与价格条款一致。若信用证中未注明可否分批及/或转运,按 UCP600 第 31 条 a 款规定:"PARTIAL DRAWINGS OR SHIPMENTS ARE ALLOWED."(允许部分支款或部分发运),则视为允许分批及/或转运。

(9) 对保险条款的审核。首先根据价格条款确认是否应该由出口商办理保险,确认后检查投保险别、投保加成等是否与合同一致。若要求的投保险别或投保金额超出了贸易合同的规定,除非信用证上表明由此而产生的超保费用由开证申请人承担并允许在信用证项下支付,否则应予以修改。若保险加成过高,还需征得保险公司的同意,否则应予以修改。

(10) 对单据条款的审核。信用证要求提交的单据的种类、名称、份数、内容、出单人等规定应当明确,如有不利于出口商顺利履行、安全收汇的条款,应要求申请人进行修改。如信用证要求提供领事发票,而装运地没有该国领事馆,接受这种单据条款必然影响出口方及时收汇,因此要求对方删除这一条款,或要求申请人改为由贸促会或商会认证。

(11) 对附加条款的审核。对信用证中加列的一些合同中未规定的特殊条款,应认真审核,如办不到的,应要求修改。

(12) 对银行费用条款的审核。UCP600 第 37 条 a 款规定:"为了执行申请人的指示,银行利用其他银行的服务,其费用和风险由申请人承担。"按此原则,信用证的通知费、议付费、偿付行的偿付费等,应当由申请人承担。但是,实务中已经形成了一个惯例:即开证行以外的所有费用由受益人承担。如果受益人处于强势地位,在签订合同时,可就银行费用问题坚持按 UCP600 第 37 条 a 款办理。

(13) 对"软条款"的审核。"软条款"是指信用证中所有无法由受益人自主控制的条款,这些条款通常置受益人于不利地位,它们通常以不同形式出现隐匿于信用证条款中,一旦受益人对此认识不清或处理不当,将会引发收汇风险。因此,受益人要提高对此类条款的敏感度,加强防范意识,把好审证环节,及时通知改证以消除隐患。

四、审证后的处理

信用证经通知行和受益人审核后,有三种结果:一是信用证和合同基本一致,不需修改,可以接受;二是经过修改后才能接受;三是不能接受。实务中,第一、二种情况较为多见,第三种较为罕见。

(1)对于可以接受的,受益人应当履行合同义务,根据信用证出货、制单,在信用证的效期和规定的交单期内提交相符单据给指定行。

(2)对于经过修改后才能接受的,应当通过正常的途径,尽快修改。

(3)对于不能接受的,由通知行联系开证行,并由受益人和申请人交涉,根据交涉结果再作处理。

拓展知识

一、信用证软条款

1. 软条款的含义

所谓"软条款",其实就是该条款规定的单据或事宜,受益人无法做到或无法独立做到。要想满足该条款,必须要得到申请人或开证行的同意,也就是说受益人能否提交满足信用证要求的单据从而顺利获取货款,完全由申请人控制。

2. 常见的软条款

(1)限制信用证生效的软条款。在此类信用证中往往规定该信用证暂不生效,待开证行以修改书形式另行通知,或货样经开证申请人确认后再通知生效,或待进口许可证签发后信用证再生效。不管其采取的形式如何,该软条款的本质是:信用证必须在满足开证申请人提出的某些条件后方能生效。一旦市场行情发生对开证申请人不利的变化,开证申请人很可能不予以通知,即使开证行在效期内对信用证作出指示,也常常因为其效期将近,导致受益人延迟装运或产生其他不符点,由此开证行可以以严格相符为由而拒付。

(2)限制货物检验的软条款。此类软条款的信用证规定:商检证书须由开证申请人或其指定人或特定人出具,或须由开证行核实,或须与开证行存档之样相符。由此,只有开证申请人出具或经过其同意的商检证书才能作为议付的单据,这等于把是否接受货物的主动权交给了开证申请人,一旦开证申请人拒绝签发商检证书,或声称受益人出具的商检证书与开证行存档不符,那么受益人就没有获得货款的保障,这一做法实际上是把信用证变成了可撤销信用证。

(3)限制货物装船的软条款。此种软条款大致有以下几种表现形式:规定装运港、装船日期或目的港须由开证申请人通知或须经其同意,并以修改书形式通知。这类软条款的存在不仅使卖方装船完全由买方控制,而且将受益人陷于两难境地:一方面不能不准备发货;另一方面又无法掌握发货日期,随时可能造成信用证装船时间的逾期。若受益人在装船过程中产生与信用证任意条款不符的情况便可成为开证行拒付的理由。

(4)限制付款的软条款。这种软条款也分为几种情况:第一种情况是指信用证中规定以进口方实际收到货物后才付款;第二种情况规定在货物到达进口国港口,由进口方出具检验证明后,开证行才能付款;第三种情况规定付款以开证申请人承兑汇票为前提;第四种情况规定只有在货物进口清关、取得配额或由主管当局批准进口后才能付款。这些条款改变了信用证开证行承担的第一性付款责任,因为出口方发货之后能否收回货款,不再取决于开证行的银行信用,而完全取决于进口方的商业信用,这事实上已将信用证业务中的银行信用变为商业信用。

除以上提及的软条款形式以外,软条款还可以表现为要求货物收据须由开证申请人签发或核实,要求提供不易获得的单据等。

3. 受益人对软条款的防范措施

(1)收到信用证时应认真审核条款。信用证条款是出口商获得付款的条件,出口商必须认真审证,发现有限制性付款条件和保留条件时,必须要求申请人改证。

(2)加强对开证申请人和开证行资信状况的了解。通过资信评级机构、商会、行业协会和驻外机构等对开证人和申请人资信进行调查,了解开证申请人本身的经济状况和实力,对外付款状况,并建立起完备的档案。在选择好恰当的合作伙伴的前提下,尽量要求对方客户从一些大的、信誉较好的银行开证。

(3)必须注意出口合同条款的拟订。信用证条款往往是根据合同条款开出的,合同条款的拟订应十分严密,并尽可能地考虑到可能发生的各类风险,尤其要注意货物装运期、付款期限的规定。

(4)争取商品检验的主动权。在订合同时,要力争客户同意由我国的商检机构来实行商品检验。这样不但可以方便我国企业,而且还将主动权掌握在我们手中。

(5)学会使用提单控制货物来控制风险。一般而言,海运提单是物权凭证,海运提单的抬头应做成对出口商比较有利的空白抬头形式,通过背书转让,出口商可以将单据交付其委托的银行,实现对货物的有效控制,对单据的有效控制可以避免软条款给出口商造成的单货两空的风险。

技能训练

一、训练资料

2011年12月1日,南通里诺公司(NANTONG LINUO COMMERCE LTD)同西班牙的SUCONTESA TEXTIL公司签订了出口女士泳衣的合同。进口商根据合同开来了信用证。合同和信用证的具体内容如下:

1. 合同

```
                    SALES   CONTRACT
                              NO.:PMY-091201
                              DATE:NOV.15,2011
                              SIGNED AT:NANTONG,CHINA

THE SELLER:NANTONG LINUO COMMERCE LTD    THE BUYER:SUCONTESA TEXTIL,SA
           ROOM 1808 RUNYOU BUILDING                CL PROGRES 164
           NO.71 RENMIN MIDDLE RD                   BARCELONA SPAIN
           NANTONG,JIANGSU,CHINA

THIS CONTRACT IS MADE BY AND BETWEEN THE SELLER AND THE BUYER,WHEREBY THE
```

SELLER AGREES TO SELL AND THE BUYER AGREES TO BUY THE UNDER-MENTIONED GOODS ACCORDING TO THE CONDITIONS STIPULATED BELOW:

Commodity & specification	Quantity	Price terms	
		Unit price	Amount
LADIES SWIMWEAR FABRIC CONSTRUCTION KNIT BLACK BROWN	5000PCS 8000PCS	FOB NANTONG USD1.50/PCS USD1.60/PCS	USD7500.00 USD12800.00
			USD20300.00
TOTAL AMOUNT:U.S. DOLLARS TWENTY THOUSAND THREE HUNDRED ONLY.			

PACKING:1PC/PLOYBAG,500PCS/CTN
TIME OF SHIPMENT:DURING JAN,2012 BY SEA
LOADING OF PORT AND DESTINATION:FROM NANTONG TO BARCELONA
PARTIAL SHIPMENT AND TRANSSHIPMENT:ALLOWED
SHIPING MARK: S T
 BARCELONA
 NOS.1—26
INSURANCE:TO BE EFFECTED BY THE BUYER
TERMS OF PAYMENT:THE BUYER SHALL OPEN THROUGH A BANK ACCEPTABLE TO THE SELLER AN IRREVOCABLE SIGHT LETTER OF CREDIT TO REACH THE SELLER 30 DAYS BEFORE THE MONTH OF SHIPMENT AND TO REMAIN VALID FOR NEGOTIATION IN CHINA UNTIL 15TH DAY AFTER THE FORESAID TIME OF SHIPMENT.

NANTONG LINUO COMMERCE LTD   SUCONTESA TEXTIL
 林明   **JACK**

2. 信用证

ISSUE OF A DOCUMENTARY CREDIT	
SEQUENCE OF TOTAL	*27 :1/1
FORM OF DOC. CREDIT	*40A :REVOCABLE
DOC. CREDIT NUMBER	*20 :LC091201
DATE OF ISSUE	31C :111215
APPLICABE RULES	*40E :UCP LATEST VERESION
EXPIRY	*31D :DATE 120202 PLACE IN SPAIN
APPLICANT BANK	*51A :CECAESMM059
	*CAIXA D'ESTALVIS DE SABADELL
	*SABADELL(BARCELONA)

APPLICANT	*50	;SUCONTESA TEXTIL,SA
		CL PROGRES 164 BARCELONA SPAIN
BENEFICIARY	*59	;NANTONG LINUO COMMERCE LTD
		ROOM 1808 RUNYOU BUILDING
		NO.71 RENMING MIDDLE RD NANTONG
AMOUNT	*32B	;CURRENCY EUR AMOUNT 20300.00
AVAILABLE WITH/BY	*41A	;ANY BANK IN CHINA
		BY NEGOTIATION
DRAFTS AT...	42C	;30 DAYS AFTER SIGHT
DRAWEE	42A	;SUCONTESA TEXTIL,SA
PARTIAL SHIPMENTS	43P	;NOT ALLOWED
TRANSSHIPMENT	43T	;NOT ALLOWED
PORT OF LOADING	44E	;ANY CHINESE PORT
FOR TRANSPORTATION TO	44F	;SABADELL,SPAIN
LATEST DATE OF SHIPMENT	44C	;100115

DESCRIPT OF GOODS   45A:
　　GOODS AS PER S/C NO. PMY−091201 DATED ON NOV.15,2009
　　LADIES SWIMWEAR
　　FABRIC CONSTRUCTION KNIT
　　BLACK CLOUR/5000PCS AT USD1.50/PC FOB NANTONG
　　BROWN CLOUR/8000PCS AT USD1.60/PC FOB NANTONG
　　PACKING;200PCS/CTN

DOCUMENTS REQUIRED   46A:
　　+ SIGNED COMMERCIAL INVOICE IN TRIPICATE.
　　+ PACKING LIST IN TRIPLICATE.
　　+ CERTIFICATE OF ORIGIN GSP FORM A,ISSUED BY OFFICIAL AUTHORITIES OF COMMERCE OR OTHER AUTHORITY DULY ENTITLED FOR THIS PURPOSE.
　　+FULL SET OF CLEAN ON BOARD B/L MADE OUT TO ORDER, MARKED "FREIGHT PREPAID" NOTIFY APPLICANT.
　　+ INSURANCE POLICY/CERTIFICATE IN DUPLICATE ENDORSED IN BLANK FOR 110% INVOICE VALUE,COVERING ALL RISKS OF CIC OF PICC (1/1/1981).

ADDITIONAL COND.   47A:
　　+ A DISCREPANCY HANDLING FEE OF USD50.00 WILL BE ASSESSED BY CAIXA D'ESTALVIS DE SABADELL ON EACH PRESENTATION OF DOCUMENTS NOT IN STRICT COMPLIANCE WITH THE TERMS AND CONDITIONS OF THE CREDIT. THIS FEE IS FOR THE ACCOUNT OF THE BENEFICIARY AND WILL BE DEDUCTED FROM THE PROCEEDS WHEN PAYMENT IS EFFECTED.

```
                    + DRAFT MUST INDICATE THE NUMBER AND DATE OF THIS CREDIT.
CHARGES                 71B:ALL BANKING CHARGES ARE FOR ACCOUNT OF BENEFICI-
                        ARY
PRESENTATION PERIOD     48:DOCUMENTS MUST BE PRESENTED WIHTIN
                        5 DAYS AFTER THE DATE OF SHIPMENT BUT WITH-
                        IN THE VALIDITY OF THE CREDIT.
CONFIRMATION           *49:WITHOUT
"ADVISE THROUGH"        57D:BANK OF CHINA,NANTONG CITY
                        CHONG CHUN SUB－BR NO.98 RENMIN MIDDLE
                        RD,NANTONG,JIANGSU,CHINA
```

二、根据以上资料,完成如下任务

1.根据 PMY－091201 合同,审核信用证 LC091201,找出问题条款。

2.分析找出的信用证 LC091201 的问题条款,提出修改意见并撰写修改电文。

应知练习

一、单选题

1.以下属于受益人审证内容的是(　　)。

A.信用证和合同的一致性　　　　B.信用证的真伪性

C.付款条款的合理性　　　　　　D.开证行的资信

2.审证的依据通常不包括(　　)。

A.贸易合同　　B.UCP600　　C.实际业务情况　　D.开证申请书

3.通知行通知信用证,向受益人收取的费用是(　　)。

A.信用证通知费　　B.议付费　　C.偿付行的偿付费　　D.保兑费

4. 如果未规定交单期限,按 UCP600 第 14 条 c 款的规定,银行将不接受迟于装运日后(　　)天提交的单据。

A.7　　B.5 天　　C.15 天　　D.21 天

5.信用证的 40A 栏,未标明信用证是否可撤销和可转让,则(　　)。

A.可撤销和可转让　　　　B.可撤销,不可转让

C.不可撤销,可转让　　　　D.不可撤销不可转让

二、多选题

1.在信用证业务中,通常会产生下列费用(　　)。

A.信用证通知费　　B.议付费　　C.偿付行的偿付费　　D.保兑费

2.受益人防范软条款,可以采取如下措施(　　)。

A.收到信用证时应认真审核条款

B.加强对开证申请人和开证行资信状况的了解

C.注意出口合同条款的拟订

D.争取商品检验的主动权

3.审证的依据有（　　）。
A. 贸易合同　　B. UCP600　　C. 实际业务情况　　D. 开证申请书

4.以下属于信用证软条款的有（　　）。
A. 待进口许可证签发后信用证再生效
B. 商检证书须由开证申请人或其指定人或特定人出具
C. 所装船名和出运日期由进口商通知开证行，开证行将以信用证修改形式通知受益人
D. 商业发票由受益人签字

5.信用证的41栏显示的信用证类型包括（　　）。
A. 即期付款信用证　　B. 延期付款信用证　　C. 承兑信用证　　D. 议付信用证

三、判断题

1.贸易合同是审核受益人审核信用证的唯一依据。（　　）
2.信用证必须在满足开证申请人提出的某些条件后方能生效是软条款。（　　）
3.信用证中的"软条款"是对受益人不利而对申请人有利的条款。（　　）
4.如果信用证适用于UCP600，则该信用证必定是不可撤销信用证。（　　）
5.对于受益人而言，信用证的有效地在其所在国优于在开证行所在国。（　　）

第七章
申请人制作改证申请书——任务五

学习目标

能力目标

根据受益人的修改电文和实际情况,制作修改申请书

知识目标

了解修改的流程

任务设计

2012 年 4 月 14 日,申请人 TKAMLA CORPORATION 的业务员 TOM 收到了南通机床进出口公司的业务员王凡给他发的申请信用证修改函电(见表 6-1)。接下来,TOM 需要做以下几项任务:

(1)审核受益人的信用证修改函,决定是否需要修改。

(2)根据自身需求,考虑是否有其他修改。

(3)制作修改申请书给开证行。

修改申请书如表 7-1 所示。

表 7-1 修改申请书

APPLICATION FOR AMENDMENT	
To: Amendment to Our Documentary Credit NO.	
Date of Amendment: No. of Amendment:	
Applicant	Advising
Beneficiary(before this amendment)	Amount
The above mentioned credit is amended as follows: ☐ Shipment date extended to _____ ☐ Expiry date extended to _____ ☐ Amount increased by _____ to _____ ☐ Other terms: ☐ Banking charges: All other terms and conditions remain unchanged.　　　Authorized Signature	
This Amendment is Subject to Uniform Customs and Practice for Documentary Credits International Chamber of Commerce Publication No. 600	

任务描述

在信用证业务中，由于各种各样的原因，从而需要修改信用证是司空见惯的。提出修改的可能是受益人，也可能是申请人自己。不管哪种情况，申请人在向开证行提出申请修改之前，一定要和受益人做好充分的沟通，达成完全一致的意见，避免来回反复地修改，给信用证各当事人造成不便。

操作示范

第一步：审核受益人的信用证修改函，决定是否需要修改

TOM收到王凡发给他的信用证修改函后，根据信用证，认真核对了修改函中要求修改的每一处，发现确实是自己在开证时太粗心了，他同意按照王凡信用证修改函的要求并修改信用证。

第二步：根据自身需求，考虑是否有其他修改

考虑到南通到东京有直达航线，转运会影响收货时间，TOM决定信用证中的不允许转运条款予以保留，并得到了受益人的同意。

第三步：制作修改申请书给开证行

根据任务四王凡的信用证修改函，TOM填制的修改申请书如表7-2所示。

表7-2 修改申请书

TKAMLA CORPORATION APPLICATION FOR AMENDMENT	
To: BANK OF TOKYO-MITSUBISHI UFJ LTD TOKYO JAPAN	Amendment to Our Documentary Credit NO. NT31173
Date of Amendment: APR. 14, 2012	No. of Amendment: 1
Applicant	Advising
TKAMLA CORPORATION 6-7, KAWARA MACH TOKYO, JAPAN	BANK OF CHINA, NANTONG CITY CHONG CHUN SUB-BRANCH, NO. 98 RENMIN MIDDLE RD, NANTONG, JIANGSU, CHINA
Beneficiary(before this amendment)	Amount
NANTONG TOOL IMPORT & EXPORT CO., LTD 58, HAONAN ROAD NANTONG, JIANGSU, CHINA	EUR21892.00 SAY EUROPEAN DOLLARS TWENTY ONE THOUSAND EIGHT HUNDRED AND NITETY TWO ONLY.

The above mentioned credit is amended as follows:

☐ Shipment date extended to _____

☐ Expiry date extended to _____

☐ Amount increased by _____ to _____

☐ Other terms:

1. Under field 40A, form of documentary credit amends to "irrevocable and transferable".
2. Under field 45A, the correct no. of proforma invoice no. is NT2012004, the correct terms of price is FOB NANTONG instead of FOB TOKYO.
3. Under field 32B, the correct currency is USD instead of EUR.
4. Under field 42C, the tenor of draft is "at 30 days after sight" instead of "at sight".
5. Under field 46A, the consignee of B/L should be "TO ORDER" instead of "TKAMLA CORPORATION, 6-7, KAWARA MACH TOKYO, JAPAN"; cancel the clause of "INSURANCE POLICY/CERTIFICATE IN DUPLICATE ENDORSED IN BLANK FOR 110% INVOICE VALUE, COVERING ALL RISKS OF CIC OF PICC (1/1/1981)"; cancel the clause "SIGNED APPLICANT'S CERTIFICATE CERTIFYING THAT THE QUALITY OF GOODS CONFIRMED WITH THE TERMS AND CONDITIONS OF THE CONTRACT NT201004005".
6. Under field 71B, the charge clause amends to "All banking charges outside JAPAN are for account of beneficiary".
7. Under field 49, "a named bank" should be indicated instead of "WITHOUT".
8. Under field 47A, to insert the clause "MORE OR LESS 10% OF THE QUANTITY AND THE AMOUNT ALLOWED".

■ Banking charges:
The amendment fee will be for account for the applicant.

All other terms and conditions remain unchanged.

TKAMLA CORPORATION
Authorized Signature: TOM

This Amendment is Subject to Uniform Customs and Practice for Documentary Credits International Chamber of Commerce Publication No. 600

必备知识

一、信用证修改的含义

修改信用证是对已开立的信用证中的某些条款进行修改的操作。

信用证的修改可以由开证申请人提出,也可以由受益人提出。由于修改信用证的条款涉及各个当事人的权利和义务,因而不可撤销信用证在其有效期内的任何修改,都必须征得各有关当事人的同意。

二、修改程序

若修改由受益人提出,在征得申请人同意后,按下述程序操作,如图7-1所示。

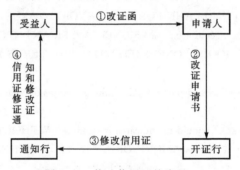

图7-1 修改信用证的流程

若修改由申请人提出,则在征得受益人的同意后,按上述程序进行。

三、修改信用证应注意的问题

(1)非改不可的一定改,可改可不改的酌情处理。通过对信用证的全面审核,如发现问题,应分别情况及时处理。对于影响安全收汇,难以接受或做到的信用证条款,必须要求进口商修改。

(2)一次性修改。在同一信用证上,若有多处需要修改的,原则上应一次性提出。

(3)对于修改内容接受的规定。UCP600第10条e款规定:"对同一修改的内容不允许部分接受,部分接受将被视为拒绝修改的通知。"

(4)接受或拒绝修改的方式。UCP600第10条c款规定:"……受益人应提供接受或拒绝修改的通知。如果受益人未能给予通知,当交单与信用证及尚未表示接受的修改的要求一致时,即视为受益人已作出接受修改的通知并且从此时起,该信用证被修改。"

(5)修改费用的承担。最好在修改中明确修改费用由谁承担,一般按照责任归属来确定修改费用由谁承担。

四、对修改的处理

(1)认真审核修改证,切忌想当然。受益人收到信用证后,应当像对待原证一样认真审核,尤其是在受益人主动提出修改申请的情况下,更应重视修改证的审核,切忌想当然地认为申请人会完全按照受益人的意见改证。有时候,申请人会利用受益人主动提出修改的机会,在事先未征得受益人允许的情况下,在修改证中加一些对自己有利的条款。

(2)收到信用证修改报文后,受益人可以接受修改或拒绝修改。贸易实务中,建议受益人采用提供接受或拒绝修改的通知来表明自己对修改的态度,若以交单情况来表示对修改的态度的话,某些情况下可能使申请人处于较为被动的地位。

拓展知识

UCP600 中同银行有关的修改条款

UCP600 中第 10 条是关于修改的条款,包括 6 个规定,其中同银行有关的有 4 个。

(1)除第 38 条另有规定者外,未经开证行、保兑行(如有的话)及受益人同意,信用证既不得修改,也不得撤销。

(2)开证行自发出修改之时起,即不可撤销地受其约束。保兑行可将其保兑扩展至修改,并自通知该修改之时,即不可撤销地受其约束。但是,保兑行可以选择将修改通知受益人而不对其加具保兑。若然如此,其必须毫不延误地将此告知开证行,并在其给受益人的通知中告知受益人。

(3)通知修改的银行应将任何接受或拒绝的通知转告发出修改的银行。

(4)修改中关于除非受益人在某一时间内拒绝修改否则修改生效的规定应被不予理会。

技能训练

1. 训练材料:任务四技能训练中受益人撰写的申请修改电文

2. 以申请人的身份,根据上述修改电文,制作信用证修改申请书给开证行。申请人向开证行提交信用证修改申请的时间为:2011 年 12 月 16 日

修改申请书如下表 7-3 所示。

表 7-3 修改申请书

APPLICATION FOR AMENDMENT	
To: Amendment to Our Documentary Credit No.	
Date of Amendment: No of Amendment:	
Applicant	Advising
Beneficiary(before this amendment)	Amount
The above mentioned credit is amended as follows: ☐ Shipment date extended to _____ ☐ Expiry date extended to _____ ☐ Amount increased by _____ to _____ ☐ Other terms: ☐ Banking charges:	
All other terms and conditions remain unchanged. Authorized Signature	
This Amendment is Subject to Uniform Customs and Practice for Documentary Credits International Chamber of Commerce Publication No. 600	

应知练习

一、单选题

1. 按 UCP600 规定,对于信用证项下的同一修改的内容,可以(　　)。
   A. 部分接受　　B. 部分拒绝　　C. 全部接受或全部拒绝　　D. 前面几种情况均可以

2. 信用证修改,由(　　)向开证行申请。
   A. 受益人　　B. 申请人　　C. 通知行　　D. 议付行

3. 根据 UCP600 规定,受益人对修改的处理,不可以(　　)。
   A. 发接受修改的通知　　B. 发拒绝修改的通知
   C. 在提交单据时表明　　D. 通过电话告诉申请人

4. 因受益人的原因引起的信用证修改费由(　　)承担。
   A. 受益人　　B. 申请人　　C. 通知行　　D. 开证行

二、多选题

1. 信用证的修改,应当遵守下列原则(　　)。
   A. 非改不可的一定改,可改可不改的酌情处理　　B. 一次性修改
   C. 按归属来确定修改费用由谁承担　　D. 允许接收修改中的一部分

2. 信用证的修改,可以由(　　)提出,通过申请人向开证行申请修改。
   A. 受益人　　B. 申请人　　C. 受益人和申请人　　D. 以上各项都可以

3. 改证的常见情形有(　　)。
   A. 开证错误　　B. 因受益人不能如期完成交货要求展期
   C. 因开证申请人的要求,增加订单量　　D. 议付行要求

4. 根据 UCP600 规定,受益人对修改的处理,可以(　　)。
   A. 发接受修改的通知　　B. 发拒绝修改的通知
   C. 根据交单情况判断　　D. 通过电话告诉申请人

5. 受益人对修改信用证,可以(　　)。
   A. 部分接受,部分拒绝　　B. 全部接受　　C. 全部拒绝　　D. 以上选项都可

三、判断题

1. 若受益人提交的单据同原证一致,但同修改后的信用证要求不一致,则表明受益人拒绝修改。(　　)

2. 若信用证的修改是因为申请人的疏忽引起的,则改证费由申请人承担。(　　)

3. 信用证修改可由受益人直接向开证行申请。(　　)

4. 开证行自发出修改之时起,即不可撤销地受修改信用证的约束。(　　)

5. 对于修改证,受益人必须提供接受或拒绝修改的通知。(　　)

第八章
寄单行寄单索汇——任务六

学习目标

能力目标
1. 审核受益人单据,确定是否单证一致、单单一致
2. 根据信用证的寄单指示和受益人提交的单据,正确制作寄单面函

知识目标
掌握议付的含义

任务设计

上述的任务五中,申请人 TKAMLA CORPORATION 发出修改申请书后,开证行 BANK OF TOKYO-MITSUBISHI UFJ LTD 当日即 2012 年 4 月 14 日就发出了修改证,经原信用证通知行中国银行南通崇川支行通知受益人南通机床进出口公司。南通机床进出口公司根据修改后的信用证出货、制单,于 5 月 20 日把全套单据提交寄单行中国银行南通崇川支行。所提交的单据中,发票号码为 NTTIE1204005,金额为 USD21892.00。接下来,中国银行南通崇川支行需要完成以下几项任务:

(1)审核受益人提交的单据。
(2)制作寄单面函,向信用证中指定银行 BANK OF TOKYO-MITSUBISHI UFJ LTD 索汇

中国银行的寄单面函如表 8-1 所示。

表 8-1 寄单面函

BANK OF CHINA NANTONG BRANCH
DOCUMENTARY REMITTANCE

①YEAR-MONTH-DAY
② WHEN CORRESPONDING
PLEASE QUOTE OUR REF NO.

③REIMBURSING/DRAWEE BANK:	④MAIL TO:

Dear sirs,
We enclose the following documents under the credit mentioned below and certify that all terms and conditions of the credit have been complied with unless otherwise specified hereunder.

续表 8-1

⑤CREDIT NO.：						
⑥ISSUED BY：						
⑦BENE：						
⑧BENE REF：						
⑨TENOR	⑩MATURITY		⑪VALUE DT	⑫AMOUNT		
				⑬DEDUCTION AMT		
				⑭NET AMT		
				⑮OUR CHG		
				⑯TTL AMT		

DOCUMENTS：⑰

DRAFT	COMM INV	PACK/WEIHGT	B/L	N B/L	BENE CERT

IN REIMBURSEMENT：

INSTRUCTION TO THE REIMBURSING /DRAWEE BANK⑱

REMARKS：

Unless otherwise specified the transaction is subject to UCP600

Yours faithfully,
For BANK OF CHINA LIMITED

⑲_____
Authorized signature(s)

ADDRESS：19QINGNIAN WEST ROAD,NANTONG
　　　　　JIANGSU PROVINCE CHINA

SWIFT CODE：BKCHCNBJ95G
TEL：0513－83516888

任务描述

在受益人不需要出口押汇（关于出口押汇，参见教材的第三篇的第十六章）的情况下，从理论上讲，出口地的寄单行不需审核单据，只需根据信用证的寄单指示，缮制寄单面函，寄单给信用证中指定的银行即可。然而在实务中,寄单行都提供审单服务,以确保"单证一致"、"单单一致",为受益人从开证行处顺利收汇提供帮助。

操作示范

第一步:审核受益人提交的单据

中国银行南通崇川支行出口部的审单员核对受益人南通机床进出口公司单证员王凡提交的信用证项下的单据和单据签收单,核对一致后,在签收单上签字确认。随后,出口部的审单员根据信用证,核对单据的种类、份数。王凡提交了两份汇票、三份发票、三份装箱单、一份FORM A 产地证、全套(3/3)提单、一份质量证明和一份数量证明,满足信用证的要求。接着,银行审单员根据信用证、UCP600和ISBP681的相关条款,审核单据的内容,发现汇票的大写有误,联系受益人修改后,缮制寄单面函。

第二步:缮制寄单面函

寄单面函是寄单行根据受益人提交的单据和信用证的寄单指示而缮制的书面文件,通常附在全套单据的最上面,和全套单据一起寄给信用证中指定的收单行(通常情况下为开证行)。不同银行的寄单面函格式有异,但是基本栏目类似。以下以中国银行的寄单面函为例,逐一解释各栏目。

①寄单行寄出单据的时间。以年、月和日的顺序填写,年为四位数,月和日分别为两位数。本案中填写:2012-05-20。

②寄单行的业务流水号。不同的银行有各自的编写规则。本案填写BP2605512001249。

③填写偿付行或付款行的地址。如果信用证中没有指定偿付行,或者付款行是开证行自己,则这一栏留空。本案留空不填。

④收单行地址。信用证的第78栏,是开证行对付款/承兑/议付行的指示,包括收单行地址的指示。有时信用证在该栏没有寄单指示,可以查看信用证的第42栏的地址或者通过查银行年鉴来查找地址。本案中,信用证缺少78栏,但在42D栏有开证行的详细地址,所以本案填写:BANK OF TOKYO-MITSUBISHI UFJ LTD, 1-5-2 HONGOKUS-CHO NIHONBASHI CHUO-KU TOKYO 103-0021 JAPAN。

⑤~⑧分别为信用证号、开证行、受益人名称和发票号。本案中,填写:NT31173、BANK OF TOKYO-MITSUBISHI UFJ LTD, TOKYO JAPAN、NANTONG TOOL IMPORT & EXPORT CO., LTD 58, HAONAN ROAD NANTONG, JIANGSU, CHINA 和 NT-TIE1204005。

⑨信用证期限。信用证的期限有即期和远期两种,即期填写"AT SIGHT",远期按实填写。如见票后90天付款的远期信用证,则填写"90 DAYS AFTER SIGHT"。本案为即期信用证,填"AT SIGHT"。

⑩到期日。在即期信用证和见票后××天的远期信用证下,该栏不填,而其他期限的远期按实填写。本案为即期信用证,所以留空不填。

⑪起息日。由于寄单行在寄单时不能确定开证行的确切付款时间,所以此栏留空不填。

⑫发票金额。按照受益人提交的发票,如实填写。本案填:"USD21892.00"。

⑬扣费。如果信用证中注明某些费用需要扣除,则在此栏填写具体的扣费金额。本案中,此栏留空不填。

⑭净额。发票金额扣除扣费后的金额。⑫、⑬、⑭三栏之间的关系为:⑭=⑫-⑬。

⑮寄单行的费用。如果信用证规定某些费用,如议付费、偿付费等由申请人支付,则在此栏显示。一般信用证在71B栏通常规定开证行以外的所有银行费用均由受益人承担,所以此栏通常不用填写。本案中,此栏留空不填。

⑯总金额。这一栏的总金额同上面各栏的关系为:⑯=⑭+⑮

⑰受益人提交的单据的种类和份数。本案中,王凡提交了两份汇票、三份发票、三份装箱单、一份FORM A产地证、全套(3/3)提单、一份质量证明和一份数量证明,因此填写如下:

DRAFT	COMM INV	PACK LIST	B/L	CERT OF QUALITY	FORM A	CERT OF QUANTITY
2	3	3	3	1	1	1

⑱寄单行对偿付行/付款行的付款指示。为了使受益人尽快收到信用证项下的货款,偿付路线的选择十分重要,为受益人选择合理的偿付路线是寄单行应尽的义务。由于本案结算货币是美元,因此指示开证行将货款付至中国银行纽约分行的账户,再由纽约分行将货款贷记中国银行总行账户即可。本案填写:PLEASE PAY THE TOTAL AMOUNT TO BANK OF CHINA, NEW YORK BRANCH FOR CREDIT TO OUR HEAD OFFICE ACCOUNT WITH THEM UNDER ADVICE TO US QUOTING OUR REFERENCE NUMBER MENTIONED ABOVE.

⑲寄单行盖章。以上各项填完后,寄单行加盖业务专用章。

填制好的寄单面函如表8-2所示。

表8-2 寄单面函

 NANTONG BRANCH
DOCUMENTARY REMITTANCE   2012-05-20
                          YEAR-MONTH-DAY
WHEN CORRESPONDING
PLEASE QUOTE OUR REF NO. BP2605512001249

REIMBURSING/DRAWEE BANK:	MAIL TO: BANK OF TOKYO-MITSUBISHI UFJ LTD,1-5-2 HONGOKU-CHO NIHONBASHI CHUO-KU,TOKYO 103-0021 JAPAN

Dear sirs,
We enclose the following documents under the credit mentioned below and certify that all terms and conditions of the credit have been complied with unless otherwise specified hereunder.

续表 8-2

⑤CREDIT NO.: NT31173						
⑥ISSUED BY: BANK OF TOKYO-MITSUBISHI UFJ LTD, TOKYO JAPAN						
⑦BENE: NANTONG TOOL IMPORT & EXPORT CO., LTD. NANTONG, JIANGSU, CHINA						
⑧BENE REF: NTTIE1204005						
⑨TENOR	⑩MATURITY		⑪VALUE DT	⑫AMOUNT		USD21892.00
AT SIGHT				⑬DEDUCTION AMT		0
				⑭NET AMT		0
				⑮OUR CHG		0
				⑯TTL AMT		USD21892.00

DOCUMENTS: ⑰

DRAFT	COMM INV	PACK LIST	B/L	FORM A	CERT OF QUALITY	CERT OF QUANTITY
2	3	2	3	1	1	1

IN REIMBURSEMENT:

INSTRUCTION TO THE REIMBURSING /DRAWEE BANK⑱   PLEASE PAY THE TOTAL AMOUNT TO BANK OF CHINA, NEW YORK BRANCH FOR CREDIT TO OUR HEAD OFFICE ACCOUNT WITH THEM UNDER ADVICE TO US QUOTING OUR REFERENCE NUMBER MENTIONED ABOVE.

REMARKS:

Unless otherwise specified the transaction is subject to UCP600

Yours faithfully,
For BANK OF CHINA LIMITED

BANK OF CHINA
⑲NANTONG BRANCH
Authorized signature(s)

ADDRESS: 19QINGNIAN WEST ROAD, NANTONG, JIANGSU, CHINA

SWIFT CODE: BKCHCNBJ95G
TEL: 0513-83516888

必备知识

一、审单原则

广义的审单包括银行审单和外贸企业单证员审单。

对银行而言,在信用证结算方式下,审单的原则是单证一致和单单一致;在托收方式下,审单的原则是审核出口方提交的托收单据的种类、份数是否与托收申请书一致;在汇付结算方式下,由于单据由出口商自寄,无需银行审单。

对外贸企业单证员而言,在信用证结算方式下,审单的原则是单货一致、单证一致和单单一致;在托收方式和付汇结算方式下,审单的原则是单货一致、单同一致和单单一致。

单货一致,即单据上对货物的相关描述要同实际装运货物一致;单同一致,即各种单据要与合同条款一致;单单一致,即各种单据描述同一事项的内容要一致;单证一致,即指所提交的单据在种类、份数和内容上都要与信用证、UCP600和ISBP681的相关条款相符。

二、单据中常见的不符点

单据中的不符点是指所提交的单据与信用证规定或单据互相之间有不一致之处。信用证操作过程环节多、内容纷繁复杂,出现的不符点多种多样。一般而言,信用证项下单据不符点的主要责任方是出口方,而产生不符点的主要环节集中在审单和制单,不符点主要体现在以下几方面:

(1)时限方面。信用证效期、装运期和交单期过期。

(2)运输方面。提单上的"FREIGHT COLLECTED"、"FREIGHT PREPAID"同贸易术语不一致;提单的抬头同信用证的要求不一致;分批或转运操作同信用证规定不一致;装运港、目的港或转运港同信用证规定不符等。

(3)保险方面。保险条款与险别同信用证不一致;保险金额同信用证不符;保单日期迟于运输单据日期等。

(4)单据方面。单据方面的不符,涉及面很广,具体见下文的常用单据的审核要点。

三、常用单据的审核要点

1. 汇票的审核要点

(1)应有"汇票"字样。

(2)信用证规定须记载出票条款时,内容应与信用证规定相符。

(3)出票日不能迟于信用证的效期和交单期。

(4)付款人和付款地必须与信用证规定相符。

(5)开立的金额应与发票金额一致,且未超过信用证可以利用的余额。

(6)金额大小写必须一致,货币必须与信用证的币别相符。

(7)票期必须与信用证条款一致。如果汇票不是见票即付或见票后定期付款,则必须能够从汇票自身内容确定到期日。比如说,信用证要求汇票的票期为提单日后60天,而提单日为2012年7月12日,则汇票票期可用下列任一方式表明:①"提单日2012年7月12日后60日";②"2012年7月12日后60日";③"提单日后60日",并且汇票表面的其他地方表明"提单日2012年7月12日"等。

(8)收款人名称确定无误。

(9)载有信用证要求的条款。

(10)应由受益人出票并签字。

(11)票面不应有涂改。

2. 商业发票的审核要点

(1)必须由信用证中指定的受益人出具。

(2)除非另有规定,以申请人(买方)为抬头。

(3)标题不可以是"预开发票"、"临时发票"或类似的发票。

(4)货物描述应与信用证中引述的货物描述一致。

(5)数量应与信用证规定相符,与其他单据不矛盾。

(6)单价和总金额满足信用证的要求。

(7)唛头、运输信息、运输费用等内容与运输单据显示的不矛盾。

(8)加注的相关内容必须符合情理。

(9)信用证要求需签字、公证、认证等,应予以照办。

(10)如数提交信用证要求的正本和副本。

3. 运输单据的审核要点

(1)运输单据的种类必须与信用证规定相符。

(2)托运人、收货人和到货被通知人、装货港(地)、卸货港(地)、装运日期应符合信用证规定。

(3)货物描述符合信用证,货名可以用统称,唛头、数量、重量、规格等(如有)与其他单据所显示的一致。

(4)提单上有关运费的记载与发票和信用证的相关记载一致。

(5)除非信用证另有规定,必须提交全套正本提单。

(6)表面注明承运人的名称,由承运人或船长或其具名代理签署或以其他方式证实。

(7)装运日期不得迟于最后装运期并符合 UCP600 的规定。

(8)符合 UCP600 关于分批/分期装运和转运的规定。

(9)除非信用证另有规定,可接受简式/背面空白的提单、表明货物可能装于舱面的提单、据托运人报称的提单和发货人为第三方的提单。

(10)在其他方面符合国际惯例和信用证规定。

4. 保险单据的审核要点

(1)根据信用证的要求提交相应的保险单据。

(2)由保险公司或承保人或其代理出具和签发。除非信用证另有规定,银行不接受由保险经纪人签发的暂保单。

(3)提交所出具的全套正本。

(4)被保险人符合信用证的规定。

(5)保险日期或保险生效日期最迟为货物装船、发运或接受监管的日期。

(6)承保金额按信用证规定。

(7)除非信用证允许,应使用与信用证相同的货币开立。

(8)承保信用证规定的险别。

(9)信用证要求保险单时,不得以保险凭证代替,反之则可以。

5. 包装单据的审核要点

(1)应单独出具,不可与其他单据联合。

(2)内容应符合信用证的要求,并与其他相关单据不矛盾。

(3)出具日期与其他单据不抵触。
(4)通常无须签字。

6. 产地证的审核要点

(1)应由信用证中指定的机构出具并签署。如果信用证要求原产地证明由受益人、出口商或制造商出具,则由商会出具的单据可以接受,只要该单据根据不同情形相应地注明受益人、出口商或制造商。如果信用证没有规定由何人出具原产地证,则由任何人包括受益人出具单据均可接受。

(2)内容必须与信用证及其他单据的相关内容一致。

(3)应注明货物的原产地。

(4)须注明日期。

(5)根据信用证的要求签字、公证、认证或签证。

7. 检验证书的审核要点

(1)应由信用证规定的检验机构出具并签发。

(2)内容必须与发票或其他单据的记载保持一致,并符合信用证的规定。

(3)检验证书上的发货人和收货人应正确填写。

(4)签发日期最好不迟于提单日期。

(5)须签字。

8. 证明书的审核要点

(1)证明书内容要符合信用证的要求。

(2)要表明是信用证下的单据,并且与其他单据相关联。

(3)一般情况下应注明出具日期。

(4)由出具人签字。

四、出口项下不符单据的处理

对于经审核有不符点的出口单据,通常由以下几种处理方法:

(1)退受益人更改。如果信用证效期和交单期都未到,则退受益人更改。

(2)表提不符点出单。如果信用证效期和交单期已过,且单据又有较严重的不符点,可与受益人协商,议付行向开证行寄单,并把不符点列在寄单面函上,征求开证行意见,由开证行接洽申请人是否同意付款。在接到肯定答复后,议付行再议付。如果申请人不接受不符点,开证行退单,议付行再退单给受益人。

(3)电提不符点。对于不符点无法更改、金额较大的单据,可与受益人协商,议付行暂不向开证行寄单,而是通过电讯方式通知开证行单据不符点。如开证行同意付款,议付行再议付单据;如不同意,受益人可及早收回单据,设法改正。议付行电提不符点的电文举例如下。

DOCUMENTS PRESENTED UNDER L/C NO. XXXXXX, BILL'S AMOUNT USDXXXX, OUR REF NO. XXXXX

ALL TERMS AND CONDITIONS COMPLIED WITH EXCEPT

①LATE SHIPMENT

②DOCUMENTS PRESENTED LATE

PLEASE INFORM US BY SWIFT WHETHER WE MAY NEGOTIATE DOCS.

(4)受益人担保出单。如果单据中不符点较多或较严重,受益人无法更改或不愿意更改,则要求受益人出具保证书(LETTER OF INDEMNITY)承认单据瑕疵,声明如开证行拒付,由受益人偿还议付行所垫付款项和费用,同时接洽申请人授权开证行付款。受益人出具的保证书举例如下:

LETTER OF INDEMNITY NO. XXXXXX

TO:XXXX (NAME OF NEGOTIATING BANK)

DEAR SIRS,

IN CONSIDERATION OF YOUR NEGOTIATING OUR DRAFT NO. XXXX DRAWN ON XXXX FOR USDXXXX UNDER LETTER OF CREDIT NO. XXXX ISSUED BY XXXXX WHICH CALLS FOR XXXX.

WHEREAS XXXX, WE HEREBY UNDERTAKE TO INDEMNIFY YOU FOR WHATEVER LOSS AND/OR DAMAGE THAT YOU MAY SUSTAIN DUE TO THE ABOVE MENTIONED DISCREPANCIES.

拓展知识

一、议付的含义

UCP600第2条定义中对"议付"的界定是:"指定银行在相符交单下,在其应获偿付的银行工作日当天或之前向受益人预付或者同意预付款项,从而购买汇票(其付款人为指定银行以外的其他银行)及/或单据的行为。"

实务中,议付行的议付行为实际上是对受益人的融资。在我国的各大银行实务中,常常以一种叫做出口押汇的做法来替代议付。尽管出口押汇同议付有诸多区别,但从受益人的角度看,都是为了提前取得出口单据项下的货款。

非保兑行作为指定银行对受益人议付,单据一旦被开证行拒付,议付行有权向受益人追索议付款和相应的利息,而保兑行的议付,是不可追索的。

二、UCP600中关于指定银行的责任规定

1. 指定银行的含义

UCP600第2条规定:"信用证可在其处兑用的银行,如信用证可在任一银行兑用,则任何银行均为指定银行。"

2. 指定的含义

UCP600第12条规定:

a. 除非指定银行为保兑行,对于承付或议付的授权并不赋予指定银行承付或议付的义务,除非该指定银行明确表示同意并且告知受益人。

b. 开证行指定一银行承兑汇票或作出延期付款承诺,即为授权该指定银行预付或购买其已承兑的汇票或已作出的延期付款承诺。

c. 非保兑行的指定银行收到或审核并转递单据的行为并不使其承担承付或议付的责任,也不构成其承付或议付的行为。

三、UCP600中同审单有关的条款

UCP600的第14条是单据审核标准,具体包括:

a. 按指定行事的指定银行、保兑行(如果有的话)及开证行须审核交单,并仅基于单据本身确定其是否在表面上构成相符交单。

b. 按指定行事的指定银行、保兑行(如果有的话)及开证行各有从交单次日起至多五个银

行工作日用以确定交单是否相符。这一期限不因在交单日当天或之后信用证截止日或最迟交单日截止而受到缩减或影响。

c. 如果单据中包含一份或多份受第19、20、21、22、23、24或25条规制的正本运输单据,则须由受益人或其代表在不迟于本惯例所指的发运日之后的21个日历日内交单,但是在任何情况下都不得迟于信用证的截止日。

d. 单据中的数据,在与信用证、单据本身以及国际标准银行实务参照解读时,无须与该单据本身中的数据、其他要求的单据或信用证中的数据等同一致,但不得矛盾。

e. 除商业发票外,其他单据中的货物、服务或履约行为的描述,如果有的话,可使用与信用证中的描述不矛盾的概括性用语。

f. 如果信用证要求提交运输单据、保险单据或者商业发票之外的单据,却未规定出单人或其数据内容,则只要提交的单据内容看似满足所要求单据的功能,且其他方面符合第14条d款,银行将接受该单据。

g. 提交的非信用证所要求的单据将被不予理会,并可被退还给交单人。

h. 如果信用证含有一项条件,但未规定用以表明该条件得到满足的单据,银行将视为未作规定并不予理会。

i. 单据日期可以早于信用证的开立日期,但不得晚于交单日期。

j. 当受益人和申请人的地址出现在任何规定的单据中时,无须与信用证或其他规定单据中所载相同,但必须与信用证中规定的相应地址同在一国。联络细节(传真、电话、电子邮件及类似细节)作为受益人和申请人地址的一部分时将被不予理会。然而,如果申请人的地址和联络细节为第19、20、21、22、23、24或25条规定的运输单据上的收货人或通知方细节的一部分时,应与信用证规定的相同。

k. 在任何单据中注明的托运人或发货人无须为信用证的受益人。

l. 运输单据可以由任何人出具,无须为承运人、船东、船长或租船人,只要其符合第19、20、21、22、23或24条的要求。

技能训练

根据以下资料,以寄单行的身份,制作一份寄单面函

 1. CREDIT NO.: NNN07699

 2. ISSUED BY: HSBC BANK PLC, DUBAI, UAE

 3. BENE: NANTONG JINYUAN IMPORT & EXPORT CO., LTD.

 4. BENE REF: NT08018

 5. 信用证汇票的期限:30 DAYS AFTER SIGHT

 6. AMOUNT:USD54000.00

DEDUCTION AMT:0

OUR CHG: 0

TTL AMT:USD54000.00,

 7. 寄单要求:ALL DOCUMENTS ARE TO BE REMITTED IN ONE LOT BY COURIER TO HSBC BANK PLC, TRADE SERVICES, DUBAI BRANCH, PO BOX 66, HSBC BANK BULIDING 312/45 A1 SUQARE ROAD, DUBAI, UAE

8.受益人提交的单据种类及份数:

DRAFT	COMM INV	PACK LIST	B/L	CERT OF ORIGIN	INSURANCE POLICY	SHIPPING ADVICE
2	3	3	3	1	2	1

9.寄单行:BANK OF CHINA NANTONG BRANCH

寄单行的义务流水号:BP26055120001

寄单日期:2012/08/08

空白的寄单面函如表8-3所示:

表8-3 寄单面函

BANK OF CHINA NANTONG BRANCH

DOCUMENTARY REMITTANCE

YEAR-MONTH-DAY

WHEN CORRESPONDING

PLEASE QUOTE OUR REF NO.

REIMBURSING/DRAWEE BANK:	MAIL TO:

Dear sirs,
We enclose the following documents under the credit mentioned below and certify that all terms and conditions of the credit have been complied with unless otherwise specified hereunder.

CREDIT NO.:
ISSUED BY:
BENE:
BENE REF:

TENOR	MATURITY	VALUE DT	AMOUNT	
			DEDUCTION AMT	
			NET AMT	
			OUR CHG	
			TTL AMT	

DOCUMENTS:

DRAFT	COMM INV	PACK LIST	B/L	CERT OF ORIGIN	INSURANCE POLICY	SHIPPIHNG ADVICE

IN REIMBURSEMENT:

INSTRUCTION TO THE REIMBURSING /DRAWEE BANK

续表 8 - 3

REMARKS: Unless otherwise specified the transaction is subject to UCP600	Yours faithfully, For BANK OF CHINA LIMITED
	_____ Authorized signature(s)
ADDRESS：19QINGNIAN WEST ROAD, NANTONG,JIANGSU,CHINA	SWIFT CODE：BKCHCNBJ95G TEL：0513－83516888

应知练习

一、单选题

1. 信用证项下的审单,应当依据(　　)。

   A. 信用证　　B. UCP600 的相关条款　　C. ISBP681　　D. 以上都是

2. 按指定行事的指定银行有从交单次日起至多(　　)银行工作日用以确定交单是否相符。

   A. 5 个　　B. 7 个　　C. 21 个　　D. 以上都是

3. 寄单行应当根据(　　)指定的地址,来缮制寄单面函。

   A. 受益人　　B. 申请人　　C. 信用证　　D. 以上都是

二、多选题

1. 信用证项下的审单,应当依据(　　)。

   A. 信用证　　B. UCP600 的相关条款　　C. ISBP681　　D. 以上都是

2. 信用证结算方式下,单据存在时限方面的不符点,主要包括(　　)。

   A. 信用证效期过期　　B. 装运期过期　　C. 交单期过期　　D. 以上都是

3. 我们通常所说的审单,包括(　　)。

   A. 银行审单　　B. 外贸企业单证员审单　　C. A 和 B　　D. 以上都可以

三、判断题

1. 非保兑行作为指定银行对受益人议付,是不可追索的。(　　)

2. 信用证结算方式中,汇票无需签字,而发票和装箱单必须签字。(　　)

3. 除商业发票外,其他单据中的货物、服务或履约行为的描述,如果有的话,可使用与信用证中的描述不矛盾的概括性用语。(　　)

4. UCP600 规定,单据日期可以早于信用证的开立日期,但不得晚于交单日期。(　　)

5. 信用证要求保险凭证时,可以保险单代替。(　　)

第九章

开证行审核信用证项下单据——任务七

学习目标

能力目标

审核受益人单据,确定是否单证一致、单单一致

知识目标

1. 了解拒付电文的制作要点
2. 掌握各种单据的审核要点

任务设计

开证行 BANK OF TOKYO-MITSUBISHI UFJ LTD 在 2012 年 5 月 24 日收到了通知行中国银行南通崇川支行寄来的信用证 NT31173 项下的受益人南通机床进出口公司的全套单据。其中的汇票、发票和提单如表 9-1 至表 9-3 所示:

1. 汇票

表 9-1 汇票

	BILL OF EXCHANGE		
凭 Drawn Under	BANK OF TOKYO-MITSUBISHI UFJ LTD	不可撤销信用证 Irrevocable L/C No.	NT31173
日期 Date	APR. 12, 2012	支 取 Payable with interest	@ % 按 息 付 款
号码 No.	NTTIE1204005	汇票金额 Exchange for	USD21892.00	南通 Nantong	MAY. 20, 2012
	见票 at	30DAYS AFTER	日后(本汇票之副本未付)付交 Sight of this FIRST of Exchange(Second of Exchange being
unpaid)pay to the order of		BANK OF CHINA NANTONG BRAHCH	
金额 the sum of	SAY U. S. DOLLARS TWENTY ONE THOUSAND EIGHT HUNDRED AND NINETY TWO ONLY.		
此致 to	BANK OF TOKYO-MIT-SUBISHI UFJ LTD	NANTONG TOOL IMPORT & EXPORT CO. ,LTD. 陆飞	

101

2. 发票

表 9-2 发票

NANTONG TOOL IMPORT & EXPORT CO., LTD
58, HAONAN ROAD NANTONG, JIANGSU, CHINA
TEL: 0086 - 0513 - 84524788   FAX: 0086 - 0513 - 84524788

COMMERCIAL INVOICE

TO:	TKAMLA CORPORATION 6-7, KAWARA MACH TOKYO, JAPAN	Invoice No.:	NTTIE1204005
		Invoice Date:	MAY. 02, 2012
		S/C NO.:	NT201204005
		L/C NO.:	NT31173

Transport Details:	FROM　　NANTONG, CHINA
	TO　　　TOKYO, JAPAN

Marks and Numbers	Description of Goods	Quantity	Unit Price	Amount
T.C/ TOKYO C/NO.1-515	HAND TOOLS ① 9pc Extra Long Hex Key Set ② 8pc Double Offset Ring Spanner ③ 12pc Double Offset Ring Spanner ④ 12pc Combination Spanner ⑤ 10pc Combination Spanner AS PER PROFORMA INVOICE NO NT2012004 DATED MARCH 01, 2012	200 SETS 1200 SETS 800 SETS 1200 SETS 1000 SETS	FOB NANTONG USD1.76 USD3.10 USD7.50 USD3.35 USD5.80	USD2112.00 USD3720.00 USD6000.00 USD4260.00 USD5800.00
TOTAL:		5400 SETS		USD21892.00

TOTAL VALUE IN WORDS:
SAY U.S. DOLLARS TWENTY ONE THOUSAND EIGHT HUNDRED AND NINETY TWO ONLY.

NANTONG TOOL IMPORT & EXPORT CO., LTD.

陆 飞

第九章 开证行审核信用证项下单据——任务七

3. 提单

表9-3 提单

Shipper Insert Name, Address and Phone NANTONG TOOL IMPORT & EXPORT CO., LTD 58, HAONAN ROAD NANTONG, JIANGSU, CHINA				B/L NO. 2651 中远集装箱运输 有限公司 COSCO CONTAINER LINES TLX:33057 COSCO CN FAX:0086(021)6545 8984 ORIGINAL Port-to-Port BILL OF LADING Shipped on board and condition except as other...
Consignee Insert Name, Address and Phone TKAMLA CORPORATION, 6-7, KAWARA MACH TOKYO, JAPAN				
Notify Party Insert Name, Address and Phone TKAMLA CORPORATION, 6-7, KAWARA MACH TOKYO, JAPAN				
Ocean Vessel Voy, NO. QING YUN HE, VOY. NO. 1325		Port of Loading NANTONG		
Port of Discharge TOKYO		Port of Destination		
Marks & Nos. Container/ Seal no.	No. of Containers Or Package	Description of goods	G. W.	Means.
T.C/ TOKYO C/NO.1-515	515CARTONS 3×40'FCL	HAND TOOLS FREIGHT COLLECT	4518KGS	58.96M^3
Description of Contents for Shipper's Use Only(Not part of this B/L contract)				
Total Number of containers and /or packages(in words): FIVE HUNDRED AND FIFTEEN CARTONS ONLY.				
Ex Rate:	Prepaid at	Payable at	Place and date of issue NANTONG MAY. 20,2012	
	Total Prepaid	No. of Original B/L THREE(3)	Signed for the Carrier COSCO CONTAINER LINES 张一	

开证行收到受益人的单据后,需要完成以下任务:
(1)根据信用证,审单,查找不符点。
(2)对不相符单据,及时对外拒付;对相符单据,及时付款。

任务描述

对"相符单据"及时付款,是信用证下开证行的义务。因此,开证行应当依据信用证、UCP600和ISBP681仔细审单,确定单证是否满足"相符单据"的要求。在收单后翌日起的五个工作日内,对相符单据付款,对不符单据,发出拒付电拒付。

操作示范

第一步：认真阅读信用证条款，读懂信用证中与单据相关的条款

通过阅读信用证，弄清信用证要求提交的单据种类、份数和内容等要求。信用证中，要求受益人提交的单据条款在第 46 栏，此外在第 47 栏的附加条款中，有时也有对单据的要求，必须加以关注。此外，第 45 栏的货物描述尤其需要特别关注，因为发票中的货物描述必须与这一栏相一致。

第二步：核对汇票、发票和提单的份数、内容是否与信用证一致

1. 汇票的审核要点

根据任务六"必备知识"中常用单据审核要点审核汇票，汇票无不符点。

2. 发票的审核要点

根据任务六"必备知识"中常用单据审核要点审核发票，发票无不符点。

3. 提单的审核要点

根据任务六"必备知识"中常用单据审核要点审核提单，提单无不符点。

第三步：在收单翌日后的五个工作日内完成付款

经过审核，受益人南通机床进出口公司提交的单据是相符单据，因此必须在 2012 年 5 月 31 日前（5 月 24 日为周四），通过 SWIFT 系统完成对受益人的付款。如果迟付款，一方面要承担因迟付而产生的利息，另一方面迟付也影响银行的信用。

必备知识

一、UCP600 中关于开证行的义务

UCP600 第 7 条开证行责任如下：

a. 只要规定的单据提交给指定银行或开证方，并且构成相符交单，则开证行必须承付，如果信用证为以下情形之一：

i. 信用证规定由开证行即期付款、延期付款或承兑；

ii. 信用证规定由指定银行即期付款但其未付款；

iii. 信用证规定由指定银行延期付款但其未承诺延期付款，或虽已承诺延期付款，但未在到期日付款；

iv. 信用证规定由指定银行承兑，但其未承兑以其为付款人的汇票，或虽然承兑了汇票，但未在到期日付款；

v. 信用证规定由指定银行议付但其未议付。

b. 开证行自开立信用证之时起即不可撤销地承担承付责任。

c. 指定银行承付或议付相符交单并将单据转给开证行之后，开证行即承担偿付该指定银行的责任。对承兑或延期付款信用证下相符交单金额的偿付应在到期日办理，无论指定银行是否在到期日之前预付或购买了单据，开证行偿付指定银行的责任独立于开证行对受益人的责任。

二、不符单据的处理

UCP600 第 14 条 a 款规定:"按指定行事的指定银行、保兑行(如果有的话)及开证行须审核交单,并仅基于单据本身确定其是否在表面上构成相符交单。"

所谓的相符单据,根据 UCP600 第 2 条对相符单据的定义,是"指与信用证条款、本惯例的相关适用条款以及国际标准银行实务一致的交单"。

经开证行审核,有不符点的进口单据,通常有以下几种处理方法:

1. 放弃不符点,申请人付款赎单

UCP600 第 16 条 b 款规定:"当开证行确定交单不符时,可以自行决定联系申请人放弃不符点……"若申请人愿意接受不符点,则由其出具书面指示,办理付款或承兑手续,然后开证行向寄单行付款或承兑。

2. 拒付

(1)给交单人发出一份单独的拒付通知。

UCP600 第 16 条 c 款规定:"当按照指定行事的指定银行、保兑行(如有的话)或开证行决定拒绝承付或议付时,必须给予交单人一份单独的拒付通知。"

该通知必须声明:

i. 银行拒绝承付或议付。

ii. 银行拒绝承付或者议付所依据的每一个不符点。

iii.

a)银行留存单据听候交单人的进一步指示;

b)开证行留存单据直到其从申请人处接到放弃不符点的通知并同意接受该放弃,或者其同意接受对不符点的放弃之前从交单人处收到其进一步指示;

c)银行将退回单据;

d)银行将按之前从交单人处获得的指示处理。

(2)拒付通知必须在五个工作日内以快捷方式发出。UCP600 第 16 条 d 款规定:"第 16 条 c 款要求的通知必须以电讯方式,如不可能,则以其他快捷方式,在不迟于自交单之翌日起第五个银行工作日结束前发出。"

如开证行/保兑行未能按上述规定办理,则无权宣称单据不符合信用证条款。

拒付后如经进出口双方协商,申请人同意接受单据的,开证行应及时通知寄单行,请其授权放单,并办理对外付款/承兑手续;如申请人坚持不接受不符点,开证行应及时将全套单据退还寄单行,由进出口双方自行解决。

拓展知识

一、ISBP681 中关于单据制作和审核的一般原则

ISBP681 中关于单据制作和审核的一般原则共有 37 段,即从第 6 段至第 42 段。为了便于读者核对,下面的编号完全同于 ISBP 中的实际编号:

缩略语

6.使用普遍承认的缩略语不导致单据不符,例如,用"Ltd."代替"Limited"(有限),用"Int'l"代替"International"(国际),用"Co."代替"Company"(公司),用"kgs"或"kos."代替

"kilos"(千克),用"Ind"代替"Industry"(工业),用"mfr"代替"manufacturer"(制造商),用"mt"代替"metric tons"(公吨)。反过来,用全称代替缩略语也不导致单据不符。

7. 斜线("/")可能有不同的含义,不得用来替代词语,除非在上下文中可以明了其含义。

证明和声明

8. 证明、声明或类似文据可以是单独的单据,也可以包含在信用证要求的其他单据内。如果声明或证明出现在另一份有签字并注明日期的单据里,只要该声明或证明表面看来是由出具和签署该单据的同一人作出,则该声明或证明无需另行签字或加注日期。

更正与更改

9. 除了由受益人制作的单据外,对其他单据内容的修正和变更必须在表面上看来经出单人或出单人的授权人证实。对经过合法化、签证、认证或类似手续的单据的修正和变更必须经使该单据合法化、签证、认证该单据的人证实。证实必须表明该证实由谁作出,且应包括证实人的签字或小签。如果证实书表面看来并非由出单人所为,则该证实必须清楚地表明证实人以何身份证实单据的修正和变更。

10. 未合法化、签证、认证或采取类似措施的由受益人自己出具的单据(汇票除外)的修正和变更无需证实。参见"汇票和到期日的计算"。

11. 一份单据内使用多种字体、字号或手写,并不意味着是修正或变更。

12. 当一份单据包含不止一处修正或变更时,必须对每一处修正作出单独证实,或者以一种恰当的方式使一项证实与所有修正相关联。例如,如果一份单据显示出有标为1、2、3的三处修正,则使用类似"上述编号为1、2、3的修正经×××证实"的声明即满足证实的要求。

日期

13. 即使信用证没有明确要求,汇票、运输单据和保险单据也必须注明日期。如果信用证要求上述单据以外的单据注明日期,只要该单据援引了同时提交的其他单据的日期,即满足信用证的要求(例如,装运证明可使用"日期同×××号提单"或类似用语)。虽然要求的证明或声明在作为单独单据时宜注明日期,但其是否符合信用证要求取决于所要求的证明或声明的种类、所要求的措辞以及证明或声明中的实际措辞。至于其他单据是否要求注明日期则取决于单据的内容和性质。

14. 任何单据,包括分析证明、检验证明和装运前检验证明注明的日期都可以晚于装运日期。但是,如果信用证要求一份单据证明装运前发生的事件(例如装运前检验证明),则该单据必须通过标题或内容来表明该事件(例如检验)发生在装运日之前或装运日当天。要求"检验证明"并不表明要求证明装运前发生的事件。任何单据都不得显示其在交单日之后出具。

15. 显示有单据制作日期和随后的签署日期的单据应视为在签署之日出具。

16. 经常用来表示在某日期或事件之前或之后时间的用语。

① "在……后的2日内"(within 2 days after)表明的是从事件发生之日起至事件发生后两日的这一段时间。

② "不迟于在……后的2日"(not later than 2 days after)表明的不是一段时间,而是最迟日期。如果通知日期不能早于某个特定日期,则信用证必须明确就此作出规定。

③ "至少早于……的前2日"(at least 2 days before)表明的是一件事情的发生不得晚于某一事件的前两日。该事件最早何时可以发生则没有限制。

④ "在……的2日内"表明的是在某一事件发生之前的两日至发生之后的两日之间的一段时间。

第九章 开证行审核信用证项下单据——任务七

17.当"在……之内"(within)与日期连在一起使用时,在计算期限时该日期不包括在内。

18.日期可以用不同的格式表示,例如 2007 年 11 月 12 日可以用 12. Nov,2007,12Nov07,12.11.07,2007.11.12,11.12.07,121107 等形式表示,只要试图表明的日期能够从该单据或提交的其他单据中确定,上述任何形式都是可以接受的。为避免混淆,建议使用月份的名称而不要使用数字。

UCP600 运输条款不适用的单据

19.与货物运输有关的一些常见单据,例如交货单、运输行收货证明、运输行装运证明、运输行运输证明、运输行承运货物收据和大副收据都不是运输合同的反映,不是 UCP600 第 19～25 条规定的运输单据。因此,UCP600 第 14 条 c 款不适用于这些单据。从而,应以审核 UCP600 没有特别规定的其他单据的相同方式审核这些单据,也即适用 UCP600 第 14 条 f 款。在任何情况下,单据必须在信用证有效内提交。

20.运输单据的副本并不是 UCP600 第 19～25 条和第 14 条 c 款所指的运输单据。UCP600 关于运输单据的条款仅适用于有正本运输单据提交时。如果信用证允许提交副本而不是正本单据,则信用证必须明确规定应当显示哪些细节。当提交副本(不可转让)单据时,无需显示签字、日期等。

UCP600 未定义的用语

21.由于 UCP600 对诸如"装运单据"、"过期单据可接受"、"第三方单据可接受"和"出口国"等用语未作定义,因此,不应使用此类用语。如果信用证使用了这些用语,则其含义应能通过信用证上下文得以确定。否则,根据国际标准银行实务做法,这些用语将做如下理解:

①"装运单据"是指信用证要求的除汇票以外的所有单据(不限于运输单据)。

②"过期单据可接受"是指在装运日的 21 个日历日后提交的单据是可以接受的,只要不迟于信用证规定的交单截止日。

③"第三方单据可接受"是指所有单据,不包括汇票,但包括发票,可由受益人之外的一方出具。如果开证行意在表示运输单据可显示受益人之外的第三人作为托运人,则无需写入这一条款,因为 UCP600 第 14 条 k 款已经对此予以认可。

④"出口国"是指受益人住所地国,及/或货物原产地国,及/或承运人接收货物地所在国、及/或装运地或发货地所在国。

单据的出单人

22.如果信用证要求单据由某具名个人或单位出具,只要表面看来单据是由该具名个人或单位出具,即符合信用证要求。单据使用印有该具名个人或单位抬头的信笺,或如果未使用抬头信笺,但表面看来是由该具名个人或单位或其代理人完成及/或签署,则即为表面看来由该某具名个人或单位出具。

语言

23.根据国际标准银行实务做法,受益人出具的单据应使用信用证所使用的语言。如果信用证规定可以接受使用两种或两种以上语言的单据,指定银行在通知该信用证时,可限制单据使用语言的数量,作为对该信用证承担责任的条件。

数学计算

24.银行不检查单据中的数学计算细节,而只负责将总量与信用证及/或其他要求的单据相核对。

拼写错误及/或打印错误

25.如果拼写及/或打印错误并不影响单词或其所在句子的含义,则不构成单据不符。例如,在货物描述中用"mashine"表示"machine"(机器),用"fountan pen"表示"fountain pen"(钢笔),或用"modle"表示"model"(型号)都不会导致不符。但是,将"model 321"(型号321)写成"model 123"(样品123)则不应视为打印错误,而应是不符点。

多页单据和附件或附文

26.除非信用证或单据另有规定,被装订在一起、按序编号或内部交叉援引的多页单据,无论其名称或标题如何,都应被作为一份单据来审核,即使有些页张被视为附件。当一份单据包括不止一页时,必须能够确定这些不同页同属一份单据。

27.如果一份多面的单据要求签字或背书,签字通常在单据的第一页或最后一页,但是除非信用证或单据自身规定签字或背书应在何处,签字或背书可以在单据的任何地方。

正本和副本

28.单据的多份正本可用"正本"(original)、"第二份"(duplicate)、"第三份"(triplicate)、"第一份正本"(first original)、"第二份正本"(second original)等标明。上述标注均不否认单据为正本。

29.提交的正本单据的数量必须至少为信用证或UCP600要求的数量,或当单据自身表明了出具的正本单据数量时,至少为该单据表明的数量。

30.有时从信用证的措辞难以判断信用证要求提交正本单据还是副本单据。

例如,当信用证要求:

a."发票"、"一份发票"(one invoice)或"发票一份"(invoice in 1 copy),这些措辞应被理解为要求一份正本发票。

b."发票四份"(invoice in 4 copies),则提交至少一份正本发票,其余用副本发票即满足要求。

c."发票的一份"(one copy of invoice),则提交一份副本发票或一份正本发票均可接受。

31.当银行不接受正本代替副本时,信用证必须规定禁止提交正本,例如,应标明"发票的复印件不接受用正本代替复印件",或类似措辞。当信用证要求一份运输单据副本并且表明正本运输单据的处理指示时,正本运输单据不可接受。

32.副本单据不需要签字。

发运唛头

34.使用唛头的目的在于能够标识箱、袋或包装。如果信用证对唛头的细节做了规定,则载有唛头的单据必须显示这些细节,但额外的信息是可以接受的,只要它与信用证的条款不矛盾。

35.某些单据中唛头所包含的信息常常超出通常意义上的唛头所包含的内容,可能包括诸如货物种类、易碎货物的警告、货物净重及/或毛重等。在一些单据里显示了此类额外内容而其他单据没有显示,不构成不符点。

36.集装箱运输货物的运输单据有时仅仅在"唛头"栏中显示集装箱号,其他单据则显示详细的唛头标记,不能因此认为不相符。

签字

37.即使信用证没有要求,汇票、证明和声明自身的性质决定其必须有签字。运输单据和保险必须根据UCP600的规定予以签署。

38. 单据上有专供签字的方框或空格并不必然意味着这一方框或空格必须有签字。例如，在运输单据如航空运单或铁路运输单据中经常会有一处标明"托运人或其代理人签字"或类似用语，但银行并不要求在该处有签字。如果单据表面要求签字才能生效（例如，"单据无效除非签字"，或类似规定），则必须签字。

39. 签字不一定手写。摹本签字、打孔签字、印章、符号（例如，戳记）或用来表明身份的任何电子或机械证实的方法均可。但是，有签字的单据的复印件不能视为签署过的正本单据，通过传真发送的有签字的单据如果不另外加具原始签字的话，也不视为签署过的正本。如果要求单据"签字并盖章"或类似措辞，则单据只要载有签字及签字人的名称，无论该名称是打印、手写或盖章，均满足该项要求。

40. 除非另有规定，在带有公司抬头的信笺上的签字将被认为是该公司的签字。不需要在签字旁重复公司的名称。

单据名称和联合单据

41. 单据可以使用信用证规定的名称或相似名称，或不使用名称。例如，信用证要求"装箱单"，无论该单据冠名为"装箱说明"，还是"装箱和重量单"，抑或没有名称，只要单据包含了装箱细节，即为满足信用证要求。单据内容必须在表面上满足所要求单据的功能。

42. 信用证列明的单据应作为单独单据提交。如果信用证要求装箱单和重量单，当提交两份独立的装箱单和重量单或提交两份正本装箱单和重量单联合单据时，只要该联合单据同时表明装箱和重量细节，即视为符合信用证要求。

技能训练

一、训练资料

1. 信用证

MT 700	ISSUE OF A DOCUMENTARY CREDIT
SENDER	HSBC BANK PLC, DUBAI, UAE
RECEIVER	NANTONG CITY COMMERCIAL BANK, NANTONG, JIANGSU, CHINA
SEQUENCE OF TOTAL	27: 1/1
FORM OF DOC. CREDIT	40A: IRREVOCABLE
DOC. CREDIT NUMBER	20: NNN07699
DATE OF ISSUE	31C: 080225
APPLICABLE RULE	40E: UCP LATEST VERSION
DATE AND PLACE OF EXPIRY	31D: DATE 080510 PLACE IN CHINA
APPLICANT	50: SIK TRADING CO., LTD.
	16 TOM STREET, DUBAI, UAE
BENEFICIARY	59: NANTONG JINYUAN IMPORT & EXPORT CO., LTD.
	118XUEYAN STREET, NANTONG, JIANGSU, CHINA

AMOUNT	32B:	CURRENCY USD AMOUNT 54000.00
AVAILABLE WITH/BY	41D:	ANY BANK IN CHINA BY NEGOTIATION
DRAFTS AT	42C:	30 DAYS AFTER SIGHT
DRAWEE	42A:	HSBC BANK PLC, NEW YORK
PARTIAL SHIPMENT	43P:	PROHIBITED
TRANSSHIPMENT	43T:	ALLOWED
PORT OF LOADING/ AIRPORT OF DEPARTURE	44E:	CHINESE MAIN PORT
PORT OF DISCHARGE	44F:	DUBAI, UAE
LATEST DATE OF SHIPMENT	44C:	080425
DESCRIP OF GOODS AND /OR SERVICES	45A:	4500 PIECES OF LADIES JACKET, SHELL: WOVEN TWILL 100% COTTON, LINING: WOVEN 100% POLYESTER, ORDER NO. SIK768, AS PEER S/C NO. NTJY0739

STYLE NO.	QUANTITY	UNIT PRICE	AMOUNT
L357	2250PCS	USD12.00/PCS	USD27000.00
L358	2250PCS	USD12.00/PCS	USD27000.00

AT CIF DUBAI, UAE

DOCUMENTS REQUIRED	46A:	+SIGNED COMMERCIAL INVOICE IN TRIPLICATE.
		+PACKING LIST IN TRIPLICATE.
		+CERTIFICATE OF CHINESE ORIGIN CERTIFIED BY CHAMBER OF COMMERCE OR CCPIT.
		+FULL SET(3/3)OF CLEAN "ON BOARD" OCEAN BILLS OF LADING MADE OUT TO ORDER MARKED FREIGHT PREPAID AND NOTIFY APPLICANT.
		+INSURANCE POLICY/CERTIFICATE IN DUPLICATE ENDORSED IN BLANK FOR 110% INVOICE VALUE, COVERING ALL RISKS OF CIC OF PICC(1/1/1981) INCL WAREHOUSE AND I.O.P. AND SHOWING THE CLAIMING CURRENCY IS THE SAME AS THE CURRENCY OF CREDIT.
		+SHIPPING ADVICE SHOWING THE NAME OF THE CARRYING VESSEL, DATE OF SHIPMENT, MARKS, QUANTITY, NET WEIGHT AND GROSS WEIGHT OF THE SHIPMENT TO APPLICANT WITHIN 3 DAYS AFTER THE DATE OF BILL OF LADING.
ADDITIONAL CONDITION	47A:	+ DOCUMENTS DATED PRIOR TO THE DATE OF THIS CREDIT ARE NOT ACCEPTABLE.
		+ THE NUMBER AND THE DATE OF THIS CREDIT AND THE NAME OF ISSUING BANK MUST BE QUOTED ON ALL DOCUMENTS.

		+ MORE OR LESS 5 PCT OF QUANTITY OF GOODS IS ALLOWED.
		+ TRANSSHIPMENT ALLOWED AT HONGKONG ONLY.
		+ SHORT FORM/CHARTER PARTY/THIRD PARTY BILL OF LADING ARE NOT ACCEPTABLE.
		+ SHIPMENT MUST BE EFFECTED BY 1×40' FULL CONTAINER LOAD. B/L TO SHOW EVIDENCER OF THIS EFFECT IS REQUIRED.
		+ THE GOODS SHIPPED ARE NEITHER ISRAELI ORIGIN NOR DO THEY CONTAIN ISRAELI MATERIALS NOR ARE THEY EXPORTED FROM ISRAEL, BENEFICIARY'S CERTIFICATE TO THIS EFFECT IS REQUIRED.
		+ ALL PRESENTATIONS CONTAINING DISCREPANCIES WILL ATTRACT A DISCREPANCY FEE OF USD60.00 PLUS TELEX COSTS OR OTHER CURRENCY EQUIVALENT. THIS CHARGE WILL BE DEDUCTED FROM THE BILL AMOUNT WHETHER OR NOT WE ELECT TO CONSULT THE APPLICANT FOR A WAIVER.
CHARGES	71B:	ALL CHARGES AND COMMISSIONS OUTSIDE UAE ARE FOR ACCOUNT OF BENEFICIARY EXCLUDING REIMBURSING FEE.
PERIOD FOR	48:	WITHIN 15 DAYS AFTER THE DATE OF SHIPMENT, BUT WITHIN THE VALIDITY OF THIS CREDIT.
CONFIRMATION INSTRUCTION	49:	WITHOUT
REIMBURSING BANK	53A:	HSBC BANK PLC, NEW YORK
INFORMATION TO PRESENTING BANK	78:	ALL DOCUMENTS ARE TO BE REMITTED IN ONE LOT BY COURIER TO HSBC BANK PLC, TRADE SERVICES, DUBAI BRANCH, P O BOX 66, HSBC BANK BULIDING 312/45 A1 SQUARE ROAD, DUBAI, UAE.

2. 信用证项下的单据

(1) 商业发票。

\multicolumn{5}{c}{NANTONG JINYUAN IMPORT & EXPORT CO., LTD.}				
\multicolumn{5}{c}{118XUEYAN STREET, NANTONG, JIANGSU, CHINA}				
\multicolumn{5}{c}{COMMERCIAL INVOCIE}				
To	SIL TRADING CO., LTD. 16 TOM STREET, DUBAI, UAE		Invoice No.	NT08018
			Invoice Date	APR. 11, 2008
			S/C No.	NTJY0739
			S/C Date	FEB. 15, 2008
From	SHANGHAI, CHINA	To	DUBAI, UAE	
L/C No.	NNN07699	Issued By	HSBC BANK PLC, DUBAI, UAE	
Date of Issue	FEB. 25, 2008			
Marks and Numbers	Number and kind of pkg Description of goods	Qty (PCS)	Unit Price	Amount
SIK NTJY0739 L357/L358 DUBAI, UAE C/NO.:1-502	LADIES JACKET SHELL: WOVEN TWILL 100% COTTON, LINING: WOVEN 100% POLYESTER, ORDER NO. SIK768 STYLE NO. L357 STYLE NO. L358 PACKED IN 9 PCS/CTN. TOTALLY FIVE HUN- DRED AND TWO CAR- TONS ONLY.	2250 2268	CIF DUBAI, UAE USD12.00 USD12.00	 USD27000.00 USD27216.00
	TOTAL:	4518		USD54216.00
SAY TOTAL	U.S DOLLARS FIFTY FOUR THOUSAND TWO HUNDRED AND SIXTY ONLY.			
			NANTONG JINYUAN IMPORT & EXPORT CO., LTD. 王立	

(2)装箱单。

	NANTONG JINYUAN IMPORT & EXPORT CO., LTD. 118XUEYAN STREET, NANTONG, JIANGSU, CHINA PACKING LIST						
To	SIL TRADING CO., LTD. 16 TOM STREET, DUBAI, UAE		Invoice No.		NT08018		
			Invocie Date		APR. 11, 2008		
			S/C No.		NTJY0739		
			S/C Date		FEB. 15, 2008		
From	SHANGHAI, CHINA	To	DUBAI, UAE				
Marks and Numbers	Number and kind of pkg Description of goods	QTY (PCS)	PACKAGE CTNS	G. W KGS	N. W KGS	MEAS. M³	
SIK NTJY0739 L357/L35 DUBAI, UAE C/NO.: 1-502	LADIES JACKET STYLE NO. L357 STYLE NO. L358 PACKED IN 9 PCS/CTN. SHIPPED IN 1X40'FCL	2250 2268	250 252	2500 2520	2250 2268	29.363 29.597	
	TOTAL:	4518	502	5020	4518	58.96	
SAY TOTAL	FIVE HUNDRED AND TWO CARTONS ONLY.						

(3)一般原产地证。

ORIGINAL	
1. Exporter	Cerfticate No. CCPIT051921964
NANTONG JINYUAN IMPORT & EXPORT CO., LTD. 118, XUEYAN STREET, NANTONG, JIANGSU, CHINA	CERTIFICATE OF ORIGIN OF THE PEOPLE'S REPUBILC OF CHINA
2. Consignee	
SIK TRADING CO., LTD. 16 TOM STREET, DUBAI, UAE	
3. Means of transport and route	5. For certifying authority use only
SHIPPED FROM SHANGHAI TO DUBAI, UAE BY SEA	
4. Country/ region of destination	
UAE	

6. Marks and numbers	7. Number and kind of pkgs; Description of goods	8. H. S. Code	9. Quantity	10. Number and date of invoice
SIK NTJY0739 L357/L358 DUBAI, UAE C/NO. :1—502	FIVE HUNDRED AND TWO(502) CARTONS OF LADIES JACKETS AS PER L/C NO. NNN07699 L/C DATE:FEB. 25,2008 NAME OF ISSUINGBANK: HSBC BANK PLC, DUBAI, UAE	6204320090	4518PCS	NT08018 APR. 11,2008

11. Declaration by the exporter	12. Certification
The undersigned hereby declares that the above details and statements are correct, that all the goods were produced in China and that they comply with the Rules of Origin of the People's Republic of China. NANTONG JINYUAN IMPORT & EXPORT CO. ,LTD 李立	It is certified that the declaration by the exporter is correct. CHINA COUNTIL FOR THE PROMOTION OF INTERNATIONAL TRADE (NANTONG) 江通海
NANTONG APR. 11,2008	NANTONG, APR. 11,2008
Place and date, signature and stamp of authorized signature	Place and date, signature and stamp of certifying authority

(4)装运通知。

NANTONG JINYUAN IMPORT & EXPORT CO. , LTD.			
118XUEYAN STREET, NANTONG, JIANGSU,CHINA			
SHIPPING ADVICE			
TO:	SIK TRADING CO. , LTD. 16 TOM STREET, LONDON,UK	ISSUE DATE	APR. 18,2008
		S/C NO.	NTJY0739
		L/C NO.	NNN07699
		L/C DATE	FEB. 25,2008
		NAME OF ISSUING BANK	HSBC BANK PLC, DUBAI, UAE
Dears Sir or Madam, We are glad to advice you that the following mentioned goods have been shipped out, full details were shown as follows:			
Invoice Number:	NT08018		
Bill of Lading Number:	2651		

Ocean Vessel：	QING YUN HE. VOY. NO. 132
Port of Loading：	SHANGHAI
Date of Shipment：	APR. 17, 2008
Port of Destination：	DUBAI, UAE
Estimated Date of Arrival：	MAY. 4, 2008
Containers/Seals Number：	GATU8585677/3320999
Description of Goods：	LADIES JACKET
SHIPPING MARKS：	SIK NTJY0739 L357/L358 DUBAI, UAE C/NO. :1-502
QUANTITY：	4518PCS
GROSS WEIGHT：	5020KGS
NET WEIGHT：	4515KGS
TOTAL VALUE：	USD54216.00

Thanks you for patronage. We look forward to the pleasure of receiving your valuable repeat orders.
Sincerely yours,

NANTONG JINYUAN IMPORT & EXPORT CO., LTD
王立

(5) 受益人证明。

NANTONG JINYUAN IMPORT & EXPORT CO., LTD. 118XUEYAN STREET, NANTONG, JIANGSU, CHINA			
BENEFICIARY'S CERTIFICATE			
To	WHOM IT MAY CONCERN	Incoice No.	NT08018
		Date	APR. 17, 2008

WE HEREBY CERTIFY THAT THE GOODS SHIPPED ARE NEITHER ISRAELI ORIGIN NOR DO THEY CONTAIN ISRAELI MATERALS NOR THEY EXPORTED FROM ISRAEL.

L/C NO.：NNN07699
L/C DATE：FEB. 25, 2008
NAME OF ISSUING BANK：HSBC BANKPLC, DUBAI, UAE

NANTONG JINYUAN IMPORT & EXPORT CO., LTD
王立

(6)汇票。

		BILL OF EXCHANGE			
凭 Drawn Under		HSBC BANK PLC, DUBAI, UAE	不可撤销信用证 Irrevocable L/C No.		NNN07699
日期 Date	FEB. 25, 2008	支取 Payable With interest		@ %按 息 付款	
号码 No.	NT08018	汇票金额 Exchange for	USD54216.00	南通 Nantong	APR. 21, 2008
	见票 AT	***	日后(本 汇 票 之 副 本 未 付)付 交 sight of this FIRST of Exchange(Second of ex Change		
being Unpaid)Pay to the Order of			BANK OF CHINA NANTONG BR		
金额 the Sum of		SAY U. S. DOLLARS FIFTY FOUR THOUSAND TWO HUNDRED AND SIXTEEN ONLY.			
此致 TO	HSBC BANK PLC, NEW YORK		NANTONG JINYUAN IMPORT & EXPORT CO., LTD 王立		

(7)海运提单。

Shipper Insert Name, Address and Phone NANTONG JINYUAN IMPORT&EXPORT, CO., LTD. 118, XUEYAN STREET, NANTONG, JIANGSU, CHINA			B/L NO. 2651 中远集装箱运输 有限公司 COSCO CONTAINER LINES TLX:33057 COSCO CN FAX:0086(021)6545 8984 ORIGINAL Port-to-Port BILL OF LADING Shipped on board and condition except as other....	
Consignee Insert Name, Address and Phone TO ORDER					
Notify Party Insert Name, Address and Phone SIK TRADING CO., LTD. 16 TOM STREET, DUBAI, UAE					
Ocean Vessel Voy, NO. QING YUN HE, VOY. NO. 1325	Port of Loading SHANGHAI			
Port of Discharge DUBAI, UAE	Port of Destination			
Marks & Nos. Container/ Seal No.	No. of Containers Or Package	Description of goods	G. W	Means.
SIK NTJY0739 L357/L358 DUBAI, UAE C/NO.:1—502	502CARTONS 1×40'FCL	LADIES JACKET L/C NO. NNN07699 DATE:FEB. 28, 2008 NAME OF ISSUING BANK HSBC BANK PLC, DUBAI UAE	4518KGS FREIGHT COLLECT	58.96M3
Description of Contents for Shipper's Use Only(Not part of This B/L Contract)				
Total Number of containers and /or packages(in words): FIVE HUNDRED AND TWO CARTONS ONLY.				
Ex Rate:	Prepaid at SHANGHAI	Payable at		Place and date of issue SHANGHAI APR. 17, 2008
	Total Prepaid	No. of Original B/L THREE(3)		Signed for the Carrier COSCO CONTAINER LINES 张一

(8)保险单。

中国大地财产保险股份有限公司
China Contient Property & Casualty Insurance Company Ltd.
货物运输保险单
CARGO TRANSPORTATION INSURANCE POLICY

发票号(INVOICE NO.) NT08018　　　　　保单号次(POLICY NO.) BJ123456
合同号(CONTRACT NO.) NTJY0739
信用证号(L/C NO.) NNN07699
被保险人(INSURED) NANTONG JINYUAN IMPORT & EXPORT CO., LTD.

中国大地财产保险股份有限公司(以下简称本公司)根据被保险人的要求,由被保险人向本公司缴付约定的保险费,按照本保险单承保险别和背面所载条款与下列特款承保下述货物运输保险,特立本保险单。
THIS POLICY OF INSURANCE WITNESSES THAT CHINA CONTINENT PROPERTY & CASUALTY INSURANCE COMPANY LTD. OF CHINA (HEREIN AFTER CALLED "THE COMPANY") AT THE REQUEST OF THE INSURED AND IN CONSIDERATION OF THE AGREED PREMIUM PAID TO THE COMPANY BY THE INSUSRED, UNDERTAKES TO INSURE THE UNDERMENTIONED GOODS IN TRANSPORTATION SUBJECT TO THE CONDITIONS OF THIS POLICY AS PER THE CLAUSES PRINTED OVERLEAF AND OTHER SPECIAL CLAUSES ATTACHED HEREON.

标记 MARKS & NOS	包装及数量 QUANTITY	保险货物项目 DESCRIPTION OF GOODS	保险金额 AMOUNT INSURED
AS PER INVOCIE NO. NT08018	502CTNS	LADIES JACKET THE DATE OF L/C: FEB. 25, 2008 THE NAME OF ISSUING BANK: HSBC BANK PLC, DUBAI, UAE	USD54216.00
总保险金额 TOTAL AMOUNT INSURED:		SAY U.S. DOLLARS FIFTY FOUR THOUSAND TWO HUNDRED AND SIXTEEN ONLY.	

保费: PERMIUM	AS ARRANGED	起运日期 DATE OF COMMENCEMENT	APR. 17, 2008	装载运输工具 PER CONVEYANCE	QING YUN HE, VOY. NO. 132S
自 FROM	SHANGHAI	经 VIA	***	至 TO	DUBAI, UAE

承保险别 CONDITIONS
COVERING ALL RISKS OF CIC OF PICC (1/1/1981) INCL. WAREHOUSE TO WAREHOUSE AND I.O.P

第九章 开证行审核信用证项下单据——任务七

所保货物,如发生保险单项下可能引起索赔的损失或损坏,应立即通知本公司下述代理人勘查。如有索赔,应向本公司提交保单正本(本保险单共有2份正本)及有关文件。如一份正本已用于索赔,其余正本自动失效。
IN THE EVENT OF LOSS OR DAMAGE WHICH MAY RESULT IN A CLAIM UNDER THIS POLICY, IMMEDIATE NOTICE MUST BE GIVEN TO THE COMPANY'S AGENT AS MENTIONED HEREUNDER. CLAIMS, IF ANY, ONE OF THE ORIGINAL POLICY WHICH HAS BEEN ISSUED IN TWO ORIGINAL(s) TOGETHER WITH THE RELEVANT DOCUMENTS SHALL BE SURRENDERED TO THE COMPANY. IF ONE OF THE ORIGINAL POLICY HAS BEEN ACCOMPLISHED, THE OTHERS TO BE VOID.

赔款偿付地点 CLAIM PAYABLE AT	DUBAI IN USD	中国大地财产保险股份有限公司 China Contient Property & Casualty Insurance Company Ltd. 杨菲
出单日期 APR. 18, 2008	ISSUE OF DATE	(Authorized Signature)

二、请根据上述信用证和 UCP600 审核上述出口单据,找出不符点

经审核,单据中存在如下不符点:

1.

2.

3.

4.

5.

应知练习

一、单选题

1. 开证行应自收到受益人单据的翌日起(　　)个工作日内,完成付款或发出拒付电。
A. 5　　B. 7　　C. 21　　D. 15

2. 以下不能作为开证行审核受益人单据的依据的是(　　)。
A. 进口合同　　B. 信用证　　C. UCP600　　D. ISBP681

3. 以下不是由受益人出具的单据是（　　）。

　　A. 发票　　B. 汇票　　C. 保险单　　D. 受益人证明

4. 以下哪个表述是不正确的是（　　）。

　　A. "在……后的 2 日内"（within 2 days after）表明的是从事件发生之日起至事件发生后两日的这一段时间。

　　B. "不迟于在……后的 2 日"（not later than 2 days after）表明的不是一段时间，而是最迟日期。

　　C. "至少早于……的前 2 日"（at least 2 days before）表明的是一件事情的发生不得晚于某一事件的前两日。该事件最早何时可以发生则没有限制。

　　D. "在……的 2 日内"表明的是在某一事件发生之前的两日至发生之后的两日之间的一段时间。

　　E. 以上都不正确。

二、多选题

1. 开证行的拒付通知必须表明（　　）。

　　A. 银行拒绝承付或议付

　　B. 银行拒绝承付或者议付所依据的每一个不符点

　　C. 银行留存单据听候交单人的进一步指示

　　D. 银行将退回单据

2. 下列（　　）必须有签字。

　　A. 汇票　　B. 提单　　C. 保险单　　D. 发票

3. 下列（　　）必须注明日期。

　　A. 汇票　　B. 提单　　C. 保险单　　D. 装箱单

4. 以下由受益人出具的单据包括是（　　）。

　　A. 发票　　B. 汇票　　C. 保险单　　D. 受益人证明

5. 根据 ISBP681，签字的形式有（　　）。

　　A. 摹本签字　　B. 打孔签字　　C. 印章、符号（例如戳记）　　D. 手签

三、判断题

1. 即使信用证没有明确要求，汇票、运输单据和保险单据也必须注明日期。（　　）

2. 根据 ISBP681，如果拼写及/或打印错误并不影响单词或其所在句子的含义，则不构成单据不符。（　　）

3. 一份单据内使用多种字体、字号或手写，并不意味着是修正或变更。（　　）

4. 单据可以使用信用证规定的名称或相似名称，或不使用名称。（　　）

5. 即使信用证没有要求，汇票、证明和声明自身的性质决定其必须有签字。（　　）

第十章 委托人制作托收申请书——任务八

学习目标

能力目标

根据合同,以委托人(出口商)的身份,准确填制托收申请书

知识目标

1. 熟悉各种跟单托收的操作流程
2. 了解《跟单托收统一规则》(URC522)关于托收的操作规定

任务设计

南通机床进出口公司和日本的T.C公司以信用证方式开展了一段时间的业务后,双方对对方的履约行为和信用情况较为满意。为了节省财务费用,2012年8月20日,双方签订了一份男式夹克的销售合同,决定采用托收方式付款。合同如下(见表10-1):

表10-1 销售合同

SALES CONTRACT

CONTRACT NO.:NT2012082001
DATE:AUG.20,2012
SIGNED AT:NANTONG,JIANGSU,CHINA

THE SELLER:NANTONG TOOL IMPORT & EXPORT CO.,LTD
ADDRESS:58,HAONAN ROAD NANTONG,JIANGSU,CHINA
THE BUYER:TKAMLA CORPORATION
ADDRESS:6-7,KAWARA MACH TOKYO,JAPAN

THIS CONTRACT IS MADE BY AND BETWEEN THE SELLER AND THE BUYER,WHEREBY THE SELLER AGREES TO SELL AND THE BUYER AGREES TO BUY THE UNDER-MENTIONED GOODS ACCORDING TO THE CONDITIONS STIPULATED BELOW:

(1) Name of Commodity and Specification	(2) Quantity	(3) Unit Price	(4) Amount
MEN'S 100% COTTON WOVEN SHIRTS	2000pcs	FOB NANTONG USD25.00	USD50000.00

续表 10-1

```
TERMS OF PAYMENT:D/A AT 60 DAYS SIGHT FOR FULL INVOICE VALUE
DOCUMENTS:SIGNED COMMERCIAL INVOICE IN 3 FOLDS
         CLEAN ON BOARD OCEAN BILLS OF LADING 3 ORIGINALS AND 2 COPIES
         CERTIFICATE OF ORIGIN IN 2 FOLDS
         PACKING LIST IN 3 FOLDS
LATEST DATE OF SHIPMENT:SEP. 25,2012
COLLECTING BANK:
BANK OF TOKYO MITSUBISHI UFJ LTD.
1-5-2 HONGOKU-CHO NIHONBASHI CHUO-KU TOKYO 103-0021 JAPAN
```

The Seller:	The Buyer:
NANTONG TOOL IMPORT & EXPORT CO.,LTD	TKAMLA CORPORATION
王凡	TOM

2012年9月25日,南通机床进出口公司发货后制作好合同要求的全套单据,其中发票号码为NTTIE120920001,发票金额为USD50000.00。为了通过开户行中国银行崇川支行托收货款,业务员王凡需要完成如下任务:

根据合同,制作托收申请书(见表10-2)。

表10-2 托收申请书

中 国 银 行
BANK OF CHINA
跟 单 托 收 申 请 书
Application for Documentary Collection

(1)TO:BANK OF CHINA	(2)DATE _____
We enclose the following draft(s)/documents as-specified hereunder which please collect in accordance with the instructions indicated herein. This collection is subject to URC522.	(3)Collecting Bank(Full name & address)

(4)Drawer(Full name & address)	(6)Tenor		
	(7)Draft/Inv. No.		(8)Amount
(5)Drawee(Full name & address)			

(9)DOCUMENTS

DRAFT	COM INV.	P/L	B/L	N/N B/L	AWB	ORIGN CERT.	INS POL	INSP CERT	CERT	CABLE			

第十章　委托人制作托收申请书——任务八

续表 10-2

(10) SPECIAL INSTRUCTIONS:
□ Please deliver documents against payment/acceptance.
□ All your charges are to be borne by the drawee.
□ In case of a time bill, please advise us of acceptance giving maturity date.
□ In case of dishonor, please do not protest but advise us of non-payment/non-acceptance giving reasons.
□ Please instruct the collecting bank to deliver documents upon receipt of all their banking charges.

(11) 联系人　　　　　　　　电话　　　　　　　　公司盖章

任务描述

托收申请书是委托人和托收行之间的委托代理协议，也是托收行进行该笔业务的依据。委托人应该按照托收申请书的内容，根据提交托收的单据的情况，准确、清楚地填写，签字后同单据一起提交托收行办理托收。在托收行签收后，委托人留存客户联，妥善保管。

操作示范

第一步：根据托收申请书的各项内容，明确填写要求

按照表 10-2 中的数字顺序，解释托收申请书各项内容和填制要求。

(1) 托收行(remitting bank)：托收行是出口商选择的，通常选择出口商的往来银行作为托收行，王凡选择了中国银行南通崇川支行，因此从银行取得印制好的以中国银行为抬头（即托收行）的托收申请书。抬头下面是指示说明："我们随附下述单据/汇票，请根据此指示进行托收。此托收依据 URC522。"

(2) 托收委托书的填制时间：按照实际填写。

(3) 代收行(collecting bank)：出口商在该栏填写国外代收行的名称和地址。一般情况下，代收行由进口商指定，且通常为进口商的开户行，这样有利于代收行直接向付款人提示单据，便于出口方尽早收款。如果不知道进口方的开户行，则可由托收行根据进口商所在城市，选择一家银行作为代收行，但这有可能拖延出口方收汇的时间。因此，实务中，出口方应加强同进口方的沟通，尽量选择进口方的账户行作为代收行。

(4) 出票人(drawer)：出票人为出口方，填写详细的名称、地址、电话等。

(5) 付款人(drawee)：付款人为进口方，填写详细的名称、地址、电话等，以便代收行及时与进口方取得联系。如果进口方的资料填写不详细，容易造成代收行工作困难，使出口商收汇时间延长。

(6) 汇票的期限(tenor)：写明交单方式和期限。此项内容需要同汇票以及合同条款一致。

(7) 汇票/发票号码(draft/inv. no.)：此处填写发票号码。

(8) 金额(amount)：填写大写金额。

(9) 单据(documents)：根据合同对单据的要求，填写提交给托收行的正本和副本单据的名称和数量。表 10-2 中第一行单据从左至右依次为：汇票、商业发票、装箱单、海运提单、海运提单副本、空运单、原产地证、保险单、检验证、证明文件和电报副本。如果还有其他单据，则在空白处添加。第二行填写相应单据的份数。

(10) 特殊指示(special instructions)：此处的指示为托收行给代收行指示的依据。王凡可

以在选中的指示前打上"×"。如果有其他指示,则可以在后面另加。表10-2中列出的几项分别为:

①在付款/承兑后交单。选中后,如果是付款交单就把"承兑"划掉,反之划掉"付款"

②你方所有费用由付款人承担。如果出口方希望进口方不付费用代收行不放单,则应加上"Do not waive"(不得放弃),否则进口方不付费用时,代收行为减少其他损失可以放单。根据托收统一规则(URC522)第20条的规定,若委托人要求托收费用和/或利息不得放弃而付款人拒付时,代收行不交单,并且对于延迟交单造成的任何后果不负责任。

③有远期汇票时,进口方承兑时通知我们,并告知承兑汇票的到日期。

④付款人拒付时不做拒绝证书,通知我们拒绝付款/拒绝承兑,并说明理由。

⑤请指示代收行,在他们收到其银行费用后放单。

⑥其他可以加列的条款。"付款人拒绝付款或拒绝承兑,代收行对货物采取仓储和加保,费用由出口商支付"。尤其采用D/A时,为了减少出口商的风险,可以要求代收行做保付加签,即在付款人已承兑汇票的基础上,再由代收行进行承兑,采用如下的表述方式:"THIS COLLECTION IS ON 'PER AVAL' BASIS, I.E., XXXXX BANK (COLLECTING BANK) GUARANTEE OF PAYMENT AT MATURITY IS ALSO NEEDED BEFORE RELEASING THE DOCS. IF YOU ARE NOT WILLING TO AVALIZE THE ACCEPTED DRAFTS, PLEASE LET US KNOW ASAP."如果代收行同意保付,将在汇票上签署"AVALIZED BY OURSELVES ON BEHALF OF XXXX FOR PAYMENT AT MATURITY UNERE OUR REF: XXX"并签字。

(11)联系人签名并填写电话号码,加盖出口公司章。

第二步:在第一步读懂托收申请书的基础上,按合同内容填写托收申请书

填写好的托收申请书如表10-3所示。

表10-3 托收申请书

中国银行
BANK OF CHINA
跟单托收申请书
Application for Documentary Collection

(1)TO: BANK OF CHINA	(2)DATE SEP. 25, 2012
We enclose the following draft(s)/documents as-specified hereunder which please collect in accordance with the instructions indicated herein. This collection is subject to URC522.	(3)Collecting Bank(Full name & address) BANK OF TOKYO MITSUBISHI UFJ LTD. 1-5-2 HONGOKU-CHO NIHONBASHI CHUO-KU TOKYO 103—0021 JAPAN
(4)Drawer(Full name & address) NANTONG TOOL IMPORT & EXPORT CO., LTD 58, HAONAN ROAD NANTONG, JIANGSU, CHINA	(6)Tenor: D/A AT 60 DAYS SIGHT
	(7)Draft /Inv. No. | (8)Amount

续表 10－3

(5)Drawee(Full name & address) TKAMLA CORPORATION，6-7，KAWARA MACH TOKYO,JAPAN					NTTIE120920001			USD50 000.00			
(9)DOCUMENTS											
DRAFT	COM INV.	P/L	B/L	N/N B/L	AWB	ORIGN CERT.	INS POL	INSP CERT	CERT	CABLE	
2	3	3	3	2		2	2				

(10)SPECIAL INSTRUCTIONS：
■ Please deliver documents against payment/acceptance.
■ All your charges are to be borne by the drawee.
■ In case of a time bill，please advise us of acceptance giving maturity date.
■ In case of dishonor，please do not protest but advise us of non-payment/non-acceptance giving reasons.
■ Please instruct the collecting bank to deliver documents upon receipt of all their banking charges.

(11)联系人：王凡　　电话　0513－xxxxx　　　　　　公司盖章
　　　　　　　　　　　　　　　　　　　　　　　　NANTONG TOOL IMPORT & EXPORT CO.，LTD
　　　　　　　　　　　　　　　　　　　　　　　　　　　　（印　章）

必备知识

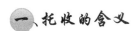

托收(collection)是债权人(出口方)委托银行向债务人(进口方)收取货款的一种结算方式。其基本做法是出口方先行发货，然后备妥包括运输单据(通常是海运提单)在内的货运单据开立汇票/或不开立汇票，把全套单据交出口地银行(托收行)，委托其通过进口地的分行或代理行(代收行)向进口方收取货款。

二、托收的当事人

托收方式的当事人主要有：
(1)委托人(principal)。它是指委托银行办理托收业务的客户，通常是出口人。
(2)托收行(remitting bank)。它是指接受委托人的委托，转托国外银行向国外付款人代为收款的银行，通常为出口地银行。

(3)代收行(collecting bank)。它是指接受托收行的委托向付款人收取票款的进口地银行。代收银行通常是托收银行的国外分行或代理行。

(4)付款人(payer)。它通常是指买卖合同的进口人。在需要提交汇票的情况下,付款人即为汇票的受票人。

在托收业务中,有时还可能涉及另外两个当事人:一是提示行(presenting bank),是指向付款人作出提示汇票和单据的银行。提示银行可以是代收银行委托与付款人有往来账户关系的银行,也可以由代收银行自己兼任提示银行。二是需要时的代理(customer's representative in case-of-need),即委托人指定的在付款地代为照料货物存仓、转售、运回等事宜的代理人。

三、托收的分类

根据是否附带商业单据,托收可分为光票托收和跟单托收。光票托收(clean collection)是指仅凭汇票而不附带商业单据的托收,主要用于向进口人收取货款差额、从属费用及索赔款等。跟单托收(documentary collection)是指金融单据附带商业单据或不用金融单据的商业单据的托收。国际贸易中货款的收取大多采用跟单托收。

在国际贸易中,货款结算使用托收方式时,通常使用跟单托收。在跟单托收情况下,根据交单条件的不同,又可分为付款交单和承兑交单两种。

1. 付款交单

付款交单(documents against payment,D/P)是指出口人的交单是以进口人的付款为条件。即出口人发货后,取得装运单据,委托银行办理托收,并在托收委托书中指示银行,只有在进口人付清货款后,才能把装运单据交给进口人。

按付款时间的不同,付款交单又可分为即期付款交单和远期付款交单两种。

(1)即期付款交单(D/P at sight),是指由出口人通过银行向进口人提示汇票(若有)和货运单据,进口人于见票(或见单)时即须付款。

(2)远期付款交单(D/P after sight),是指由出口人通过银行向进口人提示汇票和货运单据,进口人即在汇票上承兑,并于汇票到期日由代收银行再次向其提示,经付款后从代收行取得单据。在汇票到期付款前,汇票和货运单据由代收行保管。

2. 承兑交单

承兑交单(documents against acceptance,D/A)是指出口人的交单以进口人在汇票上承兑为条件。即出口人在装运货物后开具远期汇票,连同货运单据,通过银行向进口人提示,进口人承兑汇票后,代收银行即将货运单据交给进口人,在汇票到期时,方履行付款义务。承兑交单方式只适用于远期汇票的托收。由于承兑交单是进口人只要在汇票上承兑之后,即可取得货运单据,凭以提取货物。也就是说,出口人已交出了物权凭证,其收款的保障依赖进口人的信用,一旦进口人到期不付款,出口人便会遭到货物与货款全部落空的损失。因此,出口人对接受这种方式,一般采用很慎重的态度。

四、跟单托收的流转程序

即期付款交单、远期付款交单和承兑交单的流转程序基本相似,图10-1以即期付款交单为例,详细分析跟单托收的流程。

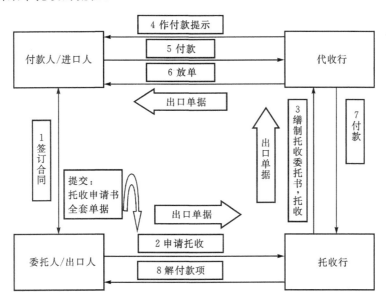

图 10-1 即期付款交单结算程序图

1. 即期付款交单的一般流程

(1)买卖双方签订合同,合同中明确结算方式为即期付款交单。

(2)出口人按照合同规定发货后取得运输单据,连同汇票(若需要)及发票等商业单据,填写托收申请书一并送交托收行,委托代收货款。

(3)托收行根据托收申请书,缮制托收委托书,连同汇票(若有)、单据等寄进口地代收行,委托代收货款。

(4)代收行按照托收委托书的指示,向进口人提示汇票与单据(或仅提示单据)。

(5)进口人审单无误后付款。

(6)代收行交单给进口人。

(7)代收行办理转账并通知托收行款已收妥。

(8)托收行向出口人划拨货款。

在上述流程中,我们可以看到,托收委托书和汇票的传送方向与资金的流动方向相反,所以,托收方式属于逆汇。

2. 远期付款交单的一般流程

远期付款交单和即期付款交单流程的不同点体现在进口人多了一个承兑环节。在代收行向进口人提示单据和汇票后,进口人先承兑汇票,然后承兑过的汇票连同全套单据仍由代收行保管,直至进口人在汇票到期日付款后,代收行才放单给进口人。远期付款交单的结算程序图如图10-2所示。

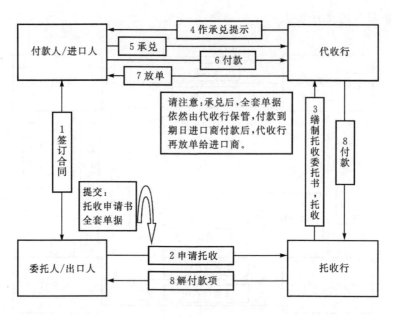

图 10-2　远期付款交单结算程序图

3. 承兑交单的流程

承兑交单的结算程序图如图 10-3 所示。

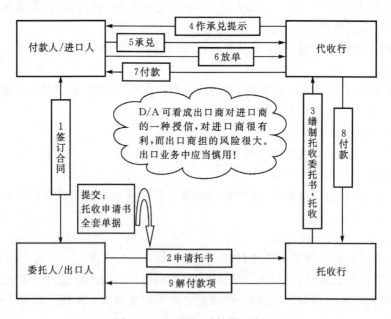

图 10-3　承兑交单结算程序图

远期付款交单和承兑交单的相同点有两个方面：一是全套单据中都含有远期汇票，需要进口商承兑；二是都是远期付款。两者不同点主要有：D/A 进口商承兑后，代收行即放单；D/P 远期进口商承兑后，全套单据仍由代收行保管，等到期日进口商付款后，代收行才放单。

五、托收的特点

1. 托收属于商业信用

银行办理托收业务时,既没有检查货运单据正确与否或是否有完整的义务,也没有承担付款人必须付款的责任。托收虽然是通过银行办理,但银行只是作为出口人的受托人行事,并没有承担付款的责任,进口人不付款与银行无关。出口人向进口人收取货款靠的仍是进口人的商业信用。如果遭到进口人拒绝付款,除非另外有规定,银行没有代管货物的义务,出口人仍然应该关心货物的安全,直到对方付清货款为止。

2. 托收对出口人的风险较大,D/A 比 D/P 的风险更大

跟单托收方式是出口人先发货,后收取货款,因此对出口人来说风险较大。进口人付款靠的是他的商业信誉,如果进口人破产倒闭,丧失付款能力,或货物发运后进口地货物价格下跌,进口人借故拒不付款,或进口人事先没有领到进口许可证,或没有申请到外汇,被禁止进口或无力支付外汇等,出口人不但无法按时收回货款,还可能造成货款两空的损失。尽管如此,在当今国际市场出口日益竞争激烈的情况下,出口人为了推销商品占领市场,有时也不得不采用托收方式。如果对方进口人信誉较好,出口人在国外又有自己的办事机构,则风险可以相对小一些。

3. 托收对进口人比较有利

托收可以免去开证的手续以及预付押金,还有可以预借货物的便利。当然托收对进口人也不是没有一点风险。如进口人付款后才取得货运单据、领取货物,如果发现货物与合同规定不符,或者根本就是假的,也会因此而蒙受损失,但总的来说,托收对进口人比较有利。

拓展知识

一、《托收统一规则》(URC522)简介

国际贸易中各国银行在办理托收业务时,由于当事人各方对权利、义务和责任的解释不同,加上各银行的具体做法也有差异,往往会导致误会、争议和纠纷。为给办理托收业务的各方提供一套可循的共同规则,国际商会于 1967 年拟定《商业单据托收统一规则》,并建议各国银行采用,1978 年制定了《托收统一规则》(Uniform Rules for Collection),1993 年又在广泛听取国际贸易业务人员及其他人士意见的基础上开始着手对原《托收统一规则》进行修订。最终于 1995 年 5 月由国际商会银行委员会一致通过,定名为国际商会第 522 号出版物(ICC Publication No.522),简称"URC522",并决定于 1996 年 1 月 1 日起实施。

它全文分为:总则及定义、托书的方式及结构、提示方式、义务与责任、付款、利息手续费及费用及其他规定等七大部分,共 26 条。以下是该规则所涉及的部分内容。

(1)在托收义务中银行除了检查所收到的单据是否与委托书所列一致外,对单据并无审核的责任。但银行必须按照委托书的指示行事,若无法照办,应立即通知发出委托的一方。

(2)未经代收行事先同意,货物不能直接发给代收行。如未经同意就将货物发给银行或以银行为收货人,该行无义务提取货物,仍由发货人承担货物的风险和责任。

(3)远期付款交单下的委托书,必须指明单据是凭承兑还是凭付款交单。如未指明,银行只能凭付款交单。

(4)银行对任何传递中发生的遗失或差错概不付责任。

(5) 提示行对任何签字的真实性或签字人的权限不负责任。

(6) 托收费用应由付款人或委托人负担。

(7) 委托人应受国外法律和惯例规定的义务和责任的约束,并对银行承担该项义务和责任付赔偿责任。

(8) 汇票如被拒付,托收行应在合理时间内作出进一步处理单据的指示。如提示行发出拒绝通知书后60天内未接到指示,可将单据退回托收行,而提示行不再承担进一步的责任。

由于《托收统一规则》是一项国际惯例,没有强制性,因而只有在当事人先在托收指示书中约定以该规则为准时,才受其约束。倘若指示书的内容与该规则不一致,则应按托收指示书的规定办理。

二、出口商的风险防范措施

托收方式对出口商来说风险较大,因此作为出口商在使用此种方式时,应注意下列问题:

(1) 认真调查和考察进口人的资信情况、经营能力和经营作风,掌握有关商品的市场信息,并根据进口商的具体情况妥善掌握成交金额,确保掌握在进口商的支付能力范围内。

(2) 了解进口国的贸易管制和外汇管制措施。对于贸易管制和外汇管制较严的进口国家不宜使用托收方式,以免货到目的地后,由于不准进口或收不到外汇而造成损失。

(3) 了解进口国的商业惯例,以免由于当地习惯做法影响安全迅速收汇。例如,有些拉美国家的银行,对远期付款交单的托收按当地的法律和习惯,把远期付款交单改为按承兑交单处理,因而会使出口商增加收汇风险,并可能引起争议和纠纷。

(4) 出口合同应争取按CIF或CIP条件成交,由出口商办理货运保险,或投保出口信用险。在不采用CIF或CIP条件时,应投保出口商利益险。

(5) 应严格按合同规定的条款办理出口事宜,以免给进口商拒付或拖延付款找到理由。

(6) 采取托收方式结算时,要建立健全对合同的科学管理和检查制度,定期检查,及时催收清理,发现问题迅速采取措施,以避免或减少可能发生的损失。

技能训练

2012年7月1日,苏州泰山箱包有限公司与美国ORTAI有限公司签订了一份拉杆箱出口的销售合同。发票号码为:TS1207001,金额为USD22422.00。请根据以下合同制作托收申请书。

SALES CONTRACT

CONTRACT NO.: TSSC081005

DATE: Jul. 1, 2012

THE SELLER: SUZHOU TAISHAN SUITCASE & BAG CO., LTD

ADDRESS: 66, ZHONGSHAN ROAD SUZHOU, JIANGSU, CHINA

TEL: 0086-0512-84524788   FAX: 0086-0512-84524788

THE BUYER: ORTAI CO., LTD.

ADDRESS: 30 EAST 40TH STREET, NEW YORK, USA

TEL: 001-212-992-9789   FAX: 001-212-992-9789

(1) Name of Commodity and specification	(2) Quantity	(3) Unit Price	(4) Amount
Trolley Cases		CIF NEW YORK	
Art no. TS503	1104PCS	USD6.50	USD7176.00
Art no. TS504	1149PCS	USD6.00	USD6894.00
Art no. TS505	1440PCS	USD5.80	USD8352.00
Total	3693PCS		USD22422.00

(5) Time of Shipment: Latest Date of Shipment Aug. 25, 2012

(6) Terms of Payment: By D/P AT 30DAYS SIGHT FOR FULL INVOICE VALUE

(7) Documents:
+ Signed commercial invoice in 2 folds
+ Packing list in 2 folds
+ Clean on board marine Bill of Lading 3 originals
+ Certificate of origin in 2 folds
+ Iusunrance policy in 2 folds

COLLECTING BANK: CITY NATIONAL BANK NEW YORK, U.S.A

The Seller:
SUZHOU TAISHAN SUITCASE & BAG CO., LTD
张奇

The Buyer:
ORTAI CO., LTD
Jack Smith

表 10-4 托收申请书

中 国 银 行
BANK OF CHINA
跟 单 托 收 申 请 书
Application for Documentary Collection

(1) TO: BANK OF CHINA   (2) _____

We enclose the following draft(s)/documents as specified hereunder which please collect in accordance with the instructions indicated herein. This collection is subject to URC522.	(3) Collecting Bank (Full name & address)	
(4) Drawer (Full name & address)	(6) Tenor:	
	(7) Draft /Inv. No.	(8) Amount
(5) Drawee (Full name & address)		

续表 10-4

(9)DOCUMENTS												
DRAFT	COM INV.	P/L	B/L	N/N B/L	AWB	ORIGN CERT.	INS POL	INSP CERT	CERT	CABLE		

(10)SPECIAL INSTRUCTIONS：
☐ Please deliver documents against payment/acceptance.
☐ All your charges are to be borne by the drawee.
☐ In case of a time bill, please advise us of acceptance giving maturity date.
☐ In case of dishonor, please do not protest but advise us of non-payment/non-acceptance giving reasons.
☐ Please instruct the collecting bank to deliver documents upon receipt of all their banking charges.

(11)联系人　　　　　　　　电话　　　　　　　　公司盖章

应知练习

一、单选题

1. D/P AT SIGHT 是（　　）。
 A. 承兑交单　　B. 远期付款交单　　C. 付款交单　　D. 即期付款交单

2. 下列托收方式中，对出口商最有利的是（　　）。
 A. D/P　　B. D/P AFTER SIGHT　　C. D/P AT SIGHT　　D. D/A

3. 托收业务中的 PRICIPAL 是指（　　）。
 A. 托收行　　B. 代收行　　C. 卖方　　D. 买方

4. 代收行的责任之一是（　　）。
 A. 审核单据的内容　　　　　　B. 执行托收行指示
 C. 服从付款人指示　　　　　　D. 保证付款人付款

5. 国际商会针对托收业务制定的出版物名称简称为（　　）。
 A. URR 525　　B. URDG 458　　C. ISP 98　　D. URC 522

6. 承兑交单方式下开立的汇票是：（　　）。
 A. 即期汇票　　B. 远期汇票　　C. 银行汇票　　D. 银行承兑汇票

7. 托收是一种：（　　）。
 A. 顺汇方式　　　　　　　　B. 保证出口商能得到付款的方法
 C. 商业信用的支付方式　　　D. 进口商向出口商提供融资的付款方式

二、多选题

1. 下列款项的收取中，一般使用光票托收的是（　　）。
 A. 汇款　　B. 货款的尾数　　C. 佣金　　D. 保险费

2.托收汇票的收款人可以是( )。
A.出票人　　B.付款人　　C.托收行　　D.代收行

3.托收项下汇票的抬头人若为出口商,则汇票应由( )背书。
A.出口商　　B.进口商　　C.代收行　　D.托收行

4.下列关于托收指示的说法,正确的是( )。
A.是托收行根据托收申请书制定的　　B.也称为托收面函
C.是代收行进行代收业务的依据　　D.其核心是收款指示

5.在托收业务中,出口商为避免风险,最好( )。
A.充分了解进口商的资信情况和经营作风
B.在进口地尽可能有需要时的代理,以便拒付时尽快处理单据或货物
C.严格按照合同规定装运货物、制作单据
D.争取以CIF或CIP等术语成交,由出口方自行办理出口货运险

三、判断题

1.托收业务中有两地两家银行参与,故托收业务属于银行信用。( )

2.在采取托收方式结算时,如发现进口商财务状况恶化,应采取承兑交单方式。( )

3.出口商采用D/A30天比采用D/P30天承担的风险要大。( )

4.根据国际商会托收统一规则第522号规定,未经银行先同意,货物不能直接发给银行,也不能以银行为收货人。否则,由发货人自行承担货物的风险和责任。( )

5.接受委托人的委托,转托国外银行代为收款的银行被称为代收行。( )

6.托收是商业信用,所用汇票是商业汇票,信用证是银行信用,所用汇票是银行汇票。( )

第十一章 托收行制作托收指示——任务九

学习目标

能力目标
以托收行的身份,根据托收申请书制作托收面函

知识目标
了解在托收业务中,托收行的权利和义务

任务设计

2012年9月25日,王凡把托收申请书交到中国银行南通崇川支行国际结算部,业务员赵俊接受了托收申请书和随附单据,并于当日办理这笔出口托收业务。赵俊需要完成以下任务:

(1)检查托收申请书的记载和所附单据,确认一致后签收。

(2)根据托收申请书,缮制托收指示(见表11-1)。

相关信息如下:

托收指示(托收面函)编号为:OC092001;托收行在代收行开立账户,账号为12344321。

表11-1 托收指示

BANK OF CHINA NANTONG BRANCH

COLLECTION INSTURCTION

(1)YEAR-MONTH-DAY
WHEN CORRESPONDING
(2)PLEASE QUOTE OUR REF NO.

(3)MAIL TO(COLLECTING BANK)	

Dear Sirs,
We enclose the following draft(s)/documents as specified hereunder which please collect in accordance with the instructions indicated herein.

(4)DRAWER:	(5)PRESENTING BANK:
(6)DELIVER DOCUMENTS AGAINST: DUE DATE/TENOR: MATURITY DATE:	(7)DRAWEE:
(8)DRAWER'S REF NO.:	(9)COLL AMT:
	(9)OUR CHG:
	(9)CLAIM AMT:

续表 11-1

(10)DOCUMENTS:							

(11)SPECIAL INSTRUCTIONS
☐Please acknowledge receipt of this Collection Order.
☐All your charges are to be borne by the drawees.
☐In case terms of delivery of documents is D/A,please advise us of acceptance giving maturity date.
☐In case of dishonor, please do not protest but advise us of non-payment/non-acceptance by cable giving reasons.

(12)DISPOSAL OF PROCEEDS UPON COLLECTION:

(13)REMARKS:

(14)Authorized signature

Unless otherwise specified the Collection is subject
To Uniform Rules for Collections(ICC Publication No.522)

ADDRESS:19QINGNIAN WEST ROAD,NANTONG, SWIFT CODE:BKCHCNBJ95G
JIANGSU,CHINA TEL:0513-3516888

任务描述

根据托收申请书,缮制托收指示,是托收结算方式中托收行的主要职责。此外,贸易实务中托收行通常对托收单据的关键环节进行审核,帮助委托人把关单据质量,方便委托人安全收汇。应委托人的要求,在代收行的选择上也可以提供参考意见。

操作示范

第一步:检查托收申请书的记载和所附单据是否一致

核查托收申请书的记载和所附单据是否一致,是托收行的义务。中国银行南通崇川支行的业务员赵俊核查了南通机床进出口公司王凡送来的托收申请书和随附单据,两者一致,全套单据包括汇票两份、发票三份、装箱单三份、正本提单三份、副本提单两份、产地证两份。核查完后,赵俊在一式两份的托收申请书签字后,一份退给王凡,另一份银行保存。

第二步:根据任务八中的托收申请书制作托收指示(托收面函)

托收指示是托收行寄送托收单据给代收行的面函。托收行必须根据委托人的托收申请书的内容制作托收指示,托收指示是代收行办理托收业务的唯一标准。如果托收行制作的指示内容与申请书不符,将由托收行承担责任。

下面根据托收申请书表10-3的要求,依次填写托收指示中的内容。

(1)托收指示发送的时间:2012年9月25日。

(2)业务参考号:业务参考号是托收行根据托收业务编的一个流水号,本笔业务的参考号为OC092001。

(3)邮寄至:填写代收行的名称地址。

(4)出票人(委托人):填写出口方。

(5)提示行:是否需要提示行,由代收行根据具体情况确定。如果代收行同进口人之间无账户关系,代收货款不方便,代收行可以指定同进口人有账户关系的另一家银行作为提示行。托收行此处无需填写。

(6)交单条件/期限/到期日:交单条件包括D/P AT SIGHT、D/P AFTER SHGHT和D/A。期限和到期日针对D/P AFTER SHGHT和D/A而言,这一栏根据申请书填写。

(7)付款人:填写进口人。

(8)出票人的参考号:填写出口方的汇票号(也即发票号)。

(9)托收的金额/托收行的费用/索偿的金额:通常情况下,托收行的相关费用由出口人承担,因此托收的金额即为索偿的金额。

(10)单据:根据托收申请书填写。

(11)特别指示:这里的特别指示有四条,解释如下:①收到托收后请(向我们)确认;②你方所有费用由付款人承担;③如果是承兑交单,进口方承兑时通知我们,并告知承兑汇票的到期日;④付款人拒付时不做拒绝证书,通知我们拒绝付款/拒绝承兑,并说明理由。本案中,这四项都选择。

(12)托收后的货款处理(指示):货款处理指示有三种情况,具体参见拓展知识。

(13)备注:其他指示。根据需要填写。如在这里说明本托收是按照URC522执行的。

(14)托收行的签字。此处盖上托收行的业务专用章。

填制好的托收指示见表11-2。

表11-2 托收指示

BANK OF CHINA　NANTONG BRANCH

COLLECTION INSTURCTION

SEP. 25,2012

(1)YEAR-MONTH-DAY

WHEN CORRESPONDING

(2)PLEASE QUOTE OUR REF NO.　OC092001

(3)MAIL TO:(COLLECTING BANK)

BANK OF TOKYO MITSUBISHI UFJ LTD.

1-5-2 HONGOKU-CHO NIHONBASHI CHUO-KU TOKYO 103-0021 JAPAN

续表 11-2

Dear Sirs,

We enclose the following draft(s)/documents as specified hereunder which please collect in accordance with the instructions indicated herein.

(4)DRAWER: NANTONG TOOL IMPORT & EXPORT CO.,LTD 58,HAONAN ROAD NANTONG ,JIANGSU,CHINA	(5)PRESENTING BANK:	
(6)DELIVER DOCUMENTS AGAINST: D/A DUE DATE/TENOR: 60 DAYS MATURITY DATE:	(7)DRAWEE: TKAMLA CORPORATION, 6-7,KAWARA MACH TOKYO,JAPAN	
(8)DRAWER'S REF NO. NTTIE120920001	(9)COLL AMT:USD50,000.00
	(9)OUR CHG: USD0.00
	(9)CLAIM AMT:USD50,000.00

(10)DOCUMENTS:

DRAFT	COM INV	P/L	B/L	N/N B/L	ORIGN CERT	
2	3	3	3	2	2	

(11)SPECIAL INSTRUCTIONS

■Please acknowledge receipt of this Collection Order.

■All your charges are to be borne by the drawees.

■In case terms of delivery of documents is D/A, please advise us of acceptance giving maturity date.

■In case of dishonour, please do not protest but advise us of non-payment/non-acceptance by cable giving reasons.

(12)DISPOSAL OF PREOCEEDS UPON COLLECTION:

PLEASE PAY THE TOTAL AMOUNT TO BANK OF CHINA NEW YORK BRANCH FOR CREDIT TO OUR HEAD OFFICE ACCOUNT WITH THEM UNDER ADVICE TO US QUOTING OUR REFERENCE NUMBER MENTIONED ABOVE

(13)REMARKS:

yours faithfully,

For BANK OF CHINA

NANTONG BRANCH

(14)Authorized signature

Unless otherwise specified the Collection is subject
To Uniform Rules for Collections(ICC Publication No. 522)

必备知识

一、URC522 对托收指示的规定

《托收统一规则》第 4 条规定：

(1)所有托收的单据必须附有一项托收指示，注明该项托收将遵循 URC522 并且列出完整和明确的指示。银行只准许根据该托收指示中的命令和本规则行事。银行将不会为了取得指示而审核单据；除非托收指示中另有授权，银行将不理会来自除了其所收到托收的有关人/银行以外的任何有关人/银行的任何指令。

(2)托收指示应当包括下述适宜的各项内容：①收到该项托收的银行详情，包括全称、邮政、SWIFT 地址、电传、电话、传真号码和编号；②委托人的详情，包括全称、邮政地址或者办理提示的场所以及电传、电话和传真号码；③付款人的详情，包括全称、邮政地址或者办理提示的场所以及电传、电话和传真号码；④提示银行（如有的话）的详情，包括全称、邮政地址以及，如果有的话，电传和传真号码；⑤待托收的金额和货币；⑥所附单据清单和每份单据的份数；⑦凭以取得付款和/或承兑、条件、条款和凭以交付单据的条件（付款和/或承兑以及其他条件和条款），缮制托收指示的有关方应有责任清楚无误地说明，确保单据交付的条件，否则的话，银行对此所产生的任何后果将不承担责任；⑧待收取的手续费，指明是否可以放弃；⑨待收取的利息，如果有的话，指明是否可以放弃，包括利率、计息期、适用的计算期基数（如一年按 360 天还是 365 天）；⑩付款方法和付款通知的形式；⑪发生不付款、不承兑和/或与其他批示不相符时的指示。

(3)托收指示应载明付款人或将要办理提示场所的完整地址。如果地址不全或有错误，代收银行可尽力去查明恰当的地址，但其本身并无义务和责任。代收银行对因所提供地址不全或有误所造成的任何延误将不承担责任或对其负责。

二、URC522 对托收行权利义务的规定

URC522 中关于托收行的权利义务的规定主要体现在第 5 条、11 条、13 条和 15 条。

(1)提示。为了使委托人的指示得以实现，托收行将以委托人所指定的银行作为代收行。在未指定代收行时，托收行将使用其自身的任何银行或者在付款或承兑的国家中的银行，或在必须遵守其他条件的国家中选择另外的银行。

(2)受托行为的免责。受托行为的免责包括以下两方面：①为使委托人的指示得以实现，银行使用另一银行或其他银行的服务是代该委托人办理的，因此，其风险由委托人承担；②即使银行主动地选择了其他银行办理业务，如该行所转递的指示未被执行，该行不承担责任或对其负责。

(3)对单据有效性的免责。银行对任何单据的格式、完整性、准确性、真实性、虚假性或其法律效力，或对在单据中载明或在其上附加的一般性和/或特殊性的条款不承担责任或对其负责；银行也不对任何单据所表示的货物的描述、数量、重量、质量、状况、包装、交货、价值或存在，或对货物的发运人、承运人、运输行、收货人和保险人或其他任何人的诚信或行为和/或疏忽、清偿力、业绩或信誉承担责任或对其负责。

(4)不可抗力。银行对由于天灾、暴动、骚乱、战争或银行本身不能控制的任何其他原因、任何罢工或停工而使银行营业中断所产生的后果不承担责任或对其负责。

拓展知识

托收指示中付款指示有三种情况。

(1)托收行在代收行开有账户。出口托收指示中的收款指示举例如下:

When collected please credit our account with you under your advice to us quoting our reference no..(收妥款项,请贷记我方在你行的账户,并通知我行,通知中注明我行参考号。)

(2)代收行在托收行开有账户。出口托收指示中的收款指示举例如下:

Please collect the proceeds and authorize us by advice to debit your account with us.(请代收款项并通知我行借记你行在我行的账户。)

(3)托收行与代收行之未开立账户,托收行在国外第三家银行(A银行)开立账户。出口托收指示中的收款指示举例如下:

Please collect and remit the proceeds to A BANK for credit to our account with them under their advice to us quoting our reference no..(请代收款项并将款项汇至 A 银行贷记我行在该行的账户,并请该行通知我行,通知中注明我行参考号。)

技能训练

根据任务八中的托收申请书表 10-4,制作托收面函,见表 11-3。

表 11-3 托收面函

BANK OF CHINA   NANTONG BRANCH

COLLECTION INSTURCTION

(1)YEAR-MONTH-DAY

WHEN CORRESPONDING
(2)PLEASE QUOTE OUR REF NO.

(3)MAIL TO:(COLLECTING BANK)

Dear Sirs,

We enclose the following draft(s)/documents as specified hereunder which please collect in accordance with the instructions indicated herein.

(4)DRAWER:	(5)PRESENTING BANK:
(6)DELIVER DOCUMENTS AGAINST: DUE DATE/TENOR: MATURITY DATE:	(7)DRAWEE:

(8) DRAWER'S REF NO.	(9) COLL AMT：
	(9) OUR CHG：
	(9) CLAIM AMT：

(10) DOCUMENTS：

(11) SPECIAL INSTRUCTIONS

☐ Please acknowledge receipt of this Collection Order.
☐ All your charges are to be borne by the drawees.
☐ In case terms of delivery of documents is D/A, please advise us of acceptance giving maturity date.
☐ In case of dishonor, please do not protest but advise us of non-payment/non-acceptance by cable giving reasons.

(12) DISPOSAL OF PROCEEDS UPON COLLECTION：

(13) REMARKS：

(14) Authorized signature

Unless otherwise specified the Collection is subject
To Uniform Rules for Collections (ICC Publication No. 522)

ADDRESS：19 QINGNIAN WEST ROAD, NANTONG,   SWIFT CODE：BKCHCNBJ95G
JIANGSU, CHINA   TEL：0513-3516888

应知练习

一、单选题

1. 托收面函中的收款指示若为："PLEASE CREDIT THE TOTAL AMOUNT TO OUR ACCOUNT WITH YOU UNDER ADVICE TO US"，表明（　　）。
   A. 托收行在代收行开有账户
   B. 代收行在托收行开有账户
   C. 托收行与代收行之间没有相互开设账户
   D. 托收行在国外第三家银行开有账户

2. 下列（　　）单据是托收行制作的。
   A. 托收申请书　　B. 托书指示书（托收面函）　　C. 发票　　D. 出口合同

3.体现出口人和托收行之间委托代理关系的是(　　)。
A.托收申请书　　B.托收指示书　　C.发票　　D.出口合同

二、多选题

1.根据URC522,托收指示应当包括下列内容(　　)。
A.收到该项托收的银行详情　　B.委托人的详情
C.付款人的详情　　　　　　　D.待托收的金额和货币

2.托收行可以免责的有以下几种情形(　　)。
A.对任何单据的格式、完整性、准确性、真实性
B.对任何单据所表示的货物的描述、数量、重量、质量
C.不可抗力
D.签收托收申请书后,寄单给代收行前,单据的遗失

三、判断题

1.托收指示是代收行办理托收业务的唯一标准。(　　)
2.托收指示是托收行根据出口合同制作的。(　　)
3.代收银行对因托收行所提供地址不全或有误所造成的任何延误将不承担责任。(　　)

第十二章
代收行通知托收单据——任务十

学习目标

能力目标

根据托收指示和代收单据,制作代收单据通知

知识目标

了解代收行在托收业务中的义务

任务设计

2012年9月28日,代收行BANK OF TOKYO MITSUBISHI UFJ LTD. TOKYO收到了托收行中国银行南通崇川支行寄来的托收面函(见表11-2)和随附的全套单据。接下来,代收行需要完成以下几项任务:

(1)读懂托收指示书,确认代收单据和托收指示书的一致性。

(2)制作进口单据代收通知书,通知付款人。

(3)根据付款人的付款委托书,制作承兑电文。

进口单据代收通知书(见表12-1)、付款委托书(见表12-2)和承兑通知书(见表12-3)如下:

表12-1 进口单据代收通知书

进口代收单据通知书										
INWARD DOCUMENTS FOR COLLECTION										
我行业务编号: OUR REF NO.:						日期: DATE:				
付款人(DRAWEE):						托收行(REMITTING BANK):				
委托人(PRINCIPAL):						金额(AMOUNT):				
合同号(CONTRACT NO.):										
付款条件(PAYMENT TERM):						汇票到期日(MATURITY DATE):				
DRAFT	INV	B/L	P/L	INS/P	ORIGIN	C/QUL	GSP	CERT	C/QUT	INSP	OTHERS

续表12-1

备注(REMARKS) ☆我行手续费用由( )承担,金额( ) OUR BANK CHARGES ARE FOR( )ACCOUNT,AMOUNT ( ) ☆我行邮电费用由( )承担,金额( ) ☆OUR BANK POSTAL FEE ARE FOR( )ACCOUNT,AMOUNT ( ) ☆迟付款利息由付款人承担,利率为( )% INTETESTS CAUSED BY DELAYED PAYMENT ARE FOR DRAWEE'S ACCOUNT AT THE RATE OF( )% ☆随副本单据一套,请在五个工作日办理付款/承兑/拒付手续,签署付款委托收退交我行换取正本单据。 PLEASE FIND HEREWITH ENCLOSED ONE SET OF COPY OF DOCUMENTS AND PROCEES FOR PAYMENT/ACCEPTANCE/DISHONOR WITHIN FIVE WORKING DAYS, SIGNING AND RETURNING THE AUTHORIZATION FOR PAYMENT TO REPLACE THE ORIGINAL DOCUMENTS. ☆依据国际商会《跟单托收统一规则》(1995年修订本)地522号出版物。 SUBJECT TO《UNIFORM RULES FOR COLLECTIONS－ICC PUBLICATION NO.522 1995》 AUTHORIZED SIGNATURE(S) 签章

表12-2 付款委托书

付　款　委　托　书 AUTHORIZATION FOR PAYMENT	
我行业务编号： OUR REF NO.：	日期： DATE：
付款人(DRAWEE)：	托收行(REMITTING BANK)：
委托人(PRINCIPAL)：	金额(AMOUNT)：
合同号(CONTRACT NO.)：	
付款条件(PAYMENT TERM)：	汇票到期日(MATURITY DATE)：

DRAFT	INV	B/L	P/L	INS/P	ORIGIN	C/QUL	GSP	CERT	C/QUT	INSP	OTHERS

兹到贵行交来的托收单据一套,我公司已审核完毕各项单据,请贵行依照下列标有"X"的内容办理：
WE HAVE RECEIVED ONE SET OF DOCUMENTS FROM YOUR GOOD BANK, AND HAVE PROCESSED ALL THE DOCUMENTS, PLEASE SEE THE FOLLOWINGS MARKED WITH"X":

□ 我司同意付款,请借记我司在贵行的账号。

WE AGREE TO EFFECT PAYMENT, PLEASE DEBIT OUR ACCOUNT NO. (　) WITH YOU BANK.

□ 我司同意承兑,请于　　年　　月　　日对外付款,届时请借记我司在贵行的账号。
WE HAVE ACCEPTED THE DRAFT(S), PLEASE PAY ON(　) AND DEBIT OUR ACCOUNT NO. (　) WITH YOU AT MATURITY DATE.

□ 我司不同意付款/承兑,理由如下：
WE DO NOT AGREE TO PAY/ACCEPT, REASON AS FOLLOWS：

Signature and Seal of Applicant
公　司　印　章

Year	Month	Day
年	月	日

表 12-3　承兑通知书

承 兑 通 知 书
MT 412 ADVICE OF ACCEPTANCE

M/O	Tag	Field Name	Content/Options
M	20	Sending Bank's TRN	16x
M	21	Related Reference	16x
M	32A	Maturity Currency Amount Date, Code, Accepted	6n3a15number
O	72	Sender to Receiver Information	6 * 35x

相关信息如下：
代收行的业务编号：IC20120928001　合同号：NT201204005
付款人的业务编号：IC201204005092601　付款人在代收行的账号：123456789

任务描述

　　2012年9月28日,代收行收到托收行中国银行南通崇川支行寄来的托收面函和随附单据。当日,代收行根据托收面函和随附单据,制作进口代收单据通知书,通知付款人 TKAMLA CORPORATION,6-7,KAWARA MACH TOKYO,JAPAN。9月28日付款人承兑远期汇票并于当日把付款委托书交给代收行。代收行当日制作承兑通知书,通知托收行承兑金额和承兑到期日。

操作示范

第一步:检查托收面函的记载和所附单据是否一致

核查托收面函的记载和所附单据是否一致,是代收行的义务。

代收行 BANK OF TOKYO MITSUBISHI UFJ LTD. 的业务员核查了托收行中国银行南通崇川支行寄来的托收面函和随附单据,两者一致,全套单据包括:汇票两份、发票三份、装箱单三份、正本提单三份、副本提单两份、产地证两份。

第二步:制作进口代收单据通知书,通知付款人

不同银行的进口代收单据通知书,基本格式相似。业务编号是代收行的流水号,代收行办理代收业务涉及的相关费用,按惯例由付款人支付。进口代收单据通知书中其他栏目的内容,根据托收面函制作。填好后的进口单据代收通知书如表12-4所示。

表12-4 进口单据代收通知书

进口代收单据通知书 INWARD DOCUMENTS FOR COLLECTION	
我行业务编号: OUR REF NO.:IC20120928001	日期: DATE:20120928
付款人(DRAWEE): TKAMLA CORPORATION, 6-7, KAWARA MACH TOKYO,JAPAN	托收行(REMITTING BANK): BANK OF CHINA NANTONG BRANCH
委托人(PRINCIPAL): NANTONG TOOL IMPORT & EXPORT CO.,LTD 58,HAONAN ROAD NANTONG, JIANGSU, CHINA 合同号(CONTRACT):NT201204005	金额(AMOUNT): USD50000.00
付款条件(PAYMENT TERM): D/A 60 DAYS	汇票到期日(MATURITY DATE):

DRAFT	INV	B/L	P/L	ORIGIN	C/QUL	GSP	CERT	C/QUT	INSP	OTHERS
2	3	3	3	2						2 (N/N B/L)

备注(REMARKS)
☆我行手续费用由(付款人)承担,金额(代收金额的1‰)
OUR BANK CHARGES ARE FOR (IMPORTER) ACCOUNT, AMOUNT (FOR 1‰ OF INWARD AMOUNT)
☆我行邮电费用由(付款人)承担,金额(XXX)
☆OUR BANK POSTAL FEE ARE FOR(IMPORTER)ACCOUNT,AMOUNT (XXX)
☆迟付款利息由付款人承担,利率为(XX)%

续表 12-4

INTERESTS CAUSED BY DELAYED PAYMENT ARE FOR DRAWEE'S ACCOUNT AT THE RATE OF(XX)‰ ☆随副本单据一套,请在五个工作日办理付款/承兑/拒付手续,签署付款委托收退交我行换取正本单据。 PLEASE FIND HEREWITH ENCLOSED ONE SET OF COPY OF DOCUMENTS AND PROCEES FOR PAYMENT/ACCEPTANCE/DISHONOR WITHIN FIVE WORKING DAYS, SIGNING AND RETURNING THE AUTHORIZATION FOR PAYMENT TO REPLACE THE ORIGINAL DOCUMENTS. ☆依据国际商会《跟单托收统一规则》(1995年修订本)地522号出版物。 SUBJECT TO《 UNIFORM RULES FOR COLLECTIONS—ICC PUBLICATION NO. 522 1995》 BANK OF TOKYO MITSUBISHI UFJ LTD AUTHORIZED SIGNATURE(S)　　签章

第三步:代收行根据付款委托书,制作承兑电文

付款人交给代收行的付款委托书如表12-5所示。

表12-5 付款委托书

付款委托书 AUTHORIZATION FOR PAYMENT	
我行业务编号： OUR REF NO:IC20120928001	日期： DATE:20120928
付款人(DRAWEE)： TKAMLA CORPORATION, 6—7, KAWARA MACH TOKYO,JAPAN	托收行(REMITTING BANK)： BANK OF CHIAN NANTONG BRANCH
委托人(PRINCIPAL)： NANTONG TOOL IMPORT & EXPORT CO.,LTD 58,HAONAN ROAD NANTONG,JIANGSU, CHINA 合同号(CONTRACT):NT201204005	金额(AMOUNT)： USD50000.00
付款条件(PAYMENT TERM)： D/A 60 DAYS	汇票到期日(MATURITY DATE)： NOV. 27,2012

DRAFT	INV	B/L	P/L	INS/P	ORIGIN	C/QUL	GSP	CERT	C/QUT	INSP	OTHERS
2	3	3	3	2	2						2 (N/N B/L)

续表 12-5

兹收到贵行交来的托收单据一套，我公司已审核完毕各项单据，请贵行依照下列标有"X"的内容办理：
WE HAVE RECEIVED ONE SET OF DOCUMENTS FROM YOUR GOOD BANK, AND HAVE PROCESSED ALL THE DOCUMENTS, PLEASE SEE THE FOLLOWINGS MARKED WITH"X"：
√ 我司同意付款，请借记我司在贵行的账号。
WE AGREE TO EFFECT PAYMENT, PLEASE DEBIT OUR ACCOUNT NO. (　　) WITH YOU BANK.
□ 我司同意承兑，请于(　　)年(　　)月(　　)日对外付款，届时请借记我司在贵行的账号。
√ WE HAVE ACCEPTED THE DRAFT(S), PLEASE PAY ON(NOV. 24,2012) AND DEBIT OUR ACCOUNT NO. (123456789) WITH YOU ATMATURITY DATE.
□ 我司不同意付款/承兑，理由如下：
WE DO NOT AGREE TO PAY/ACCEPT, REASON AS FOLLOWS：

TKAMLA CORPORATION, 6-7, KAWARA MACH TOKYO, JAPAN
Signature and Seal of Applicant
公 司 印 章
Year　　Month　　Day
2012 年 09 月 28 日

制作好的承兑电文如表 12-6 所示（相关知识见下文的拓展知识）：

表 12-6

MT412	
SENDING BANK'S TRN	20：IC20120928001
RELATED REFERENCE	21：OC092001
MATURITY DATE/CURRENCY CODE/AMOUNT	32A：121127USD50000
SENDING TO RECEIVER INFORMANTION	72：/HOLDING/

必备知识

 一、URC522 对代收行义务的规定

URC522 对代收行业义务的规定分散在各条款中，主要的规定有下列几条：
(1)银行没有义务必须办理某一托收或任何托收指示或以后的相关指示。
(2)如果银行无论出于何种理由选择了不办理它所收到的托收或任何相关的托收指示，它必须毫不延误地采用电讯，或者如果电讯不可能时采用其他快捷的工具向它收到该项指示的当事人发出通知。
(3)托收指示应载明付款人或将要办理提示场所的完整地址。如果地址不全或有错误，代收银行可尽力去查明恰当的地址，但其本身并无义务和责任。
(4)代收银行对因所提供地址不全或有误所造成的任何延误将不承担责任或对其负责。

(5)单据必须以银行收到时的形态向付款人提示,除非被授权贴附任何必需的印花(除非另有指示费用由向其发出托收的有关方支付)以及被授权采取任何必要的背书或加盖橡皮戳记,或其他托收业务惯用的和必要的辨认记号或符号。

(6)如果寄单行未指定某一特定的提示行,代办行可自行选择提示行。

(7)如果是见单即付的单据,提示行必须立即办理提示付款不得延误;如果不是即期而是远期付款单据,提示行必须在不晚于到期日办理提示付款。如果需要承兑,则应立即办理提示承兑;如果需要付款,则应立即办理提示付款。

(8)银行必须确定它所收到的单据应与托收批示中所列表面相符,如果发现任何单据有短缺或非托收指示所列,银行必须以电讯方式,如电讯不可能时,以其他快捷的方式通知从其收到指示的一方,不得延误;银行对此没有更多的责任。

(9)代收行必须无延误地对向其发出托收指示的银行寄送付款通知,列明金额或收妥金额、扣减的手续费和(或)支付款和(或)费用额以及资金的处理方式。

(10)代收行必须无延误地对向其发出托收指示的银行寄送承兑通知。

(11)提示行应尽力查明不付款或不承兑的原因,并据以向对其发出托收指示的银行无延误地寄送通知。

(12)提示行应无延误地对向其发出托收指示的银行寄送不付款通知和(或)不承兑通知。发出通知后60天内未收到该项指示,代收行或提示行可将单据退回给向其发出指示的银行,而提示行方面不承担更多的责任。

二、凭信托收据放单

所谓信托收据,就是指进口人借单时提供一种书面信用担保文件,用来表示愿意以代收行的受托人身份为提货、报关、存仓、保险、出售并承认货物所有权仍属银行。货物售出后所得的货款,应于汇票到期时交代收行。这是代收行自己向进口人提供的信用便利,而与出口人无关。因此,如代收行借了单据后,汇票到期不能收到货款,则代收行应对委托人负全部责任。但如系出口人指示代收行借单,就是由出口人主动授权银行凭信托收据借给进口人,即所谓付款交单凭信托收据借单(D/P·T/R),那么进口人在承兑汇票后可以凭信托收据先行借单提货。日后如果进口人在汇票到期时拒付,则与银行无关,应由出口人自己承担风险。

拓展知识

托收项下 SWIFT 承兑电文介绍

通过 SWIFT 系统所发各种报文,都有固定的报文类型,即 MT(MESSAGE TYPE),如我们在第四章学习的信用证的报文类型是 MT700、MT701 和 MT702。通过 SWIFT 系统制作托收项下的承兑电文,报文格式为 MT412(表示 ADVICE OF ACCEPTANCE),是由代收行发送给托收行或由代收行发送给另一家代收行用来通知收报行某托收委托书项下的一笔或多笔汇款已承兑的报文格式,报文中相关字母的意思参见任务二的拓展知识。

承兑通知书如表12-3,现对各栏目作具体介绍。

20:发报行的编号。该项目列明代收行的业务编号。

21:有关业务编号。该项目列明托收行的托收编号。如果有关编号无法填入该项目,则应填入代码"SEE72",有关编号应在项目"72"中列明。

32A:已承兑托收款项的到期日、货币和金额。
72:附言。该项目可能出现下列代码:
/REC/   :下列附言给收报行。
/ALCHAREF/   :付款人拒付所有费用。
/DOMICIL/   :该托收业务已由……(银行)处理。
/HOLDING/   :已承兑汇票现由我们保管,到期将根据你行要求提示并要求付款。
/OUCHAREF/   :付款人拒付我行费用。
/SENDING/   :承兑汇票已航邮你行。
/UCHAREF/   :付款人拒付你行费用。

技能训练

以下(见表12-7)是托收行中国银行南通分行寄送给代收行渣打银行伦敦分行的托收面函,请根据托收面函以代收行的身份制作进口代收单据通知书(见表12-8)。

相关信息:

(1)代收行制作进口代收单据通知书的时间为:AUG.28,2012。

(2)代收行的业务编号为:IC20120828001。

(3)合同号:NJ001。

表12-7 进口收代单据通知书

BANK OF CHINA NANTONG BRANCH

COLLECTION INSTURCTION

DATE:AUG.23,2012
WHEN CORRESPONDING
PLEASE QUOTE OUR REF NO. OC20120818001

(3)MAIL TO:(COLLECTING BANK)
THE STANDARD CHARTERED BANK LONDON BRANCH
54 JERMYN STREET, SWIY 6WL, LONDON. UK
ATTN:IMPORT DEPT. COLLECTION DEPT

Dear Sirs,
We enclose the following draft(s)/documents as specified hereunder which please collect in accordance with the instructions indicated herein.

(4)DRAWER: NANTONG JINYUAN IMPORT AND EXPORT CO., LTD.	(5)PRESENTING BANK:

续表 12-7

(6) DELIVER DOCUMENTS AGAINST: D/A DUE DATE/TENOR: 30 DAYS SIGHT MATURITY DATE:	(7) DRAWEE: ORIENTAL INTERNATIONAL(UK)LTD. 61 CHESTNUT AVENUE, BUCKHURST HILL. ESSEX IG9 6EP, JERSEY 07024 UK	
(8) DRAWER'S REF NO.: 01020304	(9) COLL AMT: USD30000.00	
	(9) OUR CHG: USD0.00	
	(9) CLAIM AMT: USD30000.00	

(10) DOCUMENTS:

DRAFT	COM INV	B/L	N/N B/L	INS/P	ORIGIN CERT	P/L
2	3	3	2	2	2	3

(11) SPECIAL INSTRUCTIONS
+ Please acknowledge receipt of this Collection Order.
+ All your charges are to be borne by the drawees.
+ In case terms of delivery of documents is D/A, please advise us of acceptance giving maturity date.
+ In case of dishonor, please do not protest but advise us of non-payment/non-acceptance by cable giving reasons.

(12) DISPOSAL OF PREOCEEDS UPON COLLECTION:
PLEASE PAY THE TOTAL AMOUNT TO BANK OF CHINA NEW YORK FOR CREDIT OUR HEAD OFFICE ACCOUNT WITH THEM UNDER ADVICE TO US QUOTING OUR REFERENCE NUMBER MENTIONED ABOVE.

(13) REMARKS:

yours faithfully,
For BANK OF CHINA
Authorized signature

Unless otherwise specified the Collection is subject
To Uniform Rules for Collections(ICC Publication No. 522)

ADDRESS: 19 QINGNIAN WEST ROAD, NANTONG,　　SWIFT CODE: BKCHCNBJ95G
　　　　　JIANGSU, CHINA　　　　　　　　　　　　　TEL: 0513-3516888

表 12-8　进口代收单据通知书

进口代收单据通知书 INWARD DOCUMENTS FOR COLLECTION										
我行业务编号： OUR REF NO.：					日期： DATE：					
付款人(DRAWEE)：					托收行(REMITTING BANK)：					
委托人(PRINCIPAL)： 合同号(CONTRACT)：					金额(AMOUNT)：					
付款条件(PAYMENT TERM)：					汇票到期日(MATURITY DATE)：					
DRAFT	INV	B/L	P/L	INS/P	ORIGIN	C/QUL	GSP	CERT	C/QUT	INSP	OTHERS

备注(REMARKS)
☆我行手续费用由(　　)承担，金额(　　)
OUR BANK CHARGES ARE FOR(　　)ACCOUNT, AMOUNT (　　)
☆我行邮电费用由(　　)承担，金额(　　)
☆OUR BANK POSTAL FEE ARE FOR(　　)ACCOUNT, AMOUNT (　　)
☆迟付款利息由付款人承担，利率为(　　)％
INTETESTS CAUSED BY DELAYED PAYMENT ARE FOR DRAWEE'S ACCOUNT AT THE RATE OF(　　)％
☆随副本单据一套，请在五个工作日办理付款/承兑/拒付手续，签署付款委托收退交我行换取正本单据。
PLEASE FIND HEREWITH ENCLOSED ONE SET OF COPY OF DOCUMENTS AND PROCEES FOR PAYMENT/ACCEPTANCE/DISHONOR WITHIN FIVE WORKING DAYS, SIGNING AND RETURNING THE AUTHORIZATION FOR PAYMENT TO REPLACE THE ORIGINAL DOCUMENTS.
☆依据国际商会《跟单托收统一规则》(1995年修订本)地522号出版物。
SUBJECT TO《UNIFORM RULES FOR COLLECTIONS—ICC PUBLICATION NO. 522 1995》

AUTHORIZED SIGNATURE(S) 签章

应知练习

一、单选题

1. 代收行根据(　　)制作进口代收单据通知书。
   A. 托收面函　　B. 托收申请书　　C. 进口合同　　D. 付款委托收

2. 一般情况下,代收行处理代收业务产生的费用,由(　　)承担。
   A. 出口方　　B. 进口方　　C. 托收行　　D. 以上均可

3. 体现代收行和托收行之间委托代理关系的是(　　)。
   A. 托收申请书　　B. 托收指示书　　C. 发票　　D. 出口合同

二、判断题

1. 付款交单凭信托收据借单(D/P·T/R),日后如果进口人在汇票到期时拒付,则与银行无关,应由出口人自己承担风险。(　　)

2. 如果寄单行未指定某一特定的提示行,代收行可自行选择提示行。(　　)

3. 代收银行对因所提供地址不全或有误所造成的任何延误将承担责任或对其负责。(　　)

第十三章 汇款人制作汇款申请书——任务十一

学习目标

能力目标

根据进口合同制作汇款申请书

知识目标

熟悉汇款业务流程

任务设计

2011年5月20日南京跃进进出口有限公司同日本的Western Trading Co.,Ltd签订了一份进口合同,部分合同内容如下:

CONTRACT

Contract No.：NJJCK11520JP

Nanjing，Date：May.20，2011

The Buyer：Nanjing Yaojin Imp. & Exp. Co. Ltd.
　　　　　No. 58 Xinmofan Road, Nanjing, China, 210013
　　　　　Tel：0086-25-83459623　　　　Fax：0086-25-83459624
The Seller：Western Trading Co., Ltd.
　　　　　Nittobo., No. 6-1. 2-Chome, Tokyo, Japan
　　　　　Tel：0081-03-32358215　　　　Fax：0081-03-32358216

This contract is made by and between the Buyer and the Seller; whereby the Buyer agrees to buy and the Seller agrees to sell the under mentioned commodity according to the terms and conditions stipulated below:

1.

No.	Commodity Specification	Unit	QTY	Unit Price (USD)	Total Price (USD CIF NANJING)
01.	POWER STEERING PIPE DWG. NO. HP-123	M	500	16.00	8000
Total Price：USD 8000 CIF Nanjing port, P.R.China					
SAYS：US Dollars eight thousand only CIF Nanjing airport, China					

2. COUNTRY OF ORIGIN AND MANUFACTURER:
TOKAI INDUSTRIES, JAPAN

3. PACKING

To be packed in strong wooden/cartoon case(s) or container(s), suitable for long distance ocean/air/parcel-post transportation and the change of climate, well protected against moisture and shocks. The Seller shall be liable for any damage of the commodity and expenses incurred on account of improper packing and for any rust attributable to inadequate or improper protective measures taken by the Seller in regard to the packing. If there is any wooden material as packing, the "IPPC" mark shall be printed in the wooden packages.

4. SHIPPING MARK

The Seller shall mark on each package with fadeless paint the package number, gross weight, net weight, measurement and the wordings: "KEEP AWAY FROM MOISTURE", "HANDLE WITH CARE", "THIS SIDE UP" etc. and the shipping mark:

NJJCK09522JP
Nanjing China
1-10

5. TIME OF SHIPMENT: Before July. 02, 2011

6. PORT OF SHIPMENT: Japanese port

7. PORT OF DESTINATION: Nanjing port, China

8. INSURANCE: To be covered by the Seller after shipment

9. PAYMENT: 100% by T/T in advance within 3 working days after contract is signed and receipt of the proforma invoice by the Buyer

10. DOCUMENTS

……

THE BUYER	**THE SELLER**
Nanjing Yaojin	**Western Trading Co., Ltd.**
Imp. & Exp. Co. Ltd.	

南京跃进进出口有限公司的王进准备好了商业发票(编号:12345678),公司的报关单经营单位代码为12345678XX,组织机构代码为12345678—X,于5月23日去中国银行×××分行汇款,款项从他们在该行的现汇账户(A/C NO.87654321)中支出。出口商在东京三菱银行开立有账户(A/C No.768394948366559),中国银行×××分行(汇出行)和东京三菱银行(汇入行)有账户关系。

王进需要完成以下几个任务:
(1)读懂编号为 NJJCK11520JP 进口合同条款。
(2)读懂境外汇款申请书各栏目并根据合同准确填制申请书。

第十三章 汇款人制作汇款申请书——任务十一

表 13-1 境外汇款申请书

APPLICATION FOR FUNDS TRANSFERS(OVERSEAS)

(1)致：　　　　　　　　　　　(2)日期：
To：　　　　　　　　　　　　　Date：

(3)请代办下列汇款 □电汇 T/T　□票汇 D/D　□信汇 M/T		(4)发电等级 Priority □普通 Normal □加急 Urgent	
(5)申报号码 BOP Reporting No.	□□□□□ □□□□ □□ □□□□□□　□□□□		
(6)20 银行业务编号 Bank Transac. Ref. No.		(7)收电行/付款行 Receiver/Drawn on	
(8)32A 汇款币种及金额 Currency & Interbank Settlement Amount		(9)金额大写 Amount in Words	
(10)其中	现汇金额 Amount in FX		账号　Account　No./Credit Card No.
	购汇金额 Amount of Purchase		账号　Account　No./Credit Card No.
	其他金额 Amount of others		账号　Account　No./Credit Card No.
(11)50a 汇款人名称及地址 Remitter's Name & Address			
(12)□对公　组织机构代码 Unit Code □□□□□□□□□	□对私	个人身份证号码 Individual ID No. □中国居民个人　　Resident Individual □中国非居民个人　Non-Resident Individual	
(13)54/56a 收款银行之代理行名称及地址 Correspondent of Beneficiary's Bank Name & Address			
(14)57a 收款人开户行名称及地址 Beneficiary's Bank Name & Address			
(15)59a 收款人名称及地址 Beneficiary's Name & Address	收款人账号 Beneficiary's A/C NO.		
(16)70 汇款附言 Remittance Information	只限 140 个字位 Not Exceeding 140 Characters	(17)71A 国内外费用承担 All Bank's Charges if any are to be Borne by □ 汇款人 OUR　□收款人 BEN　□共同 SHA	

续表 13 - 1

(18)收款人常驻国家(地区)名称及代码 Resident Country/Region Name & Code ☐ ☐ ☐				
(19)请选择： ☐ 预付货款 Advance Payment ☐ 货到付款 Payment Against Delivery ☐ 退款 Refund ☐ 其他 Others		(20)最迟装运期	July 2nd, 2011	
(21)交易编码 BOP Transac. Code	☐☐☐☐ ☐☐☐☐	(22)相应币种及金额 Currency & Amount	USD8000.00	(23)交易附言 Transac. Remark
(24)是否为进口核销项下付款	☐ 是 ☐ 否	合同号		发票号
(25)外汇局批件/备案表号		(26)报关单经营单位代码		☐☐☐☐☐ ☐☐☐☐☐
(27)报关单号		报关单币种及金额		本次注销金额
报关单号		报关单币种及金额		本次注销金额
(28)银行专用栏 For Bank Use Only		(29)申请人签单 Applicant's Signature		(30)银行签单 Bank's Signature

购汇汇率 Rate				
等值人民币 RMB Equivalent		请按照贵行背页所列条款代办以上汇款并进行申报 Please Effect the Upwards Remittance. Subject to the Conditions Overleaf.		
手续费 Commission				
电报费 Cable Charge				
合计 Total Charges				
支付费用方式 In Payment of the Remittance	☐ 现金 By Cash ☐ 支票 By Check 账户 From Account	申请人姓名 Name of Applicant 电话 Phone No.		核准人签字 Authorized Person 日期 Date
核印 Sig. Ver		经办 Maker		复核 Checker

第十三章 汇款人制作汇款申请书——任务十一

任务描述

随着进出口双方信用情况的不断改善,汇款方式凭借其快捷、方便和节省财务成本的特点,在目前的国际结算中所占份额越来越大。根据进口合同,准确制作境外汇款申请书,及时送交汇出行办理汇款,是进口业务人员必须具备的基本职业技能。

操作示范

第一步:读懂合同条款

王进在熟悉合同条款的基础上,特别要注意同汇款有关的相关信息,如出口方、合同金额、汇款方式、最迟装运期、合同号等。

第二步:读懂境外汇款申请书各栏目并根据合同准确填制申请书

1. 阅读申请书的各个栏目,找出需要填写的内容

在这笔业务中,王进所在的南京跃进进出口有限公司作为进口方是付款人,在汇款业务中称为汇款人,对境外付款时要逐笔填写申请书。接受汇款申请,帮王进完成汇款业务的进口地银行称为汇出行,汇款人一般选择自己的账户行做汇出行。出口商 Western Trading Co., Ltd. 称为收款人,接受汇出行的款项划拨并把款项解付给收款人的出口人所在地的银行称为汇入行。通常情况下,汇入行是收款人的账户行。

以下按表13-1的编号顺序解释各项内容的填制方法。

(1)致:后面填写汇出行的行名,表示此申请表要提交给的银行。

(2)申请日期:填写王进去银行办理汇款业务的日期。

(3)汇款方式:可选择电汇、信汇和票汇中的一种。

(4)发电等级:可在"普通"和"加急"中选择。一般银行的 SWIFT 系统设置默认发送"普通"级别报文。由于多数银行通常是24小时接收报文,因此两个级别差别不大。一般此栏可以不填写。

(5)申报号码:此栏由银行根据国际外汇管理局有关申报号码的编写规则填写。

(6)20 银行业务编号:这里"20"是使用 SWIFT 发送信息时"银行业务编号"这项内容的代码,不同项目各有自己的代码,如"汇款币种及金额"的代码是32A。这个编号由银行填写,是该笔业务在汇出行的业务编号。

(7)收电行/付款行:由银行填写。

(8)32A 汇款币种及金额:用国际标准组织代码表示币种,用阿拉伯数字写出汇款的总金额。

(9)金额大写:用英文表示金额。

(10)"现汇金额"是指汇款人申请汇出的实际付款金额中,直接从外汇账户或以外币现钞支付的金额;"购汇金额"是指汇款人向银行购买外汇直接对境外支付的金额;"其他金额"是指汇款人除购汇和现汇以外的对外支付的金额。

(11)50a 汇款人名称及地址:进口商公司全称和地址。

(12)在对公或对私业务中选择,这笔业务是对公业务,要按国家质量监督检验检疫总局颁布的组织机构代码证或国家外汇管理局及其分支局签发的特殊机构代码赋码通知书上的单位组织机构代码或特殊机构代码填写组织机构代码。

(13)54/56a 收款银行之代理行名称及地址:当汇出行和汇入行之间没有往来账户时,需

要通过中转行划拨汇款。此处由汇出行根据实际情况填写。

(14)57a 收款人开户银行名称及地址:收款人在出口地的账户行,一般汇出行就把该行作为汇入行。如果收款人开户行和汇出行没有往来账户,最好填写收款人开户行在中转行的账号。

(15)59a 收款人名称及地址:出口商公司账号、全称及地址。

(16)汇款附言:对所汇款项的必要说明。这里限140个字符。

(17)71A 国内外费用承担:分三种情况,即付款人支付、收款人支付和双方共同支付。境外费用由对方负担时,如果汇入行和汇出行属同一家银行或往来有账户关系,则款项一般可全额到达对方;如果不是以上关系,款项将通过另一家或几家银行转至汇入行,每家转汇行都会从中扣收一笔转汇费。

(18)收款人常驻国家(地区)名称及代码:根据汇出行提供的代码表填写。

(19)按汇款性质可在预付货款、货到付款、退款或其他四项中选择。

(20)最迟装运日期:按合同内容填写。

(21)交易编码:根据付款交易性质对应的"国际收支交易编码表(支出)"填写。有多种交易性质时按金额从大到小填最大的两项。

(22)相应币种及金额:根据交易编码填写,多种交易性质下第一行写最大金额的一笔,第二行填其余金额。

(23)交易附言:描述交易性质。

(24)选择是否为进口核销项下付款。

(25)外汇局批件/备案表号:指外汇局签发的,凭以对境外付款的各种批件或进口付汇备案表号。

(26)报关单经营单位代码:指由海关发给企业的"自理报关单位注册登记证明书"上的代码。

(27)报关单号:在货到付款时要填写本栏,单号、币种、金额等都按报关单内容填写,本次核注金额是这次汇款的金额。

(28)银行专用栏:由银行填写。

(29)申请人签单:一般需加盖进口商的财务印章,并由具体办理业务的公司人员留下签章、电话。

(30)银行签单签字:由银行填写。

2.从编号为 NJJCK11520JP 的合同中仔细找出所需信息,填写汇款申请书

以下介绍本业务中需要填写的汇款申请书:

(1)致:BANK OF CHINA JIANGSU BRANCH

(2)申请日期:2011年5月23日。

(3)汇款方式:按合同要求使用电汇,即在电汇前的框里标记"X",表示选中。(下文凡是选中的栏目,都按此标示,不再赘述。)

(4)~(7)由银行填写。

(8)32A 汇款币种及金额:USD8000.00。

(9)金额大写:U.S. DOLLARS EIGHT THOUSAND ONLY.

(10)由于从现汇账户中支出,因此在此栏中的"现汇金额"下填写 USD8000.00。

第十三章 汇款人制作汇款申请书——任务十一

(11) 50a 汇款人名称及地址：Nanjing Yaojie Imp. & Exp. Co. Ltd. No. 58 Xinmofan Road, Nanjing, China.

(12) 本业务是对公业务，填写组织机构代码，即填写 12345678 - X。

(13) 54/56a 收款银行之代理行名称及地址：本案中由于汇出行和汇入行有账户关系，无需代理行，因此本案不需要填写。

(14) 57a 收款人开户银行名称及地址：Bank of Tokyo-Mitsubishi.

(15) 59a 收款人名称及地址：出口商在东京三菱银行的账户 A/C No. 768394948366559；全称是 Western Trading Co., Ltd., 地址是 Nittobo., No. 6 - 1. 2 - Chome, Tokyo, Japan。

(16) 70 汇款附言：可以填写合同号来表明款项所指的交易内容。

(17) 71A 国内外费用承担：按惯例中国的汇款费用由王进所在公司承担，其他转汇费用由对方承担，因此在"共同 SHA"前的框里作标记。

(18) 收款人常驻国家（地区）及代码：392。

(19) 本业务是预付货款，因此在"预付货款"前选择。

(20) 最迟装运期：按合同填写 July. 02, 2011。

(21) 交易编码：本业务属于一般交易，编码为 0101。

(22) 相应币种及金额：USD8000.00。

(23) 交易附言：一般贸易。

(24) 本次汇款是预付货款，不是进口核销项下付款。合同号、发票号按实际填写。

(25) 由银行填写。

(26) 报关单经营单位代码：12345678XX。

(27) 不需填写。

(28) 由银行填写。

(29) 申请人签单：加盖南京跃进进出口有限公司的财务印章，并由王进所在公司人员留下签章、留下电话。

3. 王进填好汇款申请书检查无误后，把外汇汇款申请书和费用及其他相关单据一并交给银行工作人员办理汇款

填制号的汇款申请书见表 13 - 2。

表 13 - 2
境外汇款申请书
APPLICATION FOR FUNDS TRANSFERS(OVERSEAS)

致：中国银行 XX 分行　　　　　　　　　　　　　　日期：May. 23, 2011
To: BANK OF CHINA JIANGSU BRANCH　　　　　　Date：2011 年 5 月 23 日

请代办下列汇款： ■电汇 T/T　　□票汇 D/D　　□信汇 M/T	发电等级 Priority□　普通 Normal □　加急 Urgent	
申报号码 BOP Reporting No.	□□□□□ □□□□ □□ □□□□□□ □□□□	
20 银行业务编号 Bank Transac. Ref. No.	收电行/付款行 Receiver/Drawn on	

续表 13-2

32A 汇款币种及金额 Currency & Interbank Settlement Amount		USD8000.00	金额大写 Amount in Words	U. S. DOLLARS EIGHT THOUSAND ONLY
其中	现汇金额 Amount in FX	USD8000.00	账 号 Account No. / Credit Card No.	87654321
	购汇金额 Amount of Purchase		账 号 Account No. / Credit Card No.	
	其他金额 Amount of others		账 号 Account No. / Credit Card No.	
50a 汇款人名称及地址 Remitter.'s Name & Address		Nanjing Yaojie Imp. & Exp. Co. Ltd. No. 58 Xinmofan Road, Nanjing, PR China, 210013		
■对公　组织机构代码 Unit Code 12345678-X		□ 对私	个人身份证号码 Individual ID NO. □ 中国居民个人　　Resident Individual □ 中国非居民个人　Non-Resident Individual	
54/56a 收款银行之代理行名称及地址 Correspondent of Beneficiary's Bank Name & Address				
57a 收款人开户行名称及地址 Beneficiary's Bank Name & Address		Bank of Tokyo-Mitsubishi		
59a 收款人名称及地址 Beneficiary's Name & Address		收款人账号 Beneficiary's A/C NO. 768394948366559 Western Trading Co.,Ltd. Nittobo., No. 6-1. 2-Chome, Tokyo, Japan		
70 汇款附言 Remittance Information	只限 140 个字位 Not Exceeding 140 Characters	71A 国内外费用承担 All Bank's Charges if any are to be Borne by □ 汇款人 OUR　□ 收款人 BEN　■ 共同 SAHA		
	CONTRACT NO. NJJCK11520JP			
收款人常驻国家(地区)名称及代码 Resident Country/Region Name & Code　日本 392				
请选择： ■预付货款 Advance Payment □货到付款 Payment Against Delivery □退款 Refund　□其他 Others		最迟装运期	JULY. 02, 2011	
交易编码 BOP Transac. Code	0 1 0 1 □□□□	相应币种及金额 Currency & Amount	USD8000.00	交易附言 Transac. Remark	一般贸易

续表 13-2

是否为进口核销项下付款	☐ 是 ■ 否	合同号	NJJCK11520JP		发票号	12345678
外汇局批件/备案表号			报关单经营单位代码			12345678XX
报关单号		报关单币种及金额			本次注销金额	
报关单号		报关单币种及金额			本次注销金额	
银行专用栏 For Bank Use Only		申请人签单 Applicant's Signature 南京跃进进出口有限公司财务专用章			银行签单 Bank's Signature	
购汇汇率 Rate		请按照贵行背页所列条款代办以上汇款并进行申报 Please Effect the Upwards Remittance. Subject to the Conditions Overleaf.				
等值人民币 RMB Equivalent						
手续费 Commission						
电报费 Cable Charge						
合计 Total Charges						
支付费用方式 In Payment of the Remittance	☐ 现金 By Cash ☐ 支票 By Check 账户 From Account	申请人姓名　王进 Name of Applicant 电话 Phone No.			核准人签字 Authorized Person 日期 Date	
核印 Sig. Ver	经办 Maker				复核 Checker	

必备知识

一、汇付的含义及当事人

汇付作为目前国际贸易结算的主要支付方式,又称汇款,通常是指汇款人(付款人)主动通过银行或其他途径,运用各种结算工具将货款汇交国外收款人的结算方式。

在汇付业务中,债务人主动将资金和汇款申请书交给当地的一家银行,由其根据债务人的要求,制作付款委托书作为结算工具寄送债权人所在地银行,同时将资金转移给该银行,委托其转交给债权人。在这一过程中,结算资金的流转方向和业务工具(付款委托书)的流转方向一致,属于顺汇结算。

汇付业务的当事人通常有四个：

(1)汇款人(remitter)，是指汇出款项的人，即付款人，在国际贸易中通常是进口商。

(2)汇出行(remitting bank)，是指受汇款人的委托汇出款项的银行，通常是进口地的银行。

(3)汇入行(paying bank)，是指受汇出行委托解付汇款的银行，又称解付行，通常是出口地银行。

(4)收款人(beneficiary；payee)，是指收取货款的人，在国际贸易中通常是出口商。

二、汇付的分类

汇付方式可分为信汇、电汇和票汇三种。

1. 信汇（mail transfer，M/T）

信汇是指汇出行应汇款人的申请，将信汇付款委托书用航空信函的方式寄给汇入行，授权解付一定金额给收款人的一种汇款方式。其特点是信汇的费用成本较低，但速度较慢。目前应用也较少，如美国、加拿大等地区已不接受信汇汇款业务。

2. 电汇（telegraphic transfer，T/T）

电汇是指汇出行应汇款人的申请，采用电传、电报、SWIFT等电讯的手段将电汇付款委托书给汇入行，指示解付一定金额给收款人的一种汇款方式。其特点是收款迅速及时，程序安全可靠，但汇款人承担的费用成本较高。

3. 票汇（demand draft，D/D）

票汇是指汇出行应汇款人的申请，代汇款人开立以汇入行为付款人的银行即期汇票，并交还给汇款人，由汇款人自寄或自带给国外收款人，由收款人到汇入行凭票取款的汇款方式。其特点是取款方便，手续简便。此外，汇款人可以通过背书把票据转让他人，因此，票汇具有一定的流通性和灵活性。

需要指出的是，在采用信汇、电报、电传和票汇方式时，汇入行需要对相应的付款委托核对印鉴和密押，以判断付款委托书的真伪。

三、汇付的业务流程

由于贸易实务中主要使用电汇，以下通过案例，介绍电汇的业务流程。

南通A出口商(以下简称A)与纽约B进口商(以下简称B)签订了一份出口2000套女士套装的合同，合同总金额为USD50000.00。合同约定签约后5日内，由B电汇(T/T)全部货款给A。B按约通过B的账户行中国银行纽约分行电汇USD50000.00至南通A的账户行中国银行南通分行，完成货款的结算。请画出该笔电汇业务的流程图。

(1)买卖双方签订合同，合同中约定结算方式为电汇全部预付款。

(2)汇款人B公司根据合同要求，填制汇款申请书，同时准备好汇款要求的其他凭证，如进口合同等，送交汇出行中国银行纽约分行，申请汇款。

(3)汇出行中国银行纽约分行审核汇款凭证，完成相关收费手续后，根据汇款申请书制作汇款电文(在SWIFT中，制作MT103)，发送给汇入行中国银行南通分行。

(4)汇入行根据汇款电文，解付款项至收款人南通A公司的账户。

该笔电汇业务的流程图如图13-1所示。

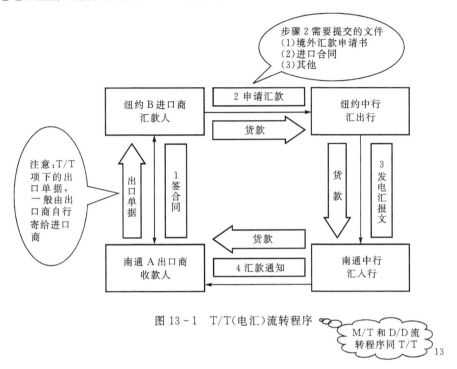

图13-1 T/T(电汇)流转程序

四、汇付在国际贸易中的运用

在国际贸易中，汇付属于商业信用，但汇款结算手续简单，费用低廉，结算灵活、迅速。如果交易双方相互信任，汇款结算是一种较理想的支付或结算方式。具体做法如下：

1. 预付货款（payment in advance）

预付货款是指进口商在出口商将货物或货运单据交付以前将货款的全部或一部分通过银行付给出口商，出口商收货款后，再根据约定发运货物的一种结算方式。在实际业务中，习惯称之为前T/T。

2. 货到付款（payment after arrival of goods）

货到付款与预付货款相反，它是指进口商在收到货物以后，立即或一定时期以后再付给出口商的一种结算方式，也被称为延期付款或赊销。在实际业务中习惯称之为后T/T。

3. 凭单付汇（payment against documents）

凭单付汇是指进口商通过银行将款项汇给出口商所在地银行（汇入行），并指示该行凭出口商提供的某些商业单据（如商业发票、装箱单）或某种装运证明（如提单）即可付款给出口商的一种结算方式。在实际业务中习惯称之为中T/T。

五、汇付的特点

汇付具有以下特点：

（1）商业信用，提供信用的一方所承担的风险很大。汇付是一种商业信用的支付方式，即银行只提供服务而不提供信用。办理汇款业务的银行只是按照汇款人的指示行事，对贸易中的货物、与货物有关的单据以及单据在传递过程中的延误、遗失等概不负责。卖方是否能及时、安全地收到货款完全取决于买方的信用。

(2)资金负担不平衡。预付货款中的进口方、货到付款中的进口方的资金负担重。

(3)汇付的应用面较广,适用于诸如寄售的货款归还、预付货款和订金、汇付佣金、代垫运费等贸易结算,还可以用于非贸易的结算,凡是外汇资金的转移都可以采有汇付的方式。

拓展知识

汇款结算的风险及防范

一、汇款的主要风险

1. 出口商面临的风险

在货到付款下,一旦发了货就失去了制约进口商的手段,出口商能否收款完全取决于进口商的资信,如其资信不好,出口商就可能钱货两空;同时货到付款,进口商不承担资金风险,货未到或到货不符合合同要求可不付款,在整个交易中进口商占据主动地位;由于进口商在收到货物一段时间后再付款,无形中占用了出口商的资金。

2. 进口商面临的风险

采用预付款时,进口商将来如不能收到或不能如期收到货物,或货物与合同不符时,将承担风险或遭受损失;由于货物到手前付出货款,也造成了资金周转困难及利息损失。

二、风险防范措施

(一)出口商的风险防范措施

(1)了解进口商的信用,争取提高预付款的比例,降低货到付款的比例。

(2)如汇款方式用于预付货款,应在买卖合约中约定采取何种付款方式以明确汇款到达的期限,并与交货期相互衔接。这种方式对出口商最为有利。

(3)严格控制货到付款的适用客户群。对信用好的老客户、跨国公司的本部和分支机构以及分支机构间,可以使用货到付款。

(4)进口商有时会向出口商提出对进口商品折价支付,作为预付货款造成的资金利息损失的补偿,但交易中应注意,由于汇款可撤销,在汇款尚未被支取之前,汇款人可随时通知汇款行将汇款退回,因此出口商在收到汇款通知后,应尽快发货,尽快交单收汇。

(二)进口商的风险防范措施

(1)了解出口商信用,减少预付货款的比例,争取货到付款的比例。

(2)采用预付款时,可要求出口商凭保函或书面担保提取预付款,保证收款后一定时间内发货交单,否则退还预付款,并加付利息。

(3)可采用"凭单付汇(款)"的支付方式,这是一种有条件的汇款,汇入行根据汇出行的指示,向出口商发出汇款通知书,要求出口商须提供指明的单据方可解付。须提供的单据一般为商业发票和运输单据,具体要求视进口国和进口商需要而定。凭单付汇比一般预付款多了一层保障,可以防止出口商支取汇款后不交货、不交单或不按合同规定如期发货。

技能训练

请根据以下进口合同,填制境外汇款申请书。

1. 进口合同

2012年7月1日,南通泰山箱包有限公司与美国ORTAI有限公司签订了一份拉杆箱进口的销售合同,合同部分内容如下:

SALES CONTRACT

CONTRACT NO.: TSSC081005
DATE: Jul.01,2012

THE BUYER: NANTONG TAISHAN SUITCASE & BAG CO.,LTD
ADDRESS: 66,RENMIN ROAD NANTONG,JIANGSU, CHINA
TEL: 0086-0512-84524788   FAX: 0086-0512-84524788
THE SELLER: ORTAI CO.,LTD.
ADDRESS: 30 EAST 40TH STREET,NEW YORK,USA
TEL: 001-212-992-9789   FAX: 001-212-992-9789

1. The Amount of The Contract: USD22422.00
2. Time of Shipment: Latest Date of Shipment Aug.25,2012
3. Terms of Payment: Payment in advance of total amount by T/T
……

The Buyer: The Seller:
SUZHOU TAISHAN SUITCASE & BAG CO.,LTD   ORTAI CO.,LTD
张奇   Jack Smith

南通泰山箱包有限公司的张奇准备好了商业发票(号码:TSI0801005),公司的报关经营单位代码是534618765X,组织机构代码是71456421-X,与2012年7月2日去中国银行南通分行汇款,款项从他们公司在该行的现汇账户中(A/C NO. 123456788XX)支出。出口商在花旗银行纽约分行开有账户(National City Bank of New York, New York Branch),账号为655963849694XXX。上述汇出行中国银行南通分行同汇入行花旗银行纽约分行有账户关系。

2. 境外汇款申请书

表13-3

境外汇款申请书
APPLICATION FOR FUNDS TRANSFERS(OVERSEAS)

致: 日期:
To: Date:

请代办下列汇款: ☐电汇 T/T ☐票汇 D/D ☐信汇 M/T	发电等级 Priority☐普通 Normal☐加急 Urgent
申报号码 BOP Reporting No.	☐☐☐☐☐ ☐☐☐☐ ☐☐ ☐☐☐☐☐☐☐ ☐☐☐☐

续表 13-3

20 银行业务编号 Bank Transac. Ref. No.			收电行/付款行 Receiver/Drawn on	
32A 汇款币种及金额 Currency & Interbank Settlement Amount			金额大写 Amount in Words	
其中	现汇金额 Amount in FX		账号 Account No./Credit Card No.	
	购汇金额 Amount of Purchase		账号 Account No./Credit Card No.	
	其他金额 Amount of others		账号 Account No./Credit Card No.	
50a 汇款人名称及地址 Remitter.'s Name & Address				
□对公 组织机构代码 Unit Code□□□□□□□□		□对私	个人身份证号码 Individual ID NO. □中国居民个人　　Resident Individual □中国非居民个人　Non-Resident Individual	
54/56a 收款银行之代理行名称及地址 Correspondent of Beneficiary's Bank Name & Address				
57a 收款人开户行名称及地址 Beneficiary's Bank Name & Address				
59a 收款人名称及地址 Beneficiary's Name & Address		收款人账号 Beneficiary's A/C NO.		
70 汇款附言 Remittance Information	只限 140 个字位 Not Exceeding 140 Characters		71A 国内外费用承担 All Bank's Charges if any are to be Borne by □ 汇款人 OUR □收款人 BEN □共同 SHA	
收款人常驻国家(地区)名称及代码 Resident Country/Region Name & Code □ □ □				
请选择： □ 预付货款 Advance Payment □ 货到付款 Payment Against Delivery □ 退款 Refund □ 其他 Others		最迟装运期		
交易编码 BOP Transac. Code	□□□□ □□□□	相应币种及金额 Currency & Amount		交易附言 Transac. Remark

续表 13－3

是否为进口核销项下付款	□ 是 □ 否	合同号		发票号	
外汇局批件/备案表号			报关单经营单位代码		□□□□□ □□□□□
报关单号		报关单币种及金额		本次注销金额	
报关单号		报关单币种及金额		本次注销金额	
银行专用栏 For Bank Use Only		申请人签单 Applicant's Signature		银行签单 Bank's Signature	
购汇汇率 Rate		请按照贵行背页所列条款代办以上汇款并进行申报 Please Effect the Upwards Remittance. Subject to the Conditions Overleaf.			
等值人民币 RMB Equivalent					
手续费 Commission					
电报费 Cable Charge					
合计 Total Charges		申请人姓名 Name of Applicant 电话 Phone No.		核准人签字 Authorized Person 日期 Date	
支付费用方式 In Payment of the Remittance	□ 现金 By Cash □ 支票 By Check 账户 From Account				
核印 Sig. Ver		经办 Maker		复核 Checker	

应知练习

一、单选题

1. 进出口业务中，M/T 表示（　　）。

　　A. 电汇　　B. 票汇　　C. 信汇　　D. 托收

2. 通过汇出行开立的银行汇票的转移实现货款支付的汇付方式是（　　）。

　　A. 电汇　　B. 信汇　　C. 票汇　　D. 银行转账

3. 下列各项中，不是汇付方式当事人的是（　　）。

　　A. 汇款人　　B. 汇出行　　C. 解付行　　D. 提示行

4. 在国际贸易中,使用汇款作为结算方式,下列( )对出口方最为有利。
A. 货到付款　　B. 全部预付　　C. 凭单付款

5. 在国际贸易中,使用汇款作为结算方式,下列( )对进口方最为有利。
A. 货到付款　　B. 全部预付　　C. 凭单付款

二、多项选择题

1. 在汇款业务中,英文 paying bank 是指( )。
A. 汇入行　　B. 汇出行　　C. 解付行　　D. 付款行

2. 下列情况下,出口方可以选择预付货款方式结算货款的是( )。
A. 新产品出口　　B. 紧俏商品出口　　C. 滞销货出口
D. 鲜活产品出口　　E. 货物处于卖方市场

3. 下列情况下,出口方只能选择货到付款方式结算货款的是( )。
A. 新产品出口　　B. 紧俏商品出口　　C. 滞销货出口
D. 鲜活产品出口　　E. 货物处于卖方市场

4. 在汇出行的付款委托书以( )方式发出时,汇入行必须核对其印鉴和密押是否正确后才能解付款项。
A. 信函　　B. 电报　　C. 电传　　D. SWIFT

5. 电汇汇款使用的支付工具有( )。
A. 电报　　B. 支付委托书　　C. SWIFT　　D. 电传

三、判断题

1. 汇款业务中,汇入行在收到汇出行头寸拨付的通知后,方可向收款人解付款项。( )

2. 在信汇、电汇和票汇业务中,汇入行检查汇款的真实性,都是通过查验汇出行的签字进行的。( )

3. 汇款人向银行申请汇款时,必须在汇款申请书上正确表示头寸的偿付办理方式。( )

第十四章

汇出行制作汇款报文——任务十二

学习目标

能力目标

根据汇款申请书,选择正确的 SWIFT 报文类型,制作 SWIFT 电汇报文

知识目标

熟悉各种常用的 SWIFT 报文类别

任务设计

在任务十一中,南京跃进进出口有限公司的王进于 2012 年 5 月 23 日,向中国银行××分行提交了境外汇款申请书(见表 14-1)和其他必要的凭证,申请汇款。中国银行××分行需要完成以下任务:

(1)核查汇款凭证,读懂汇款申请书的要求。

(2)弄懂 SWIFT103 报文各栏目的制作要求。

(3)根据汇款申请书,制作 SWIFT103 报文。

表 14-1
境外汇款申请书
APPLICATION FOR FUNDS TRANSFERS(OVERSEAS)

致:中国银行 XX 分行　　　　　　　　　　日期:
To:BANK OF CHINA　　　　　　　　　　　Date:2011 年 5 月 23 日

请代办下列汇款: ■电汇 T/T　□票汇 D/D　□信汇 M/T		发电等级 Priority□ 普通 Normal　□ 加急 Urgent		
申报号码 BOP Reporting No.	□□□□□ □□□□ □□ □□□□□□ □□□□			
20 银行业务编号 Bank Transac. Ref. No.		收电行/付款行 Receiver/Drawn on		
32A 汇款币种及金额 Currency & Interbank Settlement Amount	USD8000.00	金额大写 Amount in Words		U. S. DOLLARS EIGHT THOUSAND ONLY
其中	现汇金额 Amount in FX	USD8000.00	账　号 Account No. /Credit Card No.	87654321
	购汇金额 Amount of Purchase		账　号 Account No. /Credit Card No.	
	其他金额 Amount of others		账　号 Account No. /Credit Card No.	

国际结算

续表 14-1

50a 汇款人名称及地址 Remitter.'s Name & Address	Nanjing Yaojie Imp. & Exp. Co. Ltd. No. 58 Xinmofan Road, Nanjing, China, 210013		
■对公　组织机构代码 Unit Code12345678-X	□ 对私	个人身份证号码 Individual ID NO. □中国居民个人　　Resident Individual □中国非居民个人　Non-Resident Individual	
54/56a 收款银行之代理行名称 及地址 Correspondent of Beneficiary's Bank Name & Address	BANK OF CHINA NEWYORK BRANCH		
57a 收款人开户行名称及地址 Beneficiary's Bank Name & Address	Bank of Tokyo-Mitsubishi		
59a 收款人名称及地址 Beneficiary's Name & Address	收款人账号 Beneficiary's A/C NO. 768394948366559 Western Trading Co.,Ltd. Nittobo., No. 6-1. 2-Chome, Tokyo, Japan		
70 汇款附言 Remittance Information	只限 140 个字位 Not Exceeding 140 Characters CONTRACT NO. NJJCK11520JP	71A 国内外费用承担 All Bank's Charges if any are to be Borne by □汇款人 OUR □收款人 BEN ■共同 SHA	
收款人常驻国家(地区)名称及代码 Resident Country/Region Name & Code　日本 392			
请选择： ■预付货款 Advance Payment □货到付款 Payment Against Delivery □退款 Refund　□其他 Others	最迟装运期	JULY. 02,2011	
交易编码 BOP Transac. Code	0 1 0 1 □□□□	相应币种及金额 Currency & Amount　USD8000.00	交易附言 Transac. Remark	一般贸易
是否为进口 核销项下付款	□是 ■否	合同号　NJJCK11520JP	发票号	12345678
外汇局批件/备案 表号		报关单经营单位代码		12345678XX
报关单号		报关单币种及金额	本次注销金额	
报关单号		报关单币种及金额	本次注销金额	
银行专用栏 For Bank Use Only	申请人签单 Applicant's Signature 南京跃进进出口有限公司财务专用章		银行签单 Bank's Sig- nature

续表 14-1

购汇汇率 Rate		请按照贵行背页所列条款代办以上汇款并进行申报 Please Effect the Upwards Remittance. Subject to the Conditions Overleaf.	
等值人民币 RMB Equivalent			
手续费 Commission			
电报费 Cable Charge			
合计 Total Charges			
支付费用方式 In Payment of the Remittance	☐ 现金 By Cash ☐ 支票 By Check 账户 From Account	申请人姓名　王进 Name of Applicant 电话 Phone No.	核准人签字 Authorized Person 日期 Date
核印 Sig. Ver		经办 Maker	复核 Checker

表 14-2　MT103 报文的基本格式

M/O	项目编号（Tag）	项目名称（Field Name）	解　释
M	20	Sender's Reference	发报行的该汇款业务的参考号
O	13C	Time Indication	要求银行借记或贷记款项的时间指示
M	23B	Bank Operation Code	银行操作代码,通过五种代码表示五种处理类型
O	23E	Instruction Code	指示的通知方式,如电话、电报等,有 13 种代码表示不同方式,可多选,但必须按特定顺序
O	26T	Transaction Type Code	交易类型代码,通过代码表示交易目的或属性
M	32A	Value Date/Currency/Interbank Settled Amount	结算起息日/币种/银行间清算金额
O	33B	Currency/Instructed Amount	指示币种/金额,在汇款金额没有包括对汇款人或收款人的收费,也没有汇率转换时,此金额等同 32A
O	36	Exchange Rate	汇率,以发送方币种金额为计算基数
M	50a	Ordering Customer	汇款人
O	51A	Sending Institution	发报行的 BIC 代码（银行识别代码）
O	52a	Ordering Institution	汇款人账户行

续表 14-2

M/O	项目编号(Tag)	项目名称(Field Name)	解释
O	53a	Sender's Correspondent	发报行的代理行
O	54a	Receiver's Correspondent	收报行的代理行
O	55a	Third Reimbursement Institution	第三方偿付行,除汇出行的分行或代理行外的另一家银行,且是汇入行的分行
O	56a	Intermediary Institution	中间行(一般为收款行的账户行)
O	57a	Account With Institution	账户行
M	59a	Beneficiary Customer	收款人
O	70	Remittance Information	交易信息(付款理由或汇款人附言)
M	71A	Details of Charges	费用承担明细
O	71F	Sender's Charges	发报行费用
O	71G	Receiver's Charges	收报行费用,若费用由汇款人承担,这里显示的金额已结清
O	72	Sender To Receiver Information	附言(银行对银行附言,与收款人、汇款人无关)
O	77B	Regulatory Reporting	汇款人或收款人所在国家要求的法规信息代码
O	77T	Envelope Contents	其他汇款信息传达格式

M=Mandatory O=Optional

任务描述

汇出汇款是银行一项重要的国际结算业务,由于目前大多数银行是 SWIFT 的成员,因此通过 SWIFT 系统完成电汇。根据汇款人和收款人是否是金融机构,SWIFT 汇款电文有不同的类型。作为汇出行的业务人员,应该能根据汇款申请书,准确选用合适的 SWIFT 报文类型。本任务中的汇款人和收款人都不是金融机构,因此选用 SWIFT103 报文完成汇款。

操作示范

第一步:核查汇款凭证,读懂汇款申请书的要求

汇出行工作人员首先要检查汇款凭证是否齐全,各凭证内容之间是否表面一致,在此基础上,重点审核境外汇款申请书。如相关栏目是否填完整,是否有填写不清的地方等,发现问题后及时同客户沟通,确保汇款申请书同其他凭证相符,尤其要关注汇款金额是否正确。本申请书要求使用电汇,电汇方式包括电传、电报和 SWIFT。由于中国银行是 SWIFT 成员,因此该笔汇款使用 SWIFT 方式发送 MT103 报文,业务编号为 TT120523001。

第二步:弄懂 SWIFT103 报文各栏目的制作要求

SWIFT 报文由项目(Field)组成,如 50a Ordering Customer 就是一个项目,50a 是项目的代号,可以是两位数字表示,也可以两位数加上字母表示。不同的代号,表示不同的含义。项

第十四章 汇出行制作汇款报文——任务十二

目还规定了一定的格式,各种 SWIFT 报文都必须按照这种格式表示。在 SWIFT 报文中,一些项目是必选项目(Mandatory Field),一些项目是可选项目(Optional Field)。必选项目是必须要具备的,如 50a Ordering Customer,可选项目是另外增加的项目,并不一定每份报文都有。

MT103 中的必选项目有:

(1)20:Sender's Reference,发报行的该汇款业务的参考号。

(2)23B:Bank Operation Code,银行操作代码。

(3)32A:Value Date/Currency/ Interbank Settled Amount,结算起息日/币种/银行间清算金额。

(4)50a:Ordering Customer,汇款人。

(5)59a:Beneficiary Customer,收款人。

(6)71A:Details of Charges,费用承担明细。

第三步:根据汇款申请书,制作 SWIFT103 报文

根据表 14-1 和银行已知信息填入必选项目。

(1)20:Sender's Reference,根据第一步的交代,应填入"TT20120523001"。

(2)23B:Bank Operation Code,银行操作代码。目前商业银行从事的大多是不限服务等级的资金划拨,根据 SWIFT 的规定,这种操作的代码是 CRED。因此,此处填"CRED"。

(3)32A:Value Date/Currency/ Interbank Settled Amount。结算起算日,就是汇出行接受汇款申请的日子,通常申请书的日期就是起息日。SWIFT 报文的日期表示方法为 YYMM-DD(年月日),如 2011 年 5 月 15 日表示为 110515,因此本案填写"110523"。金额按汇款申请书填写,为 USD8000.00。在 SWIFT 报文中,数字不用分格号,小数点用","来表示。如 12345.68 表示为"12345,68",因此本案填写"USD8000,00"。

(4)50a:Ordering Customer。本项目在操作中有两种形式,即 a 用 A 或 K 替代:①50A:汇款人账号及开户行 BIC 代码(见第四章拓展知识);②50K:汇款人账号、名称和地址。本业务中汇出行掌握的汇款人的信息比较全面,选择 50K,即:

50K:87654321

Nanjing Yaojie Imp. & Exp. Co. Ltd.

No. 58 Xinmofan Road, Nanjing, China, 210013

(5)59a:Beneficiary Customer。59a 在操作中有两种形式:①59A:收款人账号及开户行 BIC 代码;②59:收款人账号、名称和地址。

本业务中汇出行掌握的收款人的信息比较全面,选 59,即:

59:768394948366559

Western Trading Co., Ltd. Nittobo.,

No. 6-1. 2-Chome, Tokyo, Japan

(6)71A:Details of Charges。根据汇款申请书,填"SHA"。

(7)对照 MT103 报文中的其他项目,按照汇款申请书填写其他指示。

汇款申请书中有 Remittance Information,应在"70"中显示,即:

70:Remittance Information,本业务填写"CONTRACT NO. NJJCK11520JP"。

(8)检查 MT103 报文内容。

填制好的 MT103 报文如下：

Message Text MT103		
Sender's Reference	20：	TT20120523001
Bank Operation Code	23B：	CRED
Value Date/Currency/ Interbank Settled Amount		
	32A：	110523USD8000,00
Ordering Customer	50K：	87654321
		Nanjing Yaojie Imp. & Exp. Co. Ltd.
		No. 58 Xinmofan Road, Nanjing, China, 210013
Beneficiary Customer	59：	768394948366559
		Western Trading Co.,Ltd. Nittobo.,
		No. 6-1. 2-Chome, Tokyo, Japan
Remittance Information	70：	CONTRACT NO. NJJCK11520JP
Details of Charges	71A：	SHA

必备知识

一、汇款的偿付

1. 账户行直接划拨头寸

账户行之间的直接转账又分为两种情况：

(1)主动贷记。汇出行主动贷记(credit)汇入行账户。当汇入行在汇出行开立了往来账户，汇出行在委托汇入行解付汇款时，会在支付委托书上注明偿付指示："In cover, we have credited your A/C with us."（作为偿付，我们已经贷记你行在我行开立的账户），并在寄给汇入行的贷记报单(credit advice)上注明"your A/C credited"字样。汇入行接到支付委托书，知道汇款头寸拨入自己的账户，即可使用头寸解付汇款给收款人。

(2)授权借记。汇出行授权汇入行借记汇出行账户。当汇出行在汇入行开立了往来账户，汇出行在委托汇入行解付汇款时，应在支付委托书上注明偿付指示：In cover, please debit our A/C with you."（作为偿付，请借记我行在你行开立的账户），汇入行在借记该账户后，应在寄给汇出行的借记报单(debit advice)上注明"your A/C debited"字样。汇入行接到支付委托书，即被授权凭以借记汇出行账户，拨出头寸解付给付款人，并以借记报单通知汇出行，此笔汇款业务即告完成。

2. 通过共同账户行拨交头寸

汇出行和汇入行相互之间没有往来账户，在同一代理行开立往来账户时，为了偿付汇款，汇款时主动通知代理行将款项拨付汇入行在该代理行的账户。汇出行可以在支付委托书上作偿付指示：(作为偿付，我们已授权银行在借记我行的账户同时贷记你行在该行开立的账户)，汇入行接到汇出行的电汇拨头寸指示，同时收到银行寄来的头寸贷记报单，即可使用该头寸解付给收款人。

3. 通过各自账户行之间转账

汇出行和汇入行相互之间没有往来账户，但它们各自的账户行之间有往来时，为了偿付，汇出行可在汇款时主动通知其代理行将款项拨付给汇入行在其代理行的账户。汇出行应在支付委托书上作偿付指示：(作为偿付，我行已授权 A 银行支付款项入你行在 B 银行所开立的账户)，汇入行接到汇款，使用汇来的头寸，解付给收款人。

二、汇款的退汇

退汇是指解付以前的撤销。退汇的原因多种多样，一般为收款人拒收或汇款人提出退汇。

1. 汇款人提出退汇

汇款人办理退汇的前提是汇款尚未解付。一旦汇款解付，银行则不能接受汇款人的要求，此时应由汇款人自己向收款人交涉。汇款人要求撤销电汇、信汇时，应出具书面申请，汇出行接受申请后，应及时去函通知或电告汇入行办理退汇，待国外汇入行说明汇款并未解付、同意退汇并退回款项后，汇出行才能通知汇款人，办理退款手续。若是票汇退汇，汇款人在寄发汇款之前，可要求注销汇票退款，同样需要提出书面申请，交回原汇票，并在汇票上背书，经银行核对无误，注销汇票后，办理退款手续。若此时银行已寄出票汇汇票之票根，则还需通知汇入行退回票根，办理注销手续。倘若汇款人将汇票寄出后要求退汇，汇出行不能接受汇款人的要求而随便通知汇入行止付时，由于汇出行此时作为出票人，对汇票负有责任，将被追索，影响声誉。因此，除非汇票被窃、遗失等特殊情况，可办理挂失止付。一般已寄出的汇票办理退汇，银行应谨慎处理。

2. 收款人提出退汇

收款人退汇较方便。电汇或信汇时，只要他通知汇入行，汇入行即可将汇款退回原汇出行，由汇出行通知汇款人办理退汇手续。倘若是票汇项下退汇，收款人可将汇票寄还给汇款人，汇款人凭汇票到银行办理退汇手续，注销汇票即可。

3. 汇入行提出退汇

电汇汇出后，如因收款人名称、账户、地址不清等原因而无法解付汇入款超过一定期限，汇入行可主动退汇。

拓展知识

适用于汇款的 SWIFT 报文种类和格式

报文格式	MT 格式名称	名称描述
MT103	客户汇款	请求调拨资金
MT200	单笔金融机构头寸调拨至发报行自己账户	请求将发报行的头寸调拨至其他金融机构的该行账户上
MT201	多笔金融机构头寸调拨到它自己的账户上	多笔 MT200
MT202	单笔普通金融机构头寸调拨	请求在金融机构之间的头寸调拨
MT203	多笔普通金融机构头寸调拨	多笔 MT202
MT204	金融市场直接借记电文	用于向 SWIFT 会员银行索款
MT205	金融机构头寸调拨执行	国内转汇请求
MT210	收款通知	通知收报计，它将收到头寸记在发报行账户上

技能训练

根据第十三章的技能训练"表 13-3 的境外汇款申请书",制作汇款电文 MT103,其中汇出行的业务参考号为 TT20120702001。

应知练习

一、单选题

1. 在汇款业务中,若汇出行是汇入行的账户行,则汇出行在委托汇入行解付时,委托书应注明(　　)。

　　A. 请贷记我行在你行账户　　　B. 请借记我行在你行账户

2. 在汇款业务中,若汇入行在汇出行开立了往来账户,汇出行在委托汇入行解付汇款时,应在支付委托书上注明(　　)。

　　A. your A/C credited　　　B. your A/C debited

二、多选题

1. 以下属于汇款的报文形式是(　　)。

　　A. MT103　　B. MT200　　C. MT400　　D. MT700

2. 汇款的退汇可能有以下(　　)提出。

　　A. 汇款人　　B. 收款人　　C. 汇入行　　D. 汇出行

第三篇

国际结算提高篇

第三章

四神信仰と高松塚

第十五章 银行保函和备用信用证

学习目标

能力目标
1. 能够根据实际贸易情形,选用银行保函或备用信用证
2. 具备实际办理银行保函和备用信用证的能力
3. 能够运用所学理论及业务知识分析银行保函和备用信用证的相关案例

知识目标
1. 掌握银行保函、备用信用证的定义及种类
2. 熟悉银行保函、备用信用证的内容及业务处理
3. 掌握银行保函、备用信用证和跟单信用证之间的异同

案例导入

生产电信设备的甲国的 A 公司与乙国的电信运营商 B 公司签订了电信设备供货协定。根据该协定,A 公司向 B 公司出口电信设备,B 公司付给 A 公司电信设备的货款,其中:10% 为预付定金,在发货前支付;75% 为货款,凭发票支付;15% 为尾款,在设备正常运营 6 个月后支付。B 公司将货款用信用证方式支付,而预付定金和保留金的支付用银行保函支付,最终不仅 A 公司安全收汇,而且 B 公司支付预付定金后 A 公司也履约发货了。

分析:

本案采用了信用证与保函相结合的方式。在成套设备或工程承包交易中,除了支付货款外,还要有预付定金或保留金的收取。在这样的交易下,一般货款可用信用证方式支付,收款有保证;保留金的支付及出口商违约时的预付定金的归还可以使用保函解决,这样如果 A 公司不能履约发货,且拒不归还预付定金,B 公司可以从银行得到偿付,保证其不至于损失定金。

在国际贸易中,贸易双方由于地处不通的国家和地区,都希望银行能够更多地介入其中为双方提供保证,以增进双方的了解和信任;而银行保函和备用信用证作为银行提供的两种金融工具,可以满足这一要求。从严格意义上来说,银行保函和备用信用证并不是单纯的结算方式,它们往往和基本的国际结算方式结合在一起,同时又融入了银行的担保。银行保函和备用信用证对于进出口双方来讲,提供了更加灵活的服务和融资上的便利;而对于商业银行来说,则增加了它们业务种类和利润来源。本章将就银行保函和备用信用证的相关内容进行分析。

第一节 银行保函

一、银行保函的含义

银行保函(banker's letter of guarantee,L/G)又称银行保证书,是指银行应交易或合约关

系中的一方即申请人(或称委托人)的要求,向另一方即受益人出具的书面保证文件。银行以自身的信用向受益人保证,只要他履行了合约中规定的义务,就可获得相应的款项,或保证申请人履行合约中规定的义务,若其违约,受益人即可获得赔偿。因此保函必须具有一定金额、一定期限以及担保行承担的某种支付责任或经济赔偿的承诺。保函可以适用于有风险的结算方式,也可以适用于比较复杂的结算方式,更可以适用于任何经济交易中,为承受风险的一方提供保障。

ICC2010 年修订的第 758 号出版物《见索即付保函统一规则》(the Uniform Rules for Demand Guarantees,简称 URDG758)中对见索即付保函(demand guarantee)或保函的定义是:"不论其如何命名或描述,指根据提交的相符索赔进行付款的任何签署的承诺。(Demand guarantee or guarantee means any signed undertaking, however named or described, providing for payment on presentation of a complying demand.)"。

二、银行保函的当事人及其权责

根据现行国际惯例以及国际商会的有关规定,一份银行保函应具备如下三个最基本的当事人。

(一)申请人(applicant)

申请人也称委托人(principal),是指向银行提出申请并委托银行开立保函的当事人,是基础合同中负有责任或义务的一方当事人,通过保函的形式向另一方当事人巩固其在基础合同中作出的承诺。委托人在保函项下主要负有以下责任和义务:

(1)如果发生保函项下的支付/赔偿,应立即偿还担保行的所有支付/赔偿。
(2)负担保函项下的手续费、利息及所有其他费用。
(3)如担保行认为需要,须为之提供反担保人或者是一定押金或质押品。

(二)受益人(beneficiary)

受益人即接受保函并有权按保函规定的条款向担保银行索偿的人。具体来说,受益人按照合约的规定提供货物或劳务等,在保函规定的索偿条件具备时,可凭索偿文件或连同有关单据,要求担保行偿付。受益人在保函项下主要有以下权利和义务:

(1)有权按保函条款的规定向担保行提出索偿/索赔。
(2)只能在保函的有效期限(保函的有效期限一般是针对担保行所在地而言,这点应特别予以注意)和规定金额内提出索偿/索赔。
(3)如果保函规定有索偿/索赔时所须提供的单据,甚至基础合约的履约情况凭证,则在索偿/索赔时必须按要求予以提供。

(三)担保人(guarantor)

担保人即开立保函的银行。银行应委托人请求,根据合同的要求出具保函,保函一经开立,担保银行在保函项下按照担保书的承诺,独立承担第一性的支付责任。担保人在保函项下主要有以下权利和义务:

(1)有权要求申请人提供反担保人或者是一定押金或质押品,也有权拒绝作担保。
(2)一旦接受担保申请,则应按保函申请书的要求开立保函。
(3)在委托人违约时,根据受益人提交的符合保函规定的索赔文件,向受益人作出不超过保函金额的索偿/索赔。

（4）在处理受益人的索偿/索赔时，必须认真审核其是否符合保函的效期规定和金额规定（担保行的支付/赔偿责任仅限于保函规定的金额以内）。如果保函规定有单据要求的话，还须认真审核受益人所提交的单据是否在表面上符合保函的规定以及单据之间是否保持一致。对于从属性保函，还必须取得其基础合约履行情况的规定凭证。但一般来说，担保行对于受益人所提示单据的真伪或法律效力不负责任，对于第三者行为所造成的寄单延误、损失或差错等也不负责任。

（5）如果发生保函项下的支付/赔偿，担保行取得代位求偿权（subrogation），有权向委托人/反担保人索偿，若委托人不能在规定时间内偿还索偿款项，则担保行有权处置其押金或质押品，并有权进一步追索不足抵偿部分。

（6）有权根据担保金额和风险的大小向委托人收取手续费，并有权向委托人收取保函项下的利息及所有其他费用。

在国际性保函业务中，除了上述三个最基本的当事人以外，根据具体情形还可能涉及一些其他有关的当事人。

1. 通知行（advising bank）

通知行，也称转递行（transmitting bank），即受担保行的委托将保函通知或转递给受益人的银行，通常是受益人所在地的银行。它在保函项下主要有以下权利和义务：

(1) 负责核验和确认保函表面上的真实性。
(2) 按担保人的指示及时将保函转递给受益人。
(3) 若因故无法及时将保函转递给受益人，则应及时将此情况通报给担保人。
(4) 有权按保函的规定向受益人/担保行收取通知费。

2. 保兑行（confirming bank）

银行保函业务中的保兑行是在受益人对担保行的信用存在某种疑虑和不信任时，应担保行的要求，以其自身卓著的信誉在担保行已经作出的支付承诺之外另行附加保证，允诺在一旦发生担保行无故拒付或无力支付的情况下，由其代为履行付款责任。它在保函项下主要有以下权利和义务。

(1) 保兑行与担保行对受益人共同承担连带和单独的责任。
(2) 如果委托人违约，受益人可以向两家银行中的任何一家提出索赔要求，因此是一份保函、两个担保人。如果受益人选用第二种方式，则会出现反担保行这一当事人。

3. 反担保行（counter guarantor bank）

反担保行是指处于委托人所在地、接受申请人请求而向受益人所在地银行发出开立保函委托指示的银行，而受托行即实际上的担保行，此时也称为转开行（reissuing bank）。它在反担保函项下有以下权利和义务：

(1) 有权要求申请人提供一定押金或质押品，也有权拒绝作反担保。
(2) 一旦开出反担保函，就有义务按其承诺的条款受理担保行的索偿。
(3) 在处理担保行的索偿时，必须认真审核其是否符合反担保函的有效期规定（一般来说，反担保函规定的受益人索偿/索赔有效期应是针对担保行所在地而言）和金额规定（反担保行的支付责任仅限于反担保函规定的金额以内），如果反担保函规定有单据要求的话，还须认真审核担保行所提交的单据是否在表面上符合反担保函的规定以及单据之间是否保持一致。

(4)如果发生反担保函项下的赔偿,则有权向委托人追偿,若委托人不能在规定时间内偿还应付款项,则有权处置其押金或质押品,并有权进一步追索不足抵偿部分。

(5)有权不直接受理保函项下受益人提出的任何索偿/索赔要求。

4. 转开行（reissuing bank）

转开行是指根据原担保行的要求,向受益人开立的以原担保行为申请人、以自身为担保行的保函银行。转开行转开保函后,成为新的担保行,原担保行便成为保函的指示行（instructing bank）。它在保函项下主要有以下权利和义务。

(1)转开行有权拒绝反担保人要其转开保函的要求,并及时通知反担保人,以便反担保人选择其他的转开行。

(2)转开行的责任是应及时按反担保人的要求向受益人开出保函。

(3)保函一经开出,转开行就成为担保人,承担起担保人的责任,在保函规定的付款条件成立时保证履行赔付责任。

(4)转开行赔付后,有权凭反担保函向反担保人索偿。

三、银行保函的主要内容

银行保函的内容包括保函的主要当事人,合同的主要内容,保函的编号、开立日期和种类,保函的金额和货币名称,保函的有效期限和终止到期日,索偿条件,减款条款,其他条款,当事人的权利和义务等几个方面。

（一）保函当事人的完整名称和详细地址

保函应写明各方当事人尤其是担保行的完整名称和详细地址,因为《见索即付保函统一规则》明确规定"担保书受担保人营业所在国的法律约束,如果担保人有几个营业地,则受担保人签发担保书的那个营业地所在国的法律约束",而各国法律差异很大。因此,明确当事人各方尤其是担保人的全称和地址,不仅可以保证保函的完整、真实,而且对于明确保函地有关法律问题以及各方当事人的权利、义务,处理纠纷都十分重要。

（二）合同的主要内容

因为交易双方的责任义务是根据交易合同来确定的,交易合同是保函担保的标的物,所以保函中必须说明交易合同的内容、合同编号、开立日期、签约双方、有无修改等,从而明确担保行的责任范围。

（三）保函的编号、开立日期以及保函的种类

为便于管理和查询,银行通常要对保函进行编号。注明保函开立的日期有利于确定担保银行的责任。对于不同性质和用途的保函,必须注明其种类,如投标保函、付款保函等。

（四）保函的金额和货币名称

保函金额是银行担保的限额,通常也是受益人的最高索偿金额。保函金额可以是具体的金额,也可以用交易合同金额的一定百分比表示,一般要写明货币种类。金额的大小写要完整、一致。

（五）保函的有效期限和终止到期日

保函的有效期（validity）,即自生效日至到期日的期限,包括保函生效日期和失效日期

(expiry date)两方面的内容。根据保函的不同用途和避免无理索赔的需要,保函有着不同的生效办法,如投标保函一般自开立之日起生效,而预付款保函则自申请人收到款项之日起生效,以避免在申请人收到预付款之前被无理索赔的风险。保函的到期日是受益人提出索赔的截止期限。由于保函只能在担保行使用,受益人必须确保索赔单据或文件在保函失效之前送达担保行,如果延迟送达,担保行可以拒绝受理,因为保函此时已经失效。如果索赔单据或文件因邮寄过程中的延误而在保函失效后送达担保行,或者虽及时送达但担保行正因不可抗力事件而中断营业,而复业之时保函已失效,则担保行仍可以拒绝受理索赔,因为银行对上述事件及其后果不负责任。

另外,纵然保函明确规定了到期日期及/或到期事件,如果保函被退还给担保人,则保函自动注销。如果保函的最高金额因付款及/或减额而全部用完,或者受益人出具了解除担保人责任的书面申明后,无论保函及其修改是否被退回,保函均因注销而失效。

(六)索偿条件

即判断是否违约和凭以索偿的条件,对此有几种不同的情况:
(1)以担保行的调查意见作为是否付款的依据。
(2)凭申请人的违约证明付款。
(3)凭受益人递交的符合保函规定的单据或证明文件付款。
目前的保函多采取第三种情况为索偿条件。

(七)减额条款

保函可明确规定,在某一特定日期或在向担保人提示保函规定的某种单据后,保函金额可以减少某一特定金额或可事先决定的金额。例如,履约保函可以规定,当承包工程完成一定进度后,凭项目监督工程师的进度证明,保函的最高金额可以降至某一金额。又如,还款保函可以规定,随着交货的分批进行,凭委托人的发货证明(如提单副本)可以按比例地扣减保函金额。当保函金额按约定方式扣减至零时,保函即自动失效。

(八)其他条款

其他条款包括与保函有关的保兑、修改、撤销及仲裁等内容。

(九)当事人的权利和义务

保函应明确申请人、受益人、担保行及涉及的其他各当事人的责任和权利,如规定担保行在受益人证明申请人违约、提出索偿时,有责任支付受益人的合理索赔,并有权向申请人或反担保人索偿等。

银行履约保函格式如表15-1所示。

表 15－1　银行履约保函格式

银行履约保函格式
保函编号：
致：
鉴于_____（下称"委托人"）在贵方单位的_____招标项目中标，我行同意为委托人出具履约保函，作为委托人履行_____代建合同责任的担保，以使你方得到履约保函的保障。
一、我行保证在收到贵单位于保函有效期内送达的依本保函约定的索赔文件后，在____个工作日内无条件和不可改变地向贵单位支付金额最高不超过（总投资的3%）<u>人民币</u>（币种）<u>万元</u>的履约保证金，并放弃向你方提出任何异议和追索的权利。
二、贵单位的索赔文件应符合下述条件：
（一）贵单位法定代表人或其授权代表签字并加盖单位公章；
（二）在保函有效期内送达我行；
（三）明确的索赔金额（不得超过本保函第一条所列之限额）；
（四）贵单位出具的委托人违约事项说明。
三、本保函自签发之日起生效，有效期截至项目资产移交使用单位之日止。除非你方提前终止或解除本保函，且本保函于下述任一事项发生之时立即失效，我行在本保函项下的保证义务即刻解除：
（一）本保函有效期限届满；
（二）委托人履行了《代建合同》项下全部义务；
（三）我行保证的义务履行完毕。
四、我方受本保函制约的责任是延续的、独立的和无条件的，代建合同的任何修改、变更、解释或不可执行都不能削弱或影响我方受本保函制约的责任，委托人在代建合同项下对你方的任何抗辩也不能削弱或影响我方在保函项的付款责任。若贵单位于委托人协商变更《代建合同》，应督促委托人书面告知我行并将变更后的合同送一份给我行备案。
五、我方收到你方出具的代建单位财务决算资料已经送交市财政部门的书面通知后，本保函担保金额即按贵方通知的金额予以递减。
六、保函失效后请将本保函退回我方注销。无论正本最终退回与否，不影响本保函依上述约定自动失效。
本保函项下的所有权利和义务受中华人民共和国法律管辖和制约，我行在保函项下作出的付款承诺决不反悔。
担保银行名称：（盖公章）
法定代表人：（盖章、签字）
银行地址：
邮政编码：　　　传真：　　　电话：
开立日期：　　年　　月　　日

四、银行保函的种类

保函的分类，可以根据不同的要求从不同的角度去进行，从实务角度看，比较科学且较为有意义的分类方法基本上有下述几种。

(一)根据保函与基础交易合同的关系划分

1. 从属性保函

从属性保函是指其效力依附于基础商务合同的保函。这种保函是其基础交易合同的附属性契约或附属性合同,担保行只能以基础合约的条款及交易的实际执行情况来确定保函项下付款责任的成立与否。所以,这类保函本身的法律效力是依附于基础合约关系的存在而存在的。合同与保函的关系是一种主从关系,传统的保函大都属于这一类型。

2. 独立保函

独立保函与基础交易的执行情况相脱离。虽然根据基础交易的需要开立,但一旦开立后其本身的效力并不依附于基础交易合约,其付款责任仅以其自身的条款为准。在这种保函项下,保函与基础合同之间不是具有类似从属性保函那样的主从关系,而是呈现出一种相互独立、各自独具法律效力的平行法律关系。目前,国际银行界的保函大多数属于独立保函,而不是传统的从属性保函。

(二)根据保函业务性质和由此产生的付款当事人不同划分

1. 由商品或劳务的提供者、工程的承包方委托开立的保函

(1)投标保函(tender guarantee/bid bond)。

投标保函又称投标保证书或投标担保。它是银行根据投标人(保函申请人)的要求向招标方(保函受益人)开立的一种书面保证文件,以保证投标人在投标有效期内不撤回投标或修改原报价,中标后保证与招标方签订合同,在招标方规定的日期内提交履约保函。否则,担保行按保函的金额向招标方赔偿。

(2)履约保函(performance guarantee)。

履约保函是银行应委托人的请求,向受益人开立的保证委托人履行某项合同项下义务的书面保证文件,保证委托人忠实地履行商品或劳务合同,按时、按质、按量地交运货物或完成所承包的工程。如果发生委托人违反合同的情况,银行将根据受益人的要求向受益人赔偿保函规定的金额。履约保函多用于供货或承包工程项下,即中标人与招标人签订供应货物或承包工程合同时所要提供的担保。

(3)预付款保函(advance payment guarantee)。

预付款保函也称为还款保函(repayment guarantee),在买卖合同下还可以称为定金保函(down payment guarantee),是指银行应卖方或承包方的委托向买方或业主开立的,旨在保证若委托人未能按合同规定发货或提供劳务时,由银行退还受益人预付的全部或部分款项。

(4)质量/维修保函(quality/maintenance guarantee)。

质量保函和维修保函基本上是一样的。不同的是,质量保函多用于商品买卖交易中,而维修保函多用于劳务承包工程中。在商品买卖,比如机械设备交易中,买方为了确保商品的质量,常会要求卖方提供质量保函,保证如果出口的货物质量不符合合同规定,又不更换或维修时,担保银行负责赔偿。在劳务承包工程中,工程业主为了保证工程的质量,常会要求承包方提供银行担保,保证在质量不符合合同规定,承包方又不维修时,担保行负责向工程业主赔付。质量/维修保函的金额一般规定为合同金额的5%~10%,有效期从开出到合同规定的维修期满再加3~15日的索偿期。

2. 由商品或劳务的购买者、工程项目的业主委托开立的保函

(1)付款保函(payment guarantee)。

付款保函又称进口保函。在大型资本货物交易中，进口方委托银行向出口方开出一份书面保证文件，保证在出口方交货后，并经买方检验与合同相符后，进口方一定要付款，否则，就由担保行在付款保函项下代为支付。付款保函与其他信用担保的不同之处在于它是对合同价款的支付保证，而不是一般的违约赔偿金的支付承诺。

(2)保留金保函(retention money guarantee)。

保留金保函也称滞留金保函。在大型设备进出口业务以及国际承包工程中，买方在支付货款或工程款时，一般要保留一定比例的款项，待进口设备安装调试验收合格或工程完工交验后，再支付给出口方或工程承包方。这部分金额称保留金或滞留金。承包方或供货方为减少资金积压和避免资金风险，通常会要求买主或业主提供保留金保函，保证在规定时间内不会出现设备或工程质量问题或保证一旦在发生那些可以使委托人向受益人索赔的事由时，自己将如数退还该笔保留金，否则卖方或承包商可以向担保银行索赔。保留金保函的金额一般为合同总价的5%～10%，有效期是合同规定的索赔期满再加3～15日索偿期。

3. 提货保函(shipping guarantee)

在进出口贸易中，有时会出现货物比单据先到达目的港的情况。进口商在尚未收到正本提单，或提单在邮寄途中遗失的情况下，如其希望及时提取货物，以减少码头仓储费用和避免货物压舱变质，或是为了赶上最佳销售季节尽早获得转售利润，则进口商会向银行申请开立提货保函，以船公司为受益人，要求船公司允许进口商不凭正本提单提货。对于由此而使船公司承担的一切费用、责任及风险，银行保证进行赔偿，而且担保行保证一旦收到卖方寄来的正本提单或找到遗失的提单后，将及时把它交予船公司从而换回提货保函并注销。由于提货保函主要针对提单使用，故又称提单保函(bill of lading guarantee)。提单保函不同于一般的货值保付保函，其担保金额通常都远远大于货值本身，为货值的150%～200%左右，有的甚至是无限责任的担保。该保函的效期一般均无限制，直至买方向航运公司或承运代理人提示正本提单为止。

(三)根据保函索赔条件划分

根据保函的付款条件，还可将保函分为无条件保函和有条件保函。

1. 有条件保函

有条件保函是指受益人向担保银行索偿时必须满足某种条件，而这种条件的满足往往是以要求受益人履行其合同义务为目的的。例如在进口结算中，进口方银行开立的保函可规定：作为出口商的受益人因进口商未付款而索偿时，需提供由商检机构出具的证明文件，证实发运设备完全符合合同规定，担保行才代为付款。

2. 无条件保函

无条件保函叫做见索即付保函(demand guarantee)。这类保函很为受益人所欢迎，因为在索偿时可不受其他条件的制约，而能够确保自己的利益。

(四)根据担保行付款责任的属性划分

对担保银行来说，其担保义务也可分为第一性的和第二性的。

1. 第一性责任保函

根据保函条款直接向担保银行索偿，担保行的付款义务即为第一性的。担保行的付款主

要看其保函的条件,因此保函内容能够确定担保行在日后索偿和付款过程中的地位。倘若担保行承担了第一性付款义务,或者说保函属于见索即付性质的,担保行只要接到受益人索偿通知书即付款,而不能介入受益人与被担保人之间的商务纠纷中去。

2. 第二性责任保函

如受益人根据保函条款在向被担保人索偿未果时再向担保行索偿,担保行的付款义务就是第二性的。

五、银行保函的业务流程

(一)银行保函的开立

1. 直接开给受益人

直接开给受益人指担保银行应申请人的要求直接将保函开给受益人,中间不经过其他当事人,这是保函开立方式中最简单、最直接的一种,见图15-1。

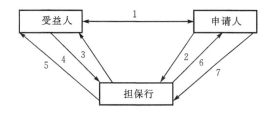

图15-1 直接向受益人开立保函的流程

注:①申请人和受益人之间签订合同或协议。②申请人向担保人提出开立保函的申请。③担保行向受益人直接开出保函。④受益人在发现申请人违约后,向担保行提出索赔。⑤担保行向受益人进行赔付。⑥担保行在赔付后向申请人索赔。⑦申请人赔偿担保行损失。

2. 通过通知行通知

通过通知行开立保函的流程见图15-2。

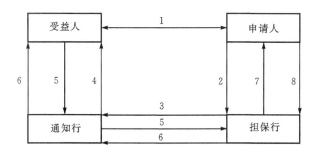

图15-2 通过通知行开立保函的流程

注:①申请人和受益人之间签订合同或协议。②申请人向担保行提出开立保函的申请。③担保行开出保函后,将保函交给通知行。④通知行将保函通知给受益人。⑤受益人在申请人违约后通过通知行向担保行索赔。⑥担保行赔付。⑦担保行赔付后向申请人索赔。⑧申请人赔付。

3. 通过转开行转开

通过转开行开立保函的流程见图 15－3。

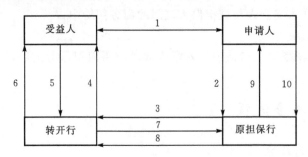

图 15－3　通过转开行开立保函的流程

注：①申请人和受益人之间签订合同或协议。②申请人向原担保行（指示行）提出开立保函的申请。③原担保行（指示行）开出反担保函并要求转开行转开。④转开行转开保函通知给受益人。⑤受益人在申请人违约后向转开行索赔。⑥转开行赔付。⑦转开行根据反担保函向原担保行（指示行）索赔。⑧原担保行（指示行）赔付。⑨原担保行（指示行）向申请人索赔。⑩申请人赔付。

（二）银行保函业务流程

在保函有效期内，银行在该笔担保项下承担一种或有负债，直到保函有效期届满为止。银行保函的业务流程如下：

1. **申请人向银行申请开立保函**

申请人填写开立保函申请书，或与担保银行签订委托担保协议，提交一定的保证金或以其他形式的反担保作为抵押，提交有关的业务参考文件，如标书、合同、有关的契约、协议等。委托人申请开立保函的目的是为了巩固其履行合同的责任与承诺，同时向开立保函的银行保证，在银行保函作出赔付后，要对银行作出足额补偿。

2. **担保行审查**

银行出于保护自身利益的考虑，在开立保函之前，会对申请人的资信状况、申请人提交的开立保函的申请书、交易合同副本或招标书副本、反担保文件或财产抵押书、保函格式等逐一进行详尽的审查核实。

3. **担保行开立保函**

银行对申请人提供的有关资料及申请人的资信审查认可后，便可正式对外开立保函，并按规定的收费标准向申请人收取担保费。在日常业务中，保函的开立方式分为电开和信开两种。银行在保函中应当明确有效期。

4. **保函的修改**

银行保函可以在有效期内进行修改。保函的修改必须经过当事人各方一致同意后方可进行，任何一方单独对保函条款进行修改都视作无效。当申请人与受益人就保函修改取得一致后，由申请人向担保行提出书面申请并加盖公章，注明原保函的编号、开立日期、金额等内容以及要求修改的详细条款和由此产生的责任条款，同时应出具受益人要求或同意修改的意思表示供担保行参考。担保行在审查申请并同意修改以后，向受益人发出修改函电，由主管负责人签字后发出。

5. 保函的索赔

担保行在保函有效期之内,若收到受益人提交的索赔单据及有关证明文件时,应以保函的索赔条款为依据对该项索赔是否成立进行严格审核,并在确认索赔单据及有关证明文件完全与保函索赔条款的规定相符合时,应及时对外付款,履行其在该项保函中所承担的责任。担保行对外付款后,可立即行使自己的权利,向保函申请人或反担保行进行索赔,要求其偿还银行所付的款项。

6. 保函的注销

保函在到期后或在担保行赔付保函项下全部款项后失效。担保行应立即办理保函的注销手续,并要求受益人按保函的有关规定将保函退回担保行。至此,保函业务的运作程序结束。

六、银行保函与跟单信用证的比较

(一)适用范围

跟单信用证适用于国际货物的买卖,而银行保函不但适用于国际货物的买卖,还适用于需要作担保的场合以及国际经济交往中货物买卖以外的其他各种交易方式。

(二)与交易合同的关系

跟单信用证和银行保函都以交易合同为依据开立。如果保函是独立性的,则与跟单信用证一样,一旦开立,法律效力不依附于交易合同;如果保函为从属性的,则属于交易合同的从属合同,其法律效力随交易合同的存在而存在,随交易合同的消失而消失。

(三)银行作用

跟单信用证以银行信用代替商业信用,而银行保函是商业信用的一种补充,即提供了一种银行信用的担保。两种方式下,银行都有付款责任。跟单信用证下,银行为第一性的付款责任。如保函为独立性的,申请人未履行义务时,银行也是主债务人,受益人直接向其追索;如保函是从属性的,则受益人应先直接向申请人索偿,只有当申请人被法律强制执行仍无力履约时,受益人才可凭保函向担保银行索偿。

(四)支付依据

在银行支付款项时,独立性保函和跟单信用证处理的是单据,单据符合信用证或保函的要求即付款,而如果保函是从属性的,则还要联系合同的履约事实,考虑是否支付。

第二节 备用信用证

一、备用信用证的含义

备用信用证(standby letter of credit,SL/C)是一种特殊形式的信用证,是开证行对受益人承担一项义务的凭证。开证行保证在开证申请人未能履行其应履行的义务时,受益人只要凭备用信用证的规定向开证行开具汇票,并随附开证申请人未履行义务的声明或证明文件,即可得到开证行的偿付。备用信用证只适用 UCP600 的部分条款。

备用信用证最早流行于美国,因美国法律不允许银行开立保函,故银行采用备用信用证来代替保函,后来其逐渐发展成为为国际性合同提供履约担保的信用工具,其用途十分广泛,如国际承包工程的投标、国际租赁、预付货款、赊销业务以及国际融资等业务。

备用信用证属于银行信用,开证行保证在开证申请人不履行其义务时,即由开证行付款。如果开证申请人履行了约定的义务,该信用证则不必使用。因此,备用信用证对于受益人来说,是备用于开证申请人发生违约时取得补偿的一种方式,其具有担保的性质。同时,备用信用证又具有信用证的法律特征,它独立于作为其开立基础的交易合同,开证行处理的是与信用证有关的文件,而与交易合同无关。综上所述,备用信用证既具有信用证的一般特点,又具有担保的性质。

二、备用信用证的特点

1. 不可撤销性(irrevocable)

备用信用证一经开立,除非有关当事人同意或备用信用证内另有规定,开证行不得撤销或修改其在该备用信用证项下的义务。

2. 独立性(independent)

备用信用证一经开立,即作为一种自足文件而独立存在。其既独立于赖以开立的申请人与受益人之间的基础交易合约,又独立于申请人和开证行之间的开证契约关系;基础交易合约对备用信用证无任何法律约束力,开证行完全不介入基础交易的履约状况,其义务完全取决于备用信用证条款和受益人提交的单据是否表面上符合这些条款的规定。

3. 单据性(documentary)

备用信用证亦有单据要求,并且开证人付款义务的履行与否取决于受益人提交的单据是否符合备用信用证的要求。备用信用证的跟单性质和商业信用证并无二致,但后者主要用于国际贸易货款结算,其项下的单据以汇票和货运单据为主;而备用信用证则更普遍地用于国际商务担保,通常只要求受益人提交汇票以及声明申请人违约的证明文件等非货运单据。

4. 强制性(enforceable)

不论备用信用证的开立是否由申请人授权,开证人是否收取了费用,受益人是否收到该备用信用证,只要其一经开立,即对开证人具有强制性的约束力。

三、备用信用证与跟单信用证的比较

备用信用证与跟单信用证都属于银行信用,在业务处理上都遵循国际商会UCP600,都是处理单据业务、凭单付款,但是二者还存在区别。

(1)跟单信用证仅在受益人提交有关单据证明其已履行基础交易义务时,开证行才支付信用证项下的款项;备用信用证则是在受益人提供单据证明债务人未履行基础交易的义务时,开证行才支付信用证项下的款项。

(2)跟单信用证开证行愿意按信用证的规定向受益人开出的汇票及单据付款,因为这表明买卖双方的基础交易关系正常进行;备用信用证的开证行则不希望按信用证的规定向受益人开出的汇票及单据付款,因为这表明买卖双方的交易出现了问题。

(3)跟单信用证总是货物的进口方为开证申请人,以出口方为受益人;而备用信用证的开证申请人与受益人既可以是进口方,也可以是出口方。

四、备用信用证与银行保函的比较

银行保函和备用信用证作为国际结算和担保的重要形式,在国际金融、国际租赁和国际贸易及经济合作中应用十分广泛。二者之间既有基本类同之处,又有许多不同之处。

(一)银行保函与备用信用证的类同之处

1. 定义上和法律当事人的基本相同之处

银行保函和备用信用证,虽然在定义的具体表述上有所不同,但总的说来,它们都是由银行或其他实力雄厚的非银行金融机构应某项交易合同项下的当事人(申请人)的请求或指示,向交易的另一方(受益人)出立的书面文件,承诺对提交的在表面上符合其条款规定的书面索赔声明或其他单据予以付款。银行保函与备用信用证的法律当事人基本相同,一般包括申请人、担保人或开证行(二者处于相同地位)、受益人。它们之间的法律关系是,申请人与担保人或开证行之间是契约关系,开证行与受益人之间的法律关系则是以银行保函或备用信用证条款为准。

2. 应用上的相同之处

银行保函和备用信用证都是国际结算和担保的重要形式,在国际经贸往来中可发挥相同的作用,达到相同的目的。

3. 性质上的相同之处

国际经贸实践中的银行保函大多是见索即付保函,它吸收了信用证的特点,越来越向信用证靠近,使见索即付保函与备用信用证在性质上日趋相同。

(二)银行保函与备用信用证的不同之处

1. 银行保函有从属性保函和独立性保函之分,备用信用证无此区分

银行付款责任因保函性质不同而不同,备用信用证作为信用证的一种形式,并无从属性与独立性之分,它具有信用证的"独立性、自足性、纯粹单据交易"的特点,受益人以该信用证为准,开证行只根据信用证条款与条件来决定是否偿付,而与基础合约并无关。因此,在索赔时所要求的单据和付款依据都是不同的。

2. 银行保函和备用信用证适用的法律规范和国际惯例不同

银行保函参照《合约保函统一规则》或《见索即付保函统一规则》等惯例,而备用信用证适用于《跟单信用证统一惯例》(UCP600)。

技能训练

1. 案例分析(一)

我国文具生产企业 A 公司,参与非洲某国教育部(以下为保函受益人)的委托文具招标后,收到了中标通知书。A 公司于是向我国某银行(以下为担保银行)申请开立履约保函。担保行审核中标通知书及有关资料后,建议保函的申请人(A 公司)联系受益人(B 公司)进行以下修改:

(1)原标书规定的保函金额为合同金额的 20%,比例过高,建议降到 10% 以下。

(2)原标书、合同规定允许分批装运,建议在保函中允许加列保函金额随申请人履约情况按照比例予以递减。

(3)原标书规定中标方接到中标通知书以后就出具银行保函,同时与买方签订合同。买方根据合同开立延期付款信用证。担保行建议A公司与招标方(买方)商议,先将合同签订下来,并在买方开来信用证后,再按照买方要求开立履约保函。

买方(保函受益人)先于保函的开立与买卖合同的签订,开来了两笔信用证。我国A公司也申请对外开立了履约银行保函。

接下来,A公司按照合同正常出货。然后,向担保银行提出撤销保函。担保银行致电对方银行,要求确认保函失效并解除担保行的责任。但没过几天,收到对方银行的来电,申明保函受益人已经递交正式文件,申明保函申请人违约,同时要求赔付全部保函金额,并要求担保行偿付。经了解得知,因A公司的第二批货物到港晚了两天,为对方提供了索赔的理由。为了保存信誉,担保行不得不对外赔付,并最终向A公司(保函申请人)追索。

问题:本案的教训是什么?

2. 案例分析(二)

2005年5月,国内A公司与美国B公司签订合同进口一笔货物。A公司先通过C银行向美国D银行开出一张不可撤销的跟单信用证,金额为100万美元,有效期至2005年8月30日,以B公司为受益人。由于货物数量大,金额大,为防止B公司不履约而造成损失,A公司在开证前,要求B公司开出一份以A公司为受益人的备用信用证,信用证金额为2万美元。该备用信用证中规定:本信用证凭受益人开具的以开证行为付款人的即期汇票,并随附开证申请人未按第×××号合同履行的证明可以得到支付。同时,该备用信用证还规定:该证生效的条件是受益人开出一份位于合同号×××项下的以本证申请人为受益人的金额为100万美元的不可撤销信用证,该证有效期为2005年8月30日,并且必须于通知行收到本信用证之日起14天之内开出,该证应由我行通知并限制在我行议付。

我A公司对外开证时,并没有通知C银行在信用证中加列"限制在D银行议付"条款。在合同执行过程中,A公司发现B公司有违约行为。在找出充分证据后,C银行应A银行要求使用该备用信用证,向D银行寄出索赔单据,金额为2万美元。

不几日,D银行来电称,不接受C银行提交的单据和索赔,理由是C银行开出的信用证未写明限制在D银行议付,C银行将情况告知了A公司。在备用信用证交涉期间,C银行收到D银行寄来的跟单信用证项下单据一套,金额为978989.90美元。C银行审核单据后,发现有许多实质性不符点,C银行向D银行发出拒付通知。后经买卖双方同意,B公司同意减价处理,此案了结。

问题:本案中,备用信用证索赔失效的教训是什么?

应知练习

一、单选题

1.银行保函是银行根据申请人的请求,向( )开列的,担保履行某项业务并承担经济赔偿责任的书面证明文件。

A.进口商　　B.出口商　　C.担保人　　D.受益人

2.备用信用证是信用证的一种特殊形式,它属于( )。

A.银行信用　　B.商业信用　　C.银行信用和商业信用并存

3.信用证结算方式下的开证行承担第一性的付款责任,而保函业务结算方式下的开证行承担了(　　)责任。

A. 第一性付款　　B. 第二性付款　　C. 二者兼有

4. 银行保函的开立主要是通过(　　)通知转开行转交。

A. 通知行　　B. 受益人　　C. 申请人

二、多选题

1. 银行保函的基本当事人有(　　)。

A. 受益人　　B. 申请人　　C. 担保人　　D. 通知行

2. 根据保函与基础交易合同的关系划分,银行保函分为(　　)。

A. 独立性保函　　B. 从属性保函　　C. 履约保函　　D. 投标保函

3. 备用信用证的特点有(　　)。

A. 独立性　　B. 不可撤销性　　C. 单据性　　D. 强制性

三、判断题

1. 银行保函中,担保行的付款义务始终是第一性的。(　　)

2. 备用信用证中,申请人为进口方。(　　)

3. 银行保函的适用比跟单信用证更为广泛。(　　)

第十六章
国际贸易融资

学习目标

能力目标
根据实际贸易情况，选择合适的贸易融资方式
知识目标
掌握不同融资方式的特点

案例导入

青岛某针织品进出口公司在2002年以前采用的出口结算方式中，L/C占50%，D/A占30%，D/P占20%。各种方式各有特点：采用L/C方式，既可申请打包贷款，解决装运前资金短缺问题，又能在制单配单后到银行办理出口押汇，加速资金周转；采用D/P方式虽可扩大出口，减少库存商品积压，但占压企业资金，增加企业的利息支出，并有货款不能按期收回的后顾之忧；最近5年采用D/A方式结算的贷款有将近20%不能按期收回。

以D/P方式出口，收汇的安全性虽较D/A方式高，但当出口商品运抵目的港后，遇到当地市场价格下降，当地进口商为避免赔本亏损，会拒不交款赎单，这种情况时有发生。于是，或货物积存在港口码头，无人过问，或由我驻外商务机构就地加以处理。公司因此不仅受到经济损失，而且陷于诸多麻烦之中。为解决利用D/A、D/P方式引起的资金积压问题，该青岛针织品进出口公司去银行办理跟单托收项下的出口押汇。但该方式条件苛刻，给予办理时，还需到出口信用保险公司投保，并将受益人过户到办理出口押汇的银行，费用较多，手续烦琐。从2002年开始，该青岛针织品进出口公司的开户银行——交通银行——开始办理保付代理业务。这种业务允许以D/A方式出口商品的企业在货物装船后立即将单据卖断给办理保理业务的交通银行，这样，出口企业不仅可以及时取得资金融通，而且还可以消除托收方式下容易发生的货款不能收回的风险。该青岛针织品进出口公司立即将与港澳和非洲部分客户的往来改做保付代理。两年来，在与这些客户往来中未发生过货款不能收回的情况，加速了资金周转，减少了汇率风险。

分析：
由此可见，对外经贸企业应了解并掌握银行和金融机构开办的各种对外贸易融资的形式和特点，在进出口业务谈判中结合本企业资金及商品供求等具体情况，向对方争取最有利的支付条件与结算方式，确定最有利的融资形式。

第一节　国际贸易融资概述

一、国际贸易融资的含义

国际贸易融资在广义上是指一切为开展或支持国际贸易而进行的各种信贷活动、信用担

保或融通活动及出口信用保险活动。它包括进出口商相互间为达成贸易而进行的资金或商品信贷活动,银行及其他金融机构、政府机构或国际金融机构为支持国际贸易发展而进行的资金信贷活动,银行及其他金融机构为支持贸易信贷而进行的信用担保或融通活动,各国政府机构或银行等为支持贸易信贷而进行的信用担保或融通活动,以及各国政府机构或银行等为支持本国出口而进行的出口信用保险活动,等等。

国际贸易融资是银行国际业务中的一项传统业务,但随着国际贸易的进一步发展,国际贸易融资也有了新的发展,除了融资规模不断扩大、与国际贸易和国际结算联系更加紧密以外,融资方式也更加多样化。在进出口押汇、票据贴现以及打包放款等传统的贸易融资方式的基础上发展了诸如国际保理业务、福费廷、出口信贷等融资方式,进一步扩大了国际贸易融资的范围。例如,国际保理业务一方面起到了银行或非银行金融机构(如保理公司)的信用保证作用,方便了国际贸易的进行,另一方面又使融资功能得到进一步发挥,进口商或债务人能得到出口商或出口商银行的融资,出口商(如供应商)又能从银行或其他金融机构得到融资;而福费廷业务的出现使得融资的范畴扩大、期限延长,通过银行的中介作用,使贸易中的中长期资金需求得到满足,促进了成套设备进出口业务的发展。又如,第二次世界大战后出现的出口信贷使得融资得到了政府的支持,许多国家先后成立了专门的对外贸易银行或进出口银行,他们不仅向本国商人提供信贷,同时也向外国商人提供信贷,而且通常规模较大。

二、贸易融资的特点

从上述贸易融资含义的表述,我们可以归纳出此类业务的一些共同特点,诸如:偿还性,即借贷必须以偿还作为前提条件,到期归还;收益性,即偿还时必须获得更多的资金,作为报酬;风险性,即可能会面临货币风险、信用风险、商业风险、国家风险、外汇风险等;复杂性,即国际贸易融资涉及不同国家当事人,以及不同的贸易类型和结算方式。除了具有这些特点之外,还有一些新的特点:

(1)产品的自偿性。这主要反映在用于融资的贸易产品的自偿性程度以及贷款人对交易进行结构化设计方面的技能,而不是借款人本身的信用等级。银行更多关注用于融资货物自身的价值,货物价值的足值与否决定融资企业是否具有稳定的还款来源。

(2)贸易的真实性。银行对融资企业的信用评级不再强调企业所处的行业、企业规模、固定资产价值、财务指标和担保方式,转而强调企业的单笔贸易真实背景。

(3)资金的封闭性。贸易融资中的资金流严格要求专款专用,用于货物在贸易流转过程中的资金一直处在相对封闭的资金闭合圈中,这一点严格区别于传统的授信制度,基于某种特定货物的贷款不允许用作他途。

(4)形式的多样性。除了传统贷款业务的流动资金贷款及银行承兑汇票外,银行和企业之间可以根据贸易融资货物的特点及贸易方式,结合银行的金融衍生工具,提供更为灵活的资金融通方式以及贷款、还款方式。

第二节 主要的出口贸易融资方式

一、打包贷款

打包贷款是指银行以国外开来的信用证为抵押,向出口商提供装船前的贸易融资。起初,这种贷款是以处于打包阶段的货物为抵押,故称为打包贷款。现在,从接到订单到货物上船,出口商收购商品、租用运输设备等所需流动资金,都可凭出口信用证申请打包贷款,使出口信贷资金从流通领域进一步深入到生产领域。它有信用证的书面承诺,风险较小,利率也低于一般贷款。它的期限多于 3 个月,原则上不超过 6 个月。其融资比例不超过信用证金额的 90%。打包贷款通常和国际结算业务相结合。

对于出口商来说,打包贷款的好处是:①扩大了出口融资的范围,有助于出口商扩大出口业务。②融资成本比较低。③容易申请,申请手续简便。

对于银行来说,打包贷款的好处是:①与信用放款相比,打包放款以信用证为抵押,还款更有保证。②增加了银行业务的品种,增强了银行的竞争能力。③它使信贷业务与结算业务相结合,不仅方便了客户,也使自己争取到更多的客户,扩展了融资范围,增加了银行的收益。

二、出口信用证押汇

出口商装运货物后,由于收到货款需要一段时间,如果出口商急需资金,可按照信用证的规定向议付行提交全套单据,议付行进行审核,单证相符后,以信用证项下的出口单据作抵押,先垫付给出口企业扣除利息及手续费后的净款。

议付行在决定是否提供融资时,需要考虑以下因素:

(1)信用证条款与单据是否严格一致,若单证不符,议付行可以通过电报或电传征求开证行的意见,即电提。开证行还要征求进口商的意见,若进口商愿意作出修订,使单证达到一致,则开证行恢复第一性付款责任,并通知议付行。

(2)开证行所在国家的政治经济状况会影响到收汇的安全。若该国发生战争、动乱或金融危机,则收汇的安全性得不到保障。

(3)开证行本身和出口商的信誉也会影响收汇的安全。若开证行资信欠佳,议付行需要审查信用证是否经过保兑。在开证行拒付的情况下,议付行有权向出口商追索,因此它也需要考虑出口商的资信。如果审查合格,议付行可扣除押汇利息,向出口商提供贸易融资。

三、出口托收押汇

出口托收押汇是指采用托收结算方式的出口商在提交单据、委托银行代向进口商收取款项的同时,要求托收行先预支部分或全部贷款,待托收款项收妥后归还银行垫款的有追索权的融资方式。它的前提是贸易采用托收结算方式。

出口托收押汇与信用证押汇的主要区别在于它没有银行的信用保证,能否收回贷款完全取决于进口商的资信,因此风险较大,押汇利率也较高。

出口押汇业务有如下特点:①押汇系短期垫款,押汇期限一般不超过 180 天,贴现不超过 360 天;②押汇预扣利息后,将剩余款项给予客户,利息按融资金额×融资年利率×押汇天数/360 计算;③押汇系银行保留追索权的垫款,不论何种原因,如无法从国外收汇,客户应及时另筹资金归还垫款。

四、票据贴现

票据贴现是信用证项下的一种融资方式。如果进出口双方以远期信用证方式成交,那么出口商取得开证行承兑的远期汇票后,可向银行申请贴现以取得现款,银行扣除贴现利息后将汇票余额付给出口商,一旦开证行到期不能履行付款义务时,付款行有权要求出口商归还贷款。

五、国际保理

国际保理是国际保付代理的简称。所谓国际保理,是指国际保理商通过收购债权,为以商业信用形式出卖商品的出口商提供的一种将贸易融资、销售账务处理、收取应收账款和买方信用担保融为一体的综合金融业务。其核心内容是通过收购债权方式提供融资。

1. 国际保理的功能

保理商就是提供保理服务的公司,通常是国际上一些资信良好、实力雄厚的跨国银行的全资附属公司。保理公司是独立于银行的法人,但又依托于银行,并以银行为后盾。这样保理公司可以利用银行的地位、信息网络和资金等。保理商一般可提供信用销售控制、代收账款、销售账务管理、风险担保与贸易融资五个方面的服务。

(1) 信用销售控制。信用销售控制是指通过对进口商的资信调查及评估核定信用额度,进而掌握进口商资信变化并调整其信用额度。

出口商有时和某些进口商建立了长期的贸易关系,有时是临时性的贸易,但不论是老客户还是新客户,出口商都要对他们的资信进行调查。保理商和进口商同在一地,可通过多种渠道和手段获得最新的资料,一方面保理商可利用保理商联合会及民间的咨询机构、调查机构,另一方面可利用其母银行的广泛的分支机构和代理网络,以及自身的数据资料库。一般来说,保理商都设有专门的调研机构。这些便利条件使保理商对进口商的资信能作出较为客观的评估,并根据资信情况,对进口商核定并随时修改一个合理的信用额度。资信越高,信用额度就越大。出口商可根据进口保理商核定的信用额度签订销售合同,从而将收汇风险降到最低。

(2) 代收账款。贷款能否及时收回,直接影响到出口商的资金周转。保理商设有专门的收债人员,拥有专门的收债技术和丰富的经验,并利用所属大银行的威慑力来收债,所以收债率极高。因此,销售与收债两个环节的分离,既节约了出口商的运营资金,又免除了对跨国收债的困难。

(3) 销售账务处理。销售账务处理是指出口商发出货物后,将有关的售后账务管理交给保理商。保理商一般均为大商业银行的附属机构,拥有完善的账务管理制度。这样就为出口商减少了财务管理人员和办公设备,并且由于保理商负责收款,寄送账单和查询、催收工作,还能节省大量的邮电费等开支。

(4) 风险担保。风险担保又称坏账担保或买方信用担保。保理协议签订后,进口保理商要在协议生效前对进口商核定一个信用额度,如果进口商在付款到期日拒付或无力付款,出口保理商将在付款到期日后的第90天无条件地向出口商支付不超过其核定的信用额度的贷款。信用额度核定后,保理商可根据进口商资信变化情况,随时调整或撤销进口商的的信用额度。但在调整或撤销的通知未到达出口商之前,原核定的信用额度仍有效。对卖方在信用额度内的销售,保理商将提供100%的信用担保。就是说,只要出口商对进口商的销售控制在信用额度之内,就可以完全消除因买方信用造成的坏账风险。但有一个前提,卖方出售给保理商的必须是正当的、无争议的债务请求权。如果因商品质量、服务水平、交货期限等引起进口商的拒付而造成的坏账,保理商将不负责赔偿。

(5) 贸易融资。贸易融资是国际保理业务最大的优点,保理商可以向出口商提供无追索权的融资,且简单易行,手续简便。卖方在发货后,将发票副本交给保理商,就可以立即获得不超过 80% 发票金额的无追索权的预付款融资,不必像贷款那样需办理复杂的审批手续,也不像抵押贷款那样需办理抵押品的移交和过户手续。但此项融资的期限一般不超过 180 天,余下的 20% 于货款收妥后结算。

2. 国际保理的特性

为了说明国际保理的特性,我们从债权信用风险保障、进口商和出口商的费用负担、进口商和出口商的银行抵押、提供进口商财务灵活性以及出口竞争力五个方面与传统贸易结算方式加以比较。这五个方面是互相结合的,统一于各种贸易结算组织安排,具体如表 16-1 所示。

表 16-1　国际保理与其他支付方式比较

比较项目＼结算方式	国际保理	汇款	托收(D/A、D/P)	信用证(L/C)
债权信用风险保障	有	无	无	有
进口商费用	无	有	有时有	有
出口商费用	有	有	有	有
进口商银行抵押	无	无	无	有
出口商银行抵押	无	无	有	无
提供进口商财务灵活性	较高	较高	一般	较低
出口商竞争力	较高	较高	一般	较低

从上表中可以看出,四种贸易结算方式各有其优缺点。从总体来看,国际保理可以被近似地认为是介于以商业信用为基础的国际结算方式(汇款和托收)和以银行信用为基础的结算方式(信用证)之间,除非国际保理业务过程中出口商应支付的费用抵消了国际保理带来的好处。

3. 国际保理对进出口商的利处

出口商希望能在激烈竞争的国际市场中,通过非价格竞争(如采取赊销方式)并能及时获得周转资金补偿、减少应收账款管理的麻烦和降低坏账风险、简化结算业务手续(增强国际结算业务的灵活性)。而国际保理商恰好能提供这些综合性的金融服务,于是,供给和需求的共同推动促进了国际保理业务的发展。在近几十年的业务发展中,国际保理不但给出口商带来许多好处,而且进口商也从中获益匪浅。但国际保理商并不是无限制地接受来自各个不同层面的国际保理申请,其必须要符合一定的条件,因为这直接关系到国际保理商的切身利益。

表 16-2 中从增加营业额、增加风险保障、降低管理成本、简化程序提高效率、扩大利润和提高资信六个方面显示了国际保理对出口商和进口商的可能好处。

表 16-2 国际保理对进出口商的利处

好处	对出口商	对进口商
增加营业额	对新的或现有的客户提高更有竞争力的D/A或O/A付款条件,以便扩展海外市场,增加出口营业额	利用D/A或O/A优惠付款方式,以有限的资本,购更多的货物,加快资金流动,扩大营业额
增加风险保障	在信用额度内的债权可获得100%的保障,不必担心买方信用风险	纯因公司的信誉和良好的财务表现而获得买方信贷,无需抵押
降低管理成本	买方资信调查、账务管理和催收都由保理公司负责处理,减轻业务负担,降低管理成本	节省了申请开立信用证的押金和处理繁杂文件等费用
简化程序提高效率	免除了单项交易的繁琐手续,出口保理商和销售商同在一国内,没有语言和法律障碍,提高了工作效率	在批准信用额度后,购买手续简化,进货迅捷,与进口保理公司在同一国内,没有语言方面的障碍
扩大利润	由于出口额扩大,降低业务成本,排除了信用风险和坏账损失,利润随之增加	由于加快了资金和货物的流动,利润自然也不断增加
提高资信	保理使货物装船后,立即收回现金,改善资产负债率,有利于企业提高资信	由于自身资信良好获得信用额度,保理的使用又进一步提高企业的资信

六、福费廷

福费廷,又称票据包买,是指在延期付款的大型设备贸易中,出口商把经过进口商承兑的期限在半年以上到5年或6年的远期汇票无追索权地向出口商所在地的银行或大金融公司贴现,以便提前获得资金,并免除一切风险的融资形式。

1. 福费廷业务的特点

(1)福费廷业务中的远期票据产生于销售货物或提供技术服务的正当贸易,包括一般贸易和技术贸易。

(2)福费廷业务中的出口商必须放弃对所出售债权凭证的一切权益,做包买票据业务后,将收取债款的权利、风险和责任转嫁给包买商,而银行作为包买商也必须放弃对出口商的追索权。

(3)出口商在背书转让债权凭证的票据时均加注"无追索权"字样,从而将收取债款的权利、风险和责任转嫁给包买商。包买商对出口商、背书人无追索权。

(4)传统的福费廷业务,其票据的期限一般在1~5年,属中期贸易融资。但随着福费廷业务的发展,其融资期限扩充到1个月至10年不等,时间跨度很大。

(5)传统的福费廷业务属批发性融资工具,融资金额由10万美金至2亿美金。可融资币种为主要交易货币。

(6)包买商为出口商承做的福费廷业务,大多需要进口商的银行做担保。

(7)出口商支付承担费。在承担期内,包买商因为对该项交易承担了融资责任而相应限制了其承做其他交易的能力,以及因为承担了利率和汇价风险,所以要收取一定的费用。

(8)期限。福费廷属于中期融资,融资期限可长达10年。

(9)担保方式主要有两种:一种是保付签字,即担保银行在承兑的汇票或本票上加注"Per Avail"字样,并签上担保银行的名字,从而构成担保银行不可撤销的保付责任;另外一种是由担保银行出具单独的保函。

(10)无追索权条款。福费廷业务的特色是出口商转嫁风险的依据。福费廷业务项下银行对出口商放弃追索权的前提条件是出口商所出售的债权是合法有效的。因此,银行通常在与出口商签订的福费廷业务协议中约定,如因法院止付令、冻结令等司法命令而使该行未能按期收到债务人或承兑/承付/保付银行的付款,或有证据表明出口商出口给该行的不是源于正当交易的有效票据或债权时,银行对出口商保留追索权。

2. 福费廷业务的适用对象

叙做福费廷业务的企业需具有进出口经营权并具备独立法人资格。由于福费廷业务主要提供中长期贸易融资,所以从期限上来讲,资本性物资的交易更适合福费廷业务。以下情况适合叙做福费廷交易:

①为改善财务报表,需将出口应收账款从资产负债表中彻底剔除;

②应收账款收回前遇到其他投资机会,且预期收益高于福费廷全部收费;

③应收账款收回前遇到资金周转困难,且不愿接受带追索权的融资形式或占用宝贵的银行授信额度。

3. 福费廷业务的申办流程

福费廷业务申办流程如下:

①出口商与进口商在洽谈设备、资本货物贸易时,如欲适用这一信用方式,应事先与其所在地的银行或金融公司约定,同时做好各项信贷安排。

②出口商与进口商签订贸易合同,表明进行"福费廷"时,出口商向进口商索取为货款而签发的远期汇票,应取得进口商往来银行的担保。进口商往来银行对远期汇票的担保形式是在汇票上签字盖章,保证到期付款或出具保函。

③进口商的担保银行要经出口商所在地银行认可。担保行确定后,进出口商才能签署贸易合同。

④出口商发运设备后,将全套货运单据通过银行的正常途径,寄送给进口商,以换取经进口商承兑的附有银行担保的承兑汇票(或本票)。

⑤出口商取得经进口商承兑的,并经有关银行担保的远期汇票(或本票)后,按照与买进这项票据的银行(大金融公司)的原约定,依照放弃追索权原则,办理该票据的贴现手续,取得现款。

4. 福费廷对进出口商的影响

对出口商而言,利用这一融资方式的出口商应同意向进口商提供期限为6个月至5年甚至更长期限的贸易融资;同意进口商以分期付款的方式支付货款,以便汇票、本票或其他债权凭证按固定时间间隔依次出具,以满足福费廷业务需要。

福费廷业务对出口商比较有利,主要表现在:①出口商按贸易合同发运货物后,很快就能得到包买商的资金融通,加速了其资金周转,避免了汇率风险。②包买商对出口商的融资没有追索权,出口商将进口商拒付的信用风险转嫁给了银行,避免了与票据支付有关的政治、商业、利率和汇率风险。③出口商可以转嫁有关费用。办理"福费廷"业务,银行虽然向出口商收取各项费用,但出口商可以将其转嫁到货价上由进口商承担。④福费廷融资不占用出口商的信用额度,有利于改善出口商的财务状况。

对进口商而言,利息与所有的费用负担均计算在货价之内,一般货价较高。但利用福费廷业务的手续却较简便,进口商无需办理复杂的融资手续。在福费廷方式下,进口商需寻找担保银行,因此须向担保行交付一定的保费或抵押品。

第三节 主要的进口贸易融资方式

一、进口开证额度

进口开证额度是指银行为帮助进口商融通资金而对一些资信较好、有一定清偿能力的进口商,根据其提供的质押品和担保情况,核定的一个相应的开证额度。进口商在每次申请开证时可获得免收或减收开证保证金的优惠。

对外开立信用证后,对开证行来说就形成了一笔或有负债,只要出口商提交的单据满足信用证的规定和要求,开证行就要承担第一性的付款责任。由于开证行代进口商承担了有条件的付款责任,因此银行在受理进口方开证申请时,均把开立信用证视为一种授信业务。没有开证额度的进口商申请开立信用证时要收取100%的保证金。

为了控制风险和支持进口商的业务发展,银行把开证额度又分为普通开证额度和一次性开证额度。普通开证额度是指进口商获得额度后,在一定的期限(通常为1年)内,可无限次地在额度内向银行申请开立信用证,额度可循环使用。一次性开证额度是指为进口商的一个或几个贸易合同核定的一次性开证额度,不得循环使用。一般是进口商成交了一笔大额生意,普通开证额度不够使用或普通额度的大量占用会影响其正常经营,银行可根据其资信状况和质押品情况核定一次性开证额度,供此份合同项下开证使用。

进口商申请开证时,银行除审查其开证额度是否足够外,为维护银行信誉和资金安全,通常还要重点审查货物的性质及变现能力、货物保险、物权单据的控制等情况。如发现申请书中的开证条款对银行和进口商利益形成了潜在的威胁,银行有权要求进口商加入一些保护性条款或拒绝受理开证申请。

二、进口信用证押汇

进口信用证押汇,作为贸易融资的一种主要形式,是指在进口信用证下,进口商由于资金困难,将进口货物的所有权或其他财产抵押给银行,或提供第三人担保,由银行代进口商垫付进口货款。

在信用证业务中,作为开证申请人的进口商在收到开证行付款通知时,应立即将款项交付开证行赎单。而进口押汇则由进口商向开证行提交进口押汇申请书及付款通知书回执,银行在认真落实押汇款项的资金来源,并要求进口商提供合法有效的担保后,与进口商签订进口押汇协议。在此基础上开证行在收到信用证项下的单据后先行付款,然后根据与进口商之间的进口押汇协议以及进口商签发的信托收据将单据交进口商,进口商凭单提货并在市场销售后,将货款连同这一时期的利息交还原开证行。由此可见,进口押汇作为开证行对开证申请人的一种资金融通,其实质是银行对进口商的一种短期放款。由于进口押汇的时间较短,一般掌握在1～3个月之间,所以这类资金融通特别适合于进口商从事的流通速度较快的进口贸易,尤其是那些市场前景好、销售渠道通畅的商品。

三、进口代收押汇

进口代收押汇是指代收行在收到出口商通过托收行寄来的全套托收单据后,根据进口商提交的押汇申请、信托收据和押汇协议,先对外支付并放单,进口商凭单提货,用销售后的货款归还代收行押汇本息。

在远期付款交单情况下,进口商为了抓住有利市场行情,不失时机地转售商品,希望能在汇票到期付款前先行提货,就可以要求代收银行做进口代收押汇。具体做法是:由进口商出具信托收据向代收银行借取货运单据,先行提货。

所谓信托收据,就是进口商借单时提供的一种书面信用担保文件,用来表示愿意以代收行的委托人身份代为提货、报关、存仓、保险或出售,并承认货物所有权仍属银行。货物售出后所得的贷款,应于汇票到期时交银行,这是代收行自己向进口商提供的信用便利,与出口商无关。因此如代收行借出单据后,到期不能收回贷款,则应由代收行负责。所以采用这种做法时,必要时还要进口商提供一定的担保或抵押物品,代收银行才肯承做。但是如出口商指示代收行借单,就是由出口商主动授权银行凭信托收据借单给进口商,即所谓远期付款交单凭信托收据借单方式,也就是进口商承兑汇票后凭信托收据先行借单提货,日后如进口商到期拒付,应由出口商自己承担相应损失,这种做法的性质与承兑交单相差无几,所以必须慎重使用。

四、提货担保

提货担保是在货物比单据先到的情况下,银行根据进口商的"提货担保申请书",向海运公司出具担保,请它凭担保先行放货的授信方式。在担保书中,银行保证日后补交正本提单,负责向海运公司缴付有关费用,并赔偿海运公司由此可能产生的各种损失。有时,由进口商首先出具对海运公司的担保书,银行在上面签字后,将其作为双方共同向海运公司出具的担保书。进口商凭银行出具的担保书可以办理报关、存仓等手续。待收到出口商寄来的单据后,银行用正本提单换回提货担保,并同时解除担保责任。

为减少出具担保书的风险,银行通常采取以下措施:①提货担保一般限于信用证项下货物,因为在开证时银行对进口商的资信做过比较详细的调查。②设定提货担保额度,或收取全额保证金。③在出具担保书之前,必须查明海运公司的来货确属信用证项下货物。④要求进口商在付清货物款项之前,以银行的名义办理存仓手续。⑤要求进口商放弃拒付的权利。因为在出具提货担保之后,即使单证有不一致之处,银行也必须履行向交单行的付款责任。

拓展知识

一、短期出口信用保险项下贸易融资

短期出口信用保险项下贸易融资不同于过去传统意义上的抵押、质押和担保贷款,而是引入了"信用贷款"的新概念。它指出口企业在投保短期出口信用保险后,凭取得的出口信用保险公司的短期出口信用保险保单,买方信用限额审批单,企业、商业银行与出口信用保险公司签订的《赔款转让协议》和短期出口信用保险承保情况通知书,在货物出运后,将赔款权益转让

第十六章 国际贸易融资

给商业银行,向商业银行申请发放的有效限额内的出口贸易融资款项。

短期出口信用保险项下贸易融资以出口应收账款的权益作为贷款的基础,通过对出口商应收账款的全面分析,在出口商投保出口信用保险并将赔款权益转让给融资银行的前提下,银行针对出口企业的真实出口业绩和确定的国外应收账款提供信用贷款。在这种全新的贷款模式下,出口商一般无需提供抵押、质押或担保即可获得融资,节约了融资成本,获得了便利的融资渠道。具体优势分析如下:

(一)具备的优势

1. 对出口企业的益处

(1)出口企业投保出口信用保险后,遇到因商业信用风险及国家政治风险造成的收汇损失,可由中国信保补偿,达到了规避风险目的,减少了坏账对出口企业收益的影响,免除了出口企业在国际竞争中的后顾之忧。

(2)由于获得了中国信保提供的出口信用保险,出口企业向银行申请融资时便可享受低成本的融资支持,不仅可以降低因办理担保和提供抵押物、质押物而增加的成本,甚至还可按银行的一般风险贷款享受优惠利率。

(3)出口企业利用银行的出口信用保险项下贸易融资业务这一融资新产品,可以提前将应收账款转换成流动资金,节约了应收账款的管理成本,减少了企业的资金占压,加速了企业的资金流动。

(4)在投保了出口信用保险,获得了收汇的可靠保证之后,出口企业便可在出口业务中采用更为灵活的结算方式,如D/P、D/A或O/A等,从而增加成交机会,提高在国际市场上的竞争力。

2. 对银行的益处

(1)银行可以更为放心地对出口企业采取的一些风险较大的结算方式进行融资,如赊销(O/A)项下的出口发票贴现、实现银行业务的创新、发展潜在的客户、拓展银行的贸易融资业务市场,这同时可以增加中间业务收入。

(2)企业收汇安全得到保障,并间接保障了银行信贷资金的安全。同时,商业信用升级为国家保险公司信用,在考虑是否提供融资以及融资金额等方面可以更容易地作出决定。

(3)银行在与出口信用保险公司的合作中,利用中国信保在国外客户资信调查方面的优势,可以获取对国外进口商和国外市场的风险信息,节约了对客户资信调查和业务风险调查等费用,从而便于决策。

(二)办理流程

短期出口信用保险项下贸易融资的范围包括付款交单(D/P)、承兑交单(D/A)、赊销(O/A)及信用证(L/C)为结算方式的出口合同,付款期限通常不超过180天。办理流程为:①投保短期出口信用保险,申请买方信用限额;②选择融资银行,凭保单、限额审批单到银行申请融资,银行核定融资额度;③同银行签订《赔款权益转让授权协议》,并交由出口信用保险公司签字盖章;④出货并向出口信用保险公司申报,缴纳保险费,出口信用保险公司予以审核并确认;⑤持办理融资业务所需的各项单据向银行申请办理出口贸易融资。

二、新型贸易融资方式

(一)结构性贸易融资

结构性贸易融资是指银行为商品的出口商以其已经持有的或者未来将要持有的商品权利

作为担保,以抵押或者质押的方式发放的短期融资。

结构性贸易融资主要分为以下三类:一是应收款融资,是指出口商发货后通过转让出口合同以及应收账款给银行作为担保,银行向出口商提供有追索权的融资,进口商付款时直接向银行的专用账户支付(可以分期支付),作为出口商的还款。二是存货融资,是指出口商以存储在仓库(一般由银行指定)中的货物作担保,依靠进口商的付款作还款来源。与应收款融资不同,出口商融资时,货物还没有运出,但是还款方式和应收款融资一样是货物出口后收回的资金,所以存货融资必然包括应收款的管理。三是仓单融资,是指仓储合同的保管人在接受存货人交付的仓储物时填发给存货人的收据。仓单既是保管人收货的证明,又是存货人提取货物的有效证明。仓单融资是指出口商把货物存放在仓库(一般由银行指定)之后,仓库将出具的仓单交给银行质押,获得资金的融资方式,仓库要按照银行的指令交付货物。

(二)供应链融资

1.供应链融资的概念

供应链融资是把供应链上的核心企业及其相关的上下游配套企业作为一个整体,根据供应链中企业的交易关系和行业特点制定基于货权及现金流控制的整体金融解决方案的一种融资模式。供应链融资解决了上下游企业融资难、担保难的问题,而且通过打通上下游融资瓶颈,还可以降低供应链条融资成本,提高核心企业及配套企业的竞争力。

供应链融资服务的主体是资金严重短缺的中小企业,它围绕"1"家核心企业,通过现货质押和未来货权质押的结合,打通了从原材料采购,中间及制成品,到最后经由销售网络把产品送到消费者手中这一供应链链条,将供应商,制造商,分销商、零售商,直到最终用户连成一个整体,全方位地为链条上的"n"个企业提供融资服务,通过相关企业的职能分工与合作,实现整个供应链的不断增值。

供应链融资服务不同于传统的银行融资产品,其创新点是抓住大型优质企业稳定的供应链,围绕供应链上下游经营规范、资信良好、有稳定销售渠道和回款资金来源的企业进行产品设计,以大型核心企业为中心,选择资质良好的上下游企业作为商业银行的融资对象,这种业务既突破了商业银行传统的评级授信要求,也无须另行提供抵押质押担保,切实解决了中小企业融资难的问题。

供应链融资与供应链管理密切相关。供应链管理是针对核心企业供应链网络而进行的一种管理模式,供应链融资则是银行或金融机构针对核心企业供应链中各个节点企业而提供金融服务的一种业务模式。

2.供应链融资的作用

供应链融资不仅仅让中小企业能够得到实惠,链条中的核心企业也可以获得业务和资金管理方面的支持,从而提升供应链整体质量和稳固程度,最后形成银行与供应链成员的多方共赢局面。供应链融资不仅有利于解决配套企业融资难的问题,还促进了金融与实业的有效互动,使银行或金融机构跳出单个企业的局限,从更宏观的高度来考察实体经济的发展,从关注静态转向企业经营的动态跟踪,从根本上改变银行或金融机构的观察视野、思维脉络、信贷文化和发展战略。

对于核心企业来说,则可以借助银行的供应链融资为供应商提供增值服务,使资金流比较有规律,减少支付压力。同时也扩大了自身的生产和销售,而且可以压缩自身融资,增加资金管理效率。

对于银行来讲,因为核心企业本来就已经对自己的供应链有很强的过滤效果,所以银行可以通过原有的优质客户开发新的优质客户群体。原先银行主要服务大客户,大客户往往拥有过于集中的授信额度,对于银行而言,贷款风险加大,并且有过度竞争的危险,而中小企业却往往得不到贷款,国家的许多政策也无法落实。通过提供供应链融资,银行改变了过于依赖大客户的局面,从而培养出一批处于成长期的优质中小企业,这有望会在未来带来更多回报。并且,供应链管理与金融的结合,能促使新金融工具的需求产生,如国内信用证、网上支付等,使得银行的中间业务收入增长,当然也对银行也提出了更高要求。

另一方面,对于银行或金融机构而言,供应链整体信用要比产业链上单个企业信用要强,银行或金融机构提供的利率与贷款成数是随着生产阶段而变动,并随着授信风险而调整的。例如,订单阶段,因不确定性较高,其利率较高,贷款成数相应较低,但随着生产流程的进行,授信风险随之降低,利率调降,贷款成数调升。因此,风险与收益相互配合,完全符合银行或金融机构的风险控管与照顾客户的融资需求。并且,由于供应链管理与金融的结合,产生许多跨行业的服务产品,相应地也就产生了对许多新金融工具的需求,如国内信用证、网上支付等,为银行或金融机构增加中间业务收入提供了非常大的商机。

技能训练

天津某服装进出口公司向国际市场出口服装,其中对与之长期交往、资信较好的尼日利亚的阿鲁玛公司和委内瑞拉的庞特里斯公司的出口多采用 D/P 方式结算贷款;对埃及和阿尔及利亚、突尼斯等国出口多采用即期或远期 L/C 方式。

最近该服装进出口公司通过电信联系,接触了一个具有潜在发展前景的马来西亚客户——沙阿拉比服装饰品贸易公司(以下简称沙阿拉比公司),该公司每季发订单 1 次,一年 4 次,每次订单要货金额 15 万美元,货物运抵吉隆坡后 3 个月付款。该服装进出口公司和沙阿拉比公司以前没有贸易往来,对其资信情况不甚了解,同时沙阿拉比公司又不愿采取 L/C 结算方式,而愿以 D/A 方式结算每笔货款。该服装公司不愿放弃打入马来西亚市场的机会,同时又怕遭受信用风险,于是打算向中国银行天津分行国际结算处申请通过保理与沙阿拉比公司赊销金额 15 万美元,全年累计赊销金额为 60 万美元。中国银行天津分行通过与马来西亚吉隆坡的保理商联系,并对沙阿拉比公司的资信进行审核后,承诺对沙阿拉比公司的信用风险进行担保,对物权凭证必须签章注明应收债权转移给吉隆坡的保理商。这样,该服装进出口公司与中国银行天津分行签订了保理契约,从 2004 年开始通过保理向沙阿拉比公司收取货款。

2003 年年底,该服装进出口公司尚与日本三井物产关东分社达成协议,根据来样为期定制不同批号的女装,每批交货价值 15 万美元,货到大阪口岸后 3 个月付款,合同期限 3 年,每年分 4 批交货。该服装进出口公司认为三井物产集团为日本跨国性大公司,关东分社也是信用良好,虽为延期付款,但无货款不能收回的后顾之忧。在权衡 D/P 与保理两种方式的利弊后,该服装进出口公司决定以中国银行开展不久的有追索权的保理方式向三井物产关东分社收取货款。

请根据上述案例回答下列问题,并将正确答案填在括号中(有的为多选,有的为单选)。

1. 在对尼日利亚阿鲁玛公司和委内瑞拉庞特里斯公司采取 D/A 方式下:
(1) 该服装进出口公司可采取( )融通资金。
A. 出口押汇　　　　　　　　　　　　B. L/C 抵押贷款

C. 打包放款 D. 出口托收押汇
(2)通过上述融通资金方式,该公司(　　)。
A. 可得到票据金额100%的融资 B. 可得到票据金额80%的融资
C. 要办理出口信用保险 D. 不办理出口信用保险

2. 在对北非各国采用L/C结算方式下:
(1)该服装进出口公司为取得人民币备货资金,可向银行申请(　　)。
A. 出口押汇 B. 出口托收押汇
C. 信托收据放款 D. L/C抵押贷款
(2)该项贷款(　　)。
A. 按凭证标示金额100%发放 B. 按凭证标示金额80%发放
C. 贷款期限一般为90天 D. 贷款期限为半年
(3)该项贷款,该公司(　　)。
A. 可自由支配 B. 只能用于还贷
C. 可用于凭证标示下商品的生产、采购、加工
D. 可用于凭证标示下与商品生产采购有关的从属费用
(4)该公司为尽快偿还银行的备货贷款,在货物装船后可向银行办理(　　)。
A. 出口押汇 B. 出口托收押汇
C. 打包放款 D. 银行承兑票据贴现
(5)银行接受办理出口押汇,该公司的来证(　　)。
A. 属公开议付的L/C B. 属限制在该行以外的银行议付的L/C
C. 受益人为第三者 D. 银行承兑票据贴现
(6)出口押汇所扣邮程期间的利息,一般按(　　)计收。
A. LIBOR B. Prime Rate
C. CIRR D. 人民币流动资金贷款利率
(7)银行办理出口押汇后,如进口商拒付,银行(　　)。
A. 有权向该公司追索 B. 有权要求该公司补偿其利息损失
C. 无权向该公司追索 D. 无权要求该公司补偿其利息损失

3. 在该服装进出口公司与马来西亚沙阿拉比公司通过保理收取货款下:
(1)对该公司的好处是(　　)。
A. 免除信用风险 B. 所花费用低于托收
C. 所花费用高于托收 D. 手续较托收简便
(2)该公司取得资金融通后,如沙阿拉比公司(　　),保理商不能向其行使追索权。
A. 破产 B. 倒闭
C. 无理拒付 D. 资产遭法院冻结
(3)下述情况进口商拒付,保理商有权向该公司行使追索权(　　)。
A. 延误合同规定的装船期 B. 服装的花色品种与合同规定不符
C. 发货金额超过保理商承诺的信用担保额
D. 不同季节两批货物同船装运
(4)保理商承担信用风险的生效前提是(　　)。

A. 天津服装进出口公司与中国银行天津分行签订的保理协议
B. 中国银行天津分行买断票据,对天津进出口公司融资
C. 进口保理商收到全套物权凭证 D. 物权凭证附有债权转让的签署

(5)保理适用于(　　)。
A. 一般出口商品 B. 大型机械设备
C. 一般服务出口 D. 一年以下的赊销期限

4. 在该服装进出口公司与三井物产关东分社之间的交易采取有追索权的保理方式下:
(1)进出口商是(　　)常成为出口商考虑叙做有追索权保理的因素之一。
A. 知名企业,信用良好 B. 零售商
C. 社会团体 D. 政府机构

(2)有追索权的保理商所承担的义务有(　　)。
A. 保持会计账册 B. 信用风险担保
C. 融资 D. 单据传递

应知练习

一、单选题

1. 国际保理业务的核心内容是(　　)。
A. 向银行贴现取得现款 B. 通过收购债权方式提供融资
C. 预支部分或全部贷款 D. 以抵押方式发放短期融资

2. 下列不适合叙做福费廷业务的是(　　)。
A. 为控制风险,支持出口,而进行的短期贸易融资
B. 为改善财务报表,需将出口应收账款从资产负债表中彻底剔除
C. 应收账款收回前遇到其他投资机会,且预期收益高于福费廷全部收费
D. 应收账款收回前遇到资金周转困难,且不愿接受带追索权的融资形式或占用宝贵的银行授信额度

3. 进口信用证押汇是将进口货物的所有权或其他财产抵押给(　　)。
A. 进口商 B. 出口商 C. 银行 D. 第三方

4. 打包贷款是以(　　)为抵押,向出口商提供装船前的贸易融资。
A. 应收账款 B. 票据 C. 信用证 D. 货物

5. 短期出口信用保险项下贸易融资,最大的受益方是(　　)。
A. 中国出口信用保险公司 B. 出口方
C. 进口方 D. 银行

二、多选题

1. 下列属于国际贸易融资项目的是(　　)。
A. 出口信用证押汇 B. 提货担保
C. 票据贴现 D. 国际保理 E. 汇款

2. 国际保理业务的功能包括(　　)。
A. 节约成本 B. 风险担保
C. 信用销售控制 D. 提高资信 E. 贸易融资

3.福费廷业务的特点包括( )。
A.进口商支付承担费   B.无需担保
C.批发性融资工具   D.中期融资   E.出口商具有追索权
4.结构性贸易融资,主要分为( )。
A.仓单融资   B.供应链融资
C.存货融资   D.应收款融资   E.账款融资
5.下列属于进口贸易融资方式的是( )。
A.打包贷款   B.提货担保
C.票据贴现   D.国际保理   E.进口开证额度

三、判断题

1.票据贴现作为一种贸易融资方式,前提是采用汇款结算方式。(   )
2.福费廷业务相对来说,对出口商比较有利。(   )
3.供应链融资是基于货权及现金流控制的整体金融解决方案的一种融资方式。(   )
4.普通开证额度是指为进口商的一个或几个贸易合同核定的一次性开证额度。(   )
5.短期出口信用保险项下贸易融资,可提前将应收账款转换成流动资金,节约成本,减少资金占压。(   )

第十七章 各种结算方式的比较和综合运用

学习目标

能力目标

根据实际贸易情况,选择合适的结算方式,灵活运用综合结算方式

知识目标

了解各种结算方式的优劣及运用综合结算方式的优点

案例导入

国内某企业向美国某公司进口一台生产自用设备,价值300万美元,根据合同规定采用"一、八、一"方式结算货款,即合同签订后,进口方预付合同金额10%的货款,出口方开出相应金额的预付款保函,进口方收到保函后随即开出合同金额80%的延期付款(提单日后45天付款)信用证;在设备装运前,进口方开立合同金额的10%的尾款保函,尾款的付款条件是:设备安装调试合格并正常运行后,由进口方向出口方签发"验收合格证明",并在签发日后30日内付清尾款。此间,设备如期到港,进口方也按信用证的要求支付了信用证项下的货款。后来,进出口双方就设备的安装调试问题对原合同进行了修改,即将尾款的支付改在设备安装调试合格并正常运行一年后。经过担保人同意后,尾款保函条款随之作相应的修改。在设备安装调试合格并正常运行一年后,进口方向出口方签发"验收合格证明",出口方在"验收合格证明"签发日后第28日收回尾款,交易顺利结束。

分析:

这笔交易中进出口双方能合理选择不同的结算方式并加以组合运用。

首先,进口方预付10%的合同条款,出口方开出相应金额的预付款保函,双方的风险得以平衡。

其次,进口方开立合同金额80%的延期付款信用证,出口方对设备款项的收回有了90%的保障,但是采用延期付款信用证结算,进出口双方的资金负担不平衡,因为出口方要先交单,凭单收取货款,加上延期付款信用证结算不能使用远期汇票,因而出口方没有"已承兑汇票"作为融资工具,不能获得贴现融资。而进口方收到单据后不用立即付款,直至付款到期日才履行付款责任,所以,进口方可以缓解资金压力。

最后,尾款的结算采用银行保函形式。对出口方来说,只要设备质量合格,运转正常,取得进口方签发的验收合格证明,即使进口方不支付尾款,出口方还可以向保函开立银行索偿,保证了尾款的收回。对进口方来说,进口设备的正常运转多了一层保障,因为,如果设备调试不合格,运转不正常,进口方可以不签发验收合格证明,不支付合同尾款,即使出口方向保函担保银行索赔,索赔条件也不成立。

总之,国际贸易中的风险是时时存在的,合理选择和运用相应的结算方式能防范和规避风险,尽量不受损失。

第一节　各种结算方式的比较

国际贸易的主要结算方式有汇付、托收和信用证,除此之外,还有银行保函、备用信用证等。其中汇付和托收是以商业信用为基础的结算方式,信用证是以银行信用为基础的结算方式。各种结算方式对于不同的当事人来说,有不同的利弊和优劣。在实际业务中,我们应根据不同的业务背景加以权衡,以便选择最合适的结算方式。

一、汇付结算方式的利弊

汇付又称汇款,是指付款人主动通过银行或其他途径将款项付给收款人的一种结算方式,它是以进出口双方的商业信用为基础的,银行只提供账户资金汇划服务,不介入银行信用。

汇付结算方式具有手续简便、快捷(尤其是电汇)、费用低廉的优点,同托收和信用证不同,汇付避免了银行及一些国际贸易惯例,只收取汇款手续费,但同时又有风险大以及资金负担不平衡的缺点。因为使用汇付结算方式,可以是货到付款,也可以是预付货款,对于预付货款的进口方和货到付款的出口方来说,一旦付了款或发了货就失去了制约对方的手段,他们能否收货或收回货款完全依赖于对方的信用,面临钱货两空的风险较大,且整个交易过程中需要的资金都要有进口方或出口方提供,导致进出口双方资金负担不平衡。

在外贸实践中,汇付一般只用来支付订金、货款尾数、佣金等小额款项。但在进出口双方商业信誉良好,彼此相互了解、相互信任的情况下,或境内外母子公司之间,跨国公司的不同子公司之间的货款清算,汇付是最为理想的一种结算方式。

二、托收结算方式的利弊

托收是出口商开具汇票或提供有关的收汇单据委托本地银行通过它在国外的分行或代理行向进口商代为收款的一种结算方式。它仍然是以进出口双方的商业信用为基础的,银行只是代理各项委托事项,并无检查单据内容及保证付款的责任。

贸易中使用跟单托收方式时,进出口双方承担的风险与汇付方式相比较来说相对减轻,进口商只要付款或承兑后,马上取得代表货物所有权的货运单据进行提货;出口商通过控制"货权"的单据来控制货物,特别是在付款交单的结算方式下,出口商不至于遭遇"钱货两空"的风险。此外,托收的银行费用低于信用证。但是,托收结算方式的手续较汇付复杂,费用较汇付高,进出口双方资金负担不平衡,承担的风险也不平衡。其资金负担和风险承担主要集中于出口商,是一种相对不利于出口商的结算方式,这是因为出口商发货在先,委托银行收款在后。其次,出口商能否按期收回货款,完全取决于进口商的资信,如果进口商因行市下跌,或倒闭破产,或丧失清偿债务的能力而不付款或者不承兑,或承兑后无力支付或者故意拖延付款,出口商就有可能收不回或晚收回,甚至承担货款两空的损失。从进口商方面来看,采用跟单托收也有一定的风险,尤其是在付款交单条件下,进口商付款赎单后提回的货物可能与合同所规定的或单据所描述的不相符,或出口商伪造单据骗取进口商的货款而使进口商货款两空。

托收虽然不是一种很理想的结算方式,但在市场竞争激烈的情况下,只要出口商对进口商的资信情况、经营作风、进口国家的商业惯例、贸易和外汇管制等进行充分的了解,注意把握收汇风险,采用托收结算方式也有利于扩大出口,增加出口商品的竞争力。

三、信用证结算方式的利弊

信用证是指进口方银行(开证行)按照进口商(开证申请人)的要求和指示,向出口商(受益人)开立的有条件的保证付款的书面承诺。

信用证与汇付和托收两种结算方式相比,其最大的不同就是以银行信用取代了商业信用,这使得信用证结算方式安全性较高。因此,对于出口商来说,银行的担保使得出口收汇的风险相对于以商业信用为基础的汇付和托收大大降低。采用信用证结算方式,进出口双方资金负担相对而言较均衡,进口商只需在开证时支付部分押金或提供担保,在收单时才支付全部货款,这比预付货款的资金负担轻。出口商在装运货物后可以把单据交给出口地银行做议付,可以提前取得货款,资金负担比托收和货到付款轻;信用证对于进口商的利益也有一定的保护作用。出口商要想得到货款,必须严格按照信用证中的各项规定去做,交付合同货物并提交符合信用证规定的单据。但信用证也是这三种结算方式中手续最繁、费用最高、耗时最长的一种。在外贸实践中,跟单信用证结算方式带给进出口双方的保障只是相对的。如果出口商提供无货单据或与实际发运货物不一致的单据,则进口商将蒙受损失。反之,如果出口商提交的单据存在不符点,即使发运货物完全符合信用证的规定,都有可能遭到进口商以单据不符为由拖欠或拒付货款,或者开证行无理拒付或无力支付货款,都会使出口商陷入收汇的风险。另一方面,如果进出口双方合伙以虚假贸易和虚假单据欺诈银行,将造成银行被迫垫付货款或收不回融资款项的风险。

尽管信用证结算方式有其不足的一面,但它以银行信用解决了进出口双方互相不信任的矛盾,也为彼此不熟悉或不太了解的进出口双方,以及资力和信誉一般的中小企业参与国际贸易,提供了信用、服务和融资的渠道,从而促进了国际贸易的发展。

汇付、托收和信用证三种结算方式的综合比较如表17-1所示。

表17-1 汇付、托收和信用证三种结算方式的综合比较

结算方式		手续	费用	资金负担	进口商风险	出口商风险	银行风险
汇付	预付货款	简便	低廉	不平衡	最大	最小	没有
	货到付款				最小	最大	
跟单托收	付款交单	较繁	较高	不平衡	较小	较大	没有
	承兑交单				极小	极大	
跟单信用证		最繁	最高	较平衡	较大	较小	有风险

四、银行保函与信用证的比较

银行保函是银行应委托人的请求,向受益人开立的一种书面担保凭证,银行作为担保人,对委托人的债务或义务,承担赔偿责任。委托人和受益人的权利和义务,由双方订立的合同规定,当委托人未能履行其合同义务时,受益人可按银行保函的规定向保证人索偿。国际商会出版的《见索即付保函统一规则》中规定,索偿时,受益人只需提示书面请求和保函中所规定的单据,担保人付款的唯一依据是单据,而不是某一事实。担保人与保函所可能依据的合约无关,也不受其约束。

在国际贸易中,跟单信用证为进口商向出口商提供了银行信用作为付款保证,但不适用于需要为出口商向进口商作担保的场合,也不适用于国际经济合作中货物买卖以外的其他各种交易方式。然而在国际经济交易中,合同当事人为了维护自己的经济利益,往往需要对可能发生的风险采取相应的保障措施,银行保函就是以银行信用的形式所提供的保障措施。

银行保函与跟单信用证的相同点包括以下方面:①两者都是银行应申请人要求,向受益人开立的有条件的支付担保承诺;②两者都是用银行信用代替或补充商业信用,使受益人避免或减少因申请人不履约而遭受的损失;③两者业务处理均是仅凭单据。

银行保函和跟单信用证的不同之处如表17-2所示:

表17-2 银行保函和跟单信用证的不同之处

	银行保函	跟单信用证
使用范围	大	小
银行承担的责任	第一性或第二性	第一性
银行所付款项的属性	货款,退款或赔款	货款
受益人的索款程序	有条件的银行保函项下,先向申请人索款,未果后再向担保行索款	直接向开证行索款
对结算单据的要求	书面索款文件	货运单据
银行承担的风险	较大	较小
到期地点和有效期限	担保银行所在地;有效期限较长	可能在受益人、开证行或付款行等所在地;有效期较短
是否有融资作用	无	有并且明显
是否可转让	不可以	可以

五、备用信用证与银行保函、跟单信用证的比较

备用信用证,又称商业票据信用证、担保信用证或保证信用证,是指开证行根据开证申请人的请求开立的对受益人承诺某项义务的凭证,或者开证行对开证人不履行合同义务予以一般性付款担保的信用凭证。备用信用证实质上就是保函,是在开证申请人不履约或违反约定时才使用的,因而也称为担保信用证。在一般情况下,备用信用证并不被使用,具有备用性质,这就是常说的"备而不用"。

备用信用证与银行保函的相同点包括以下方面:①两者都是以银行信用为基础,用于对商业信用的辅助;②在外贸实践中,备用信用证的索赔一般直接由开证行受理,银行保函的索赔一般也是直接由担保行受理;③两者的受益人权益都不能转让。两种结算方式的不同点包括以下方面:①备用信用证是一种信用证,而银行保函只是一种信用保证;②在索赔时,备用信用证一般要求受益人出具即期汇票,而银行保函则不需要;③备用信用证遵循《国际备用信用证惯例》(ISP98),而银行保函虽有其相关的规则,但至今还未有一个各国所认可的通行惯例。

备用信用证与跟单信用证的相同点包括以下方面:①两者都是银行应申请人要求,向受益人开立的书面保证书;②两者都是银行信用替代商业信用或补充商业信用的不足;③两者银行

都是仅处理单据及相关文件。两种结算方式的不同点包括以下方面：①备用信用证可适用于除货物买卖之外的其他多种交易，如劳务贸易、工程项目承包等，其目的是为了融通资金或保证付款。跟单信用证则一般只适用于货物买卖，以清偿货款为目的。②备用信用证具有保函的性质，只有在开证申请人未履行合同义务时才能行使信用证规定的权利。跟单信用证不具有保函的性质，即只要受益人履行了信用证规定的条件，开证行必须付款。③在备用信用证项下，受益人可凭其出具的汇票或证明开证人违约的证明书，并向开证行索偿债款。跟单信用证项下，受益人向开证行索偿，要以其提交符合信用证规定的货运单据为依据。④目前国际上普遍接受有关跟单信用证的惯例是《跟单信用证统一惯例》（UCP600），而备用信用证主要遵循《国际备用信用证惯例》（ISP98），同时当 ISP98 条款未涉及或不适用的情况下，可以依据 UCP600 或 URDG758（《见索即付保函统一规则》）原则解释和处理有关条款。

第二节 结算方式的综合运用

通常情况下，每一笔进出口交易，进出口双方只选用一种结算方式。但由于每一种结算方式都有其利弊，在特定贸易条件下，为确保安全收汇，加速资金周转，可将不同结算方式结合使用，这样起到取长补短、相辅相成的作用，从而可以促进交易和控制交易风险。

一、信用证与汇付相结合

信用证与汇付结合是指部分货款采用信用证，部分货款采用汇付支付。通常有两种具体做法：

1. 部分货款采用信用证方式支付，余额使用汇付方式支付

它一般用在成交数量较大的初级产品的交易上，可规定大部分货款由银行根据信用证的规定在收到单据后先支付，剩下余额待货物到达目的地以后，经检验核实货物数量，并计算出确切金额后，用汇付方式支付。比如，进出口双方在合同中约定 90% 货款以信用证方式支付，其余 10% 在货物运抵目的港，经检验合格后，按实际到货数量确定余额，以汇付方式支付。

2. 先汇付部分货款，余额部分在出口商发货时由进口商开立信用证支付

这主要用于需要进口商预付定金的交易（如成套设备的交易），进口商成交时须交纳的定金以汇付方式支付，余额部分以信用证支付。

二、信用证与托收相结合

信用证与托收方式使用即部分货款使用信用证方式支付（通常为合同金额的 40%～70%），其余货款使用托收方式支付。这种结合形式的具体做法通常是：信用证规定受益人（出口商）开立两张汇票，属于信用证项下的部分货款凭光票支付，而其余额则在出口商装货后，将货运单据附在托收的汇票项下，按即期或远期付款交单方式托收。发票和其他单据并不分开，仍按全部货款金额填制，而汇票分开两张。

这种做法，对出口商收汇较为安全，对进口商可减少垫金，易为双方接受。在实际业务中，为防止开证行在未收妥托收部分货款前将单据交给进口商，出口商应要求在信用证上必须订明信用证的种类和支付金额以及托收方式的种类，也必须订明"在全部付清发票金额后方可交单"的条款。在买卖合同中也应规定相应的条款，以明确进口商开证和付款的责任。

三、跟单托收与汇付相结合

跟单托收与汇付的结合主要指为减少托收中出口商的风险,先由进口商支付一定金额的预付款或押金,出口商再采取付款交单的跟单托收方式收取余额的做法。即出口商收到预付款项以后发运货物,从货款中扣除已收取款项后,凭汇票和其他单据委托银行向进口商收取余款。如果托收的货款遭到进口商的拒付,出口商可凭单据将货物运回或在目的地委托他人处理货物,而已收取货款则可以用于弥补往来运费、保险费、利息等合理支出的损失。

四、汇付、托收与信用证相结合

大型机械、成套设备、船舶、飞机等大型设备工具的交易,由于货物金额大、制造周期长、检验手段复杂、交货条件严格以及产品质量保证期限长等特点,在实际业务中往往采用汇付、托收和信用证三者相结合的结算方式。预付货款部分以汇付方式结算,大部分货款以信用证方式结算,尾款部分以托收方式结算。尾款的付款期限比信用证的付款期限长,一般是在设备安装调试成功并正常运转一段时间,经过验收合格后,由进口商签发验收合格证明给出口商,出口商签发以尾款为索偿金额的汇票(或为避免印花税不开立汇票),附带验收合格证明等有关单据以托收方式向进口商索偿尾款。

当然,尾款也可以以信用证方式结算,但由于尾款的付款期限通常比较长,有的长达一年或一年以上,这样,进口商就得相应地开立有效期在一年以上的信用证。根据惯例,有效期在90天以上的信用证,开证行要加收一定的手续费。

五、汇付与银行保函相结合

在汇付结算方式中,无论是预付货款,还是货到付款,都可以使用银行保函来防止收款后不交货或收货后不付款的情况出现。

如果进出口双方在合同中规定进口商预付部分或全部货款,出口商则可以通过银行开立以进口商为受益人、相当于预付款金额的预付款保函,保证按期交货。一旦出现出口商违约不按时交货,进口商可凭银行保函向担保银行索回预付款。如果进出口双方在合同中规定为货到付款方式,则与银行保函结合可以防止进口商收货后不付款。合同中规定进口商通过其银行开立以出口商为受益人、相当于货物总金额的付款保函。出口商按合同规定发运货物,一旦进口商收到货后不履行付款义务,出口商可凭保函向担保银行索赔。

汇付与银行保函的结合使用是以银行信用补充商业信用,从而解决了交易双方互不信任的矛盾,促进了贸易的顺利进行。

六、托收与备用信用证或银行保函相结合

这种方式主要是为了在跟单托收项下的货款一旦遭到进口商拒付,出口商可以凭备用信用证或者银行保函利用开证行的保证追回货款。具体做法是:出口商在收到符合合同规定的备用信用证或者银行保函后,就可以凭光票与进口商拒付的声明书向银行收回货款。但在使用时,备用信用证或银行保函的有效期必须晚于托收付款期限一段时间,以便在进口商拒付后,出口商能够有充足的时间向银行办理追偿手续。

第十七章 各种结算方式的比较和综合运用

七、信用证与备用信用证或银行保函相结合

成套设备或工程承包交易,除了支付货款之外,还会有预付款和尾款的收取,一般货款可用信用证支付,尾款的支付以及出口商违约时预付款的归还都可以使用银行保函或备用信用证作保证。比如,在上述导入案例中,合同签订后,进口商先支付相当于合同金额的10%的预付款,出口商开立相应金额的预付款保函,进口商同时开出相当于合同金额的80%的进口信用证,设备装运前,进口商开立相当于合同金额的10%的尾款保函。

上述介绍的只是实际业务中常见的几种结算方式的结合使用,它们既不是固定的结合方式,也不是一成不变的。我们在开展对外贸易业务时,究竟选择哪一种结合形式,应综合考虑各方面的因素,灵活运用和合理选择,以便既能节约成本,又能有效防范和控制风险。

拓展知识

影响选择结算方式的因素

如前所述,国际结算方式对于进出口企业而言各有利弊,没有所谓最完美的结算方式。因此,在每一笔交易中,进出口企业必须针对不同的国家、不同的交易对象进行全面衡量,做到既要发展业务、争取市场,又要保证收汇安全、加速资金周转。因此,在签订贸易合同选择结算方式的时候,一般要考虑以下因素。

1. 市场行情

市场行情对于贸易双方的谈判结果有很大的影响力,如果是出口方市场,商品供不应求,行情看涨,出口商就有较强的谈判能力。其谈判能力不仅表现在价格、交货期限等方面,结算方式的选择也是重要的一个方面。出口商可以选择对其最有利的结算方式,尤其是资金占用方面对其有利的方式,如预付货款、信用证、银行保函等。对于进口商来说,在支付方式上可以作适当的让步。如果是进口方市场,商品供过于求,行情看跌,进口商就有较强的谈判能力,不仅可以要求出口商给予价格方面的优惠,还可以选择对自己有利的结算方式,如货到付款、托收,特别是承兑交单(D/A)等方式。对于出口商来说,通常只有接受这些条件,才能增强市场竞争能力,达到出口商品的目的,否则就可能难以达成交易。不过,在选择以上方式结算时,出口商为降低出口收汇风险,可以要求进口商提供银行保函,或申请保理服务,这些方式不仅可以提供风险担保,还可以提供融资服务。

2. 客户信用

在国际货物买卖中,客户的信用是合同能否顺利履行的关键。因此,要在出口业务中做到安全收汇,在进口业务中做到安全收取货物,就必须事先做好对国外客户的信用调查,以便有针对性地选用一定的支付方式。对于信用状况不佳或者不十分了解的客户,应选择风险较小的支付方式。例如,在出口业务中,一般可采用跟单信用证方式,争取采用汇付方式下的预付货款支付方式更好。在进口业务中,可采用D/P或D/A的托收方式,或争取以货到付款的赊销方式。若与信用等级高的客户交易,则交易风险较小,可以选择手续比较简单、费用较少的方式,如在出口业务中可以适当地、有控制地采用付款交单的托收方式等。如果采用承兑交单或赊销交易,除非是本企业的子公司或分支机构,否则,一般情况下不宜采用。

3. 交易规模

从理论上来看,大额交易意味着较大的风险,进出口双方都希望能够安全收货和及时收

汇，可以选择费用较高、安全性较大的结算方式支付货款，如信用证方式。如果是小额交易，费用高的结算方式成本太高，则以汇付或托收为宜。所以，根据交易规模理性地选择适合的结算方式，可以节约费用、降低成本，并且有针对性地规避风险。

4. 贸易术语

国际货物买卖合同中采用不同的贸易术语，它所表示的交货方式与适用的运输方式是不同的。而在实际业务中，也不是每一种交货方式和运输方式都能适用于任何一种结算方式。例如，在使用CIF、CFR、CPT等属于象征性交货方式的交易时，出口商交货与进口商收货不是同时发生的，转移货物所有权是以单据为媒介，就可以选择跟单信用证方式。在进口商信用较好时，也可以采用跟单托收方式收取货款。但在使用EXW、DAT、DDP等术语并处于实际交货方式的交易中，由于是出口商或通过承运人向进口商直接交货，卖方无法通过单据控制物权，因此，一般不能使用托收和信用证方式。因为，在这几种贸易术语下，如果通过银行向进口商收取货款，其实质是货到付款，属于赊销交易，卖方承担的风险极大。即使是以FOB、FCA条件达成的买卖合同，虽然在实际业务中也可以就凭运输单据交货与付款，但这种合同的运输是由进口商安排，并由出口商将货物装上指定的运输工具，或交给进口商指定的承运人，因此出口商或接受委托的银行很难控制货物，所以也不宜采用托收方式。

5. 运输单据

海上运输方式下，如果运输单据为海运提单，因海运提单（以及多式联运单据）是货物所有权凭证，是在目的港凭以向船公司提货的凭证，所以在交付给进口商前，出口商尚能控制货物，故可以适用于信用证和托收方式结算货款，即进口商要付款才能赎单提货，出口商和银行可以通过控制单据来控制货物。如果货物通过航空运输、铁路运输或邮政运输时，出口商装运货物后得到的运输单据为航空运单、铁路运单或邮包收据，这些单据都不是货物所有权凭证，进口商（收货人）提取货物时不需要凭这些单据，而是凭航空公司、铁路部门等签发的到货通知和有关证明提货。出口商掌握这些非物权凭证并不能控制货物，利益得不到保证。因此，在这些情况下不宜采用托收和信用证结算方式，除非收货人抬头做成银行。

总之，在实际业务中，选择使用国际结算方式时需要考虑的因素很多，我们应视具体业务情形慎重综合考虑后作出决定。

技能训练

某外贸公司（以下简称出口商）于某年4月14日就机电设备出口签订了一份外贸销售合同，价值为500万美元，进出口双方在合同中约定货款总值的30%以信用证方式支付，余下70%的货款以电汇方式支付。国外进口商以申请开立信用证为由，要求我国出口商开给的发票以信用证金额显示为货款金额，即仅及货款实际金额的30%。我国出口商同意后即开具了金额为货款金额的30%的商业发票一张，国外进口商凭此商业发票办妥了开证申请。

5月25日，我国出口商收到对方开立的信用证以及电汇支付的10%的货款，于6月20日按时将货物安排出运。货到目的港后，进口商却迟迟不付应该用电汇支付的剩余未付款项。在此情况下，我国出口商不敢贸然以正本海运提单办理信用证项下的议付结汇。而在港口码头，货物因无人领取长期压滞，船方代理不得不向提单通知人（即国外进口商）发出催提通知书，国外进口商凭此催提通知书向开证银行申请为其提供担保，以供其向船方申请凭担保无正本提单提货。开证行以原开出的信用证货款金额为限出具了一张保函，国外进口商凭此银行

第十七章 各种结算方式的比较和综合运用

保函将货物顺利提走。此时,我国出口商方知事情严重,开证行出具的银行保函的担保金额仅为实际货款金额的30%,我方仅能追回30%的货款,加上已付的10%的电汇款,剩下60%的货款无从追讨,损失惨重。试分析本案例。

应知练习

一、单选题

1. 以下国际结算方式中,对出口商最有利的是( )。
   A. 货到付款   B. 预付货款   C. 托收   D. 信用证

2. 以下国际结算方式中,对进口商最有利的是( )。
   A. 货到付款   B. 预付货款   C. 托收   D. 信用证

3. 以下国际结算方式中,费用最高的是( )。
   A. 货到付款   B. 预付货款   C. 托收   D. 信用证

4. 以下国际结算方式中,进出口双方利益最平衡的是( )。
   A. 货到付款   B. 预付货款   C. 托收   D. 信用证

5. 在成套设备交易中,除支付货款外,还有预付款或尾款的收取。采用以下哪种支付方式与融资方式的结合最为合理?( )。
   A. 托收与汇款   B. D/A与保理
   C. 信用证与托收   D. 信用证与保函

6. 适宜以托收为结算方式的运输单据有( )。
   A. 不可转让海运单   B. 海运提单   C. 航空运单   D. 铁路运单

7. 对合同金额比较大的商品交易,比较合适的结算方式是( )。
   A. 信用证   B. 货到付款   C. 托收   D. 银行保函

8. 对进口商来说,可减少开证金额,少付开证押金,少垫资金;对出口商来说,又可要求银行须待全部货款付清后,才能向进口商交单,收汇比较安全的结算方式的组合是( )。
   A. 信用证与汇款   B. D/A与保理   C. 信用证与托收   D. 信用证与保函

9. 在信用证与托收相结合的结算方式中,全套货运单据( )。
   A. 附在托收部分汇票项目下   B. 附在信用证部分汇票项目下
   C. 由出口商直接寄送进口商
   D. 在进口商付清信用证下的金额时,银行即可交单。

10. 以下适合在信用证结算方式中采用的价格条件是( )。
    A. DAP   B. EXW   C. FOB   D. DDP

二、填空题

1. _____、_____、_____结算方式是在国际贸易中使用最广,亦最为频繁,它们同时也是最为传统的结算方式。

2. 如果市场中某项商品供不应求,行情看涨,支付方式的选择权一般在_____。

3. 在实际交货(physical delivery)条件下,如_____、_____、_____等,是不宜采用托收方式的,因为这类交易的托收中,卖方没有约束买方付款的货权。

4. 适合采用托收方式的是象征性交货条件,并且运输由出口商安排,如_____,_____。

5. 在信用证与汇款相结合的方式中,汇款一般用于支付货物发运前的_____,以及货物到达目的地经检验后的_____。

6. 在汇款方式中，无论是预付货款，还是货到付款，都可以用_____来防止不交货或不付款。

7. "Shipment to be made subject to an advanced payment (or down payment) amounting XXX to be remitted in favor of sellers by telegraphic transfer(or mail transfer) with indication of S/C No. XXX, and the remaining part on collection basis, document will be released against payment at sight"，这是_____与_____相结合的结算方式。

8. 在"部分信用证，部分收托"的结算方式中，为防止开证银行未收妥全部货款前，即将货运单据交给进口商，要求信用证必须注明："在_____后方可交单"的条款。

9. 在国际贸易中，交易各方在选择支付方式时的主要考虑因素包括：客户信用，货物市场行情，交易规模，_____和_____。

10. 当对交易对方的信用不了解或认为其信用不佳时，尽量选择_____小的支付方式；而当对方信用好时，即可选择_____简单，_____少的方式。

三、判断题

1. 货到付款的结算方式对出口商最有利。（　）
2. 对出口商来说，采取托收方式最有收到货款的保障。（　）
3. 预付货款对进口商不利，因为收货无保证。（　）
4. D/P 以交单约束付款。（　）
5. 信用证与汇款相结合是不同支付方式的一种组合形式。（　）
6. 在对交易对手信用不了解时，可选择对交易双方都有利的手续简单、费用少的方式。（　）
7. 在托收结算方式中，对卖方来说，CIF 价格条件比 FOB 有利。（　）
8. 出口商在托收结算方式中，不宜采用 EXW 价格条件。（　）
9. 从理论上说，信用证只能在实际性交货条件下使用。（　）
10. 托收与汇款相结合的结算方式使进出口双方的利益更平衡。（　）

四、填表题

汇付、托收和信用证三种结算方式的综合比较：

结算方式		手续	费用	资金负担	进口商风险	出口商风险	银行风险
汇付	预付货款						
	货到付款						
跟单托收	付款交单						
	承兑交单						
跟单信用证							

附录

UCP600
ICC Uniform Customs and Practice for Documentary Credits
ICC 跟单信用证统一惯例
2007 年修订本

第一条 UCP 的适用范围

《跟单信用证统一惯例——2007 年修订本，国际商会第 600 号出版物》（简称 UCP）是一套规则，适用于所有在其文本中明确表明受本惯例约束的跟单信用证（下称信用证）（在其可适用的范围内，包括备用信用证）。除非信用证明确修改或排除，本惯例各条文对信用证所有当事人均具有约束力。

第二条 定义

就本惯例而言：

通知行指应开证行的要求通知信用证的银行。

申请人指要求开立信用证的一方。

银行工作日指银行在其履行受本惯例约束的行为的地点通常开业的一天。

受益人指接受信用证并享受其利益的一方。

相符交单指与信用证条款、本惯例的相关适用条款以及国际标准银行实务一致的交单。

保兑指保兑行在开证行承诺之外做出的承付或议付相符交单的确定承诺。

保兑行指根据开证行的授权或要求对信用证加具保兑的银行。

信用证指一项不可撤销的安排，无论其名称或描述如何，该项安排构成开证行对相符交单予以承付的确定承诺。

承付指：

a. 如果信用证为即期付款信用证，则即期付款。

b. 如果信用证为延期付款信用证，则承诺延期付款并在承诺到期日付款。

c. 如果信用证为承兑信用证，则承兑受益人开出的汇票并在汇票到期日付款。

开证行指应申请人要求或者代表自己开出信用证的银行。

议付指指定银行在相符交单下，在其应获偿付的银行工作日当天或之前向受益人预付或者同意预付款项，从而购买汇票（其付款人为指定银行以外的其他银行）及/或单据的行为。

指定银行指信用证可在其处兑用的银行，如信用证可在任一银行兑用，则任何银行均为指定银行。

交单指向开证行或指定银行提交信用证项下单据的行为，或指按此方式提交的单据。

交单人指实施交单行为的受益人、银行或其他人。

第三条　解释

就本惯例而言：

如情形适用，单数词形包含复数含义，复数词形包含单数含义。

信用证是不可撤销的，即使未如此表明。

单据签字可用手签、摹样签字、穿孔签字、印戳、符号或任何其他机械或电子的证实方法为之。

诸如单据须履行法定手续、签证、证明等类似要求，可由单据上任何看似满足该要求的签字、标记、印戳或标签来满足。

一家银行在不同国家的分支机构被视为不同的银行。

用诸如"第一流的"、"著名的"、"合格的"、"独立的"、"正式的"、"有资格的"或"本地的"等词语描述单据的出单人时，允许除受益人之外的任何人出具该单据。

除非要求在单据中使用，否则诸如"迅速地"、"立刻地"或"尽快地"等词语将被不予理会。"在或大概在(on or about)"或类似用语将被视为规定事件发生在指定日期的前后五个日历日之间，起讫日期计算在内。

"至(to)"、"直至(until、till)"、"从……开始(from)"及"在……之间(between)"等词用于确定发运日期时包含提及的日期，使用"在……之前(before)"及"在……之后(after)"时则不包含提及的日期。

"从……开始(from)"及"在……之后(after)"等词用于确定到期日时不包含提及的日期。"前半月"及"后半月"分别指一个月的第一日到第十五日及第十六日到该月的最后一日，起讫日期计算在内。

一个月的"开始(beginning)"、"中间(middle)"及"末尾(end)"分别指第一日到第十日、第十一日到第二十日及第二十一日到该月的最后一日，起讫日期计算在内。

第四条　信用证与合同

a. 就其性质而言，信用证与可能作为其开立基础的销售合同或其他合同是相互独立的交易，即使信用证中含有对此类合同的任何援引，银行也与该合同无关，且不受其约束。因此，银行关于承付、议付或履行信用证项下其他义务的承诺，不受申请人基于与开证行或与受益人之间的关系而产生的任何请求或抗辩的影响。受益人在任何情况下不得利用银行之间或申请人与开证行之间的合同关系。

b. 开证行应劝阻申请人试图将基础合同、形式发票等文件作为信用证组成部分的做法。

第五条　单据与货物、服务或履约行为

银行处理的是单据，而不是单据可能涉及的货物、服务或履约行为。

第六条 兑用方式、截止日和交单地点

a.信用证必须规定可在其处兑用的银行,或是否可在任一银行兑用。规定在指定银行兑用的信用证同时也可以在开证行兑用。

b.信用证必须规定其是以即期付款、延期付款、承兑还是议付的方式兑用。

c.信用证不得开成凭以申请人为付款人的汇票兑用。

d.

i.信用证必须定一个交单的截止日。规定的承付或议付的截止日将被视为交单的截止日。

ii.可在其处兑用信用证的银行所在地即为交单地点。可在任一银行兑用的信用证其交单地点为任一银行所在地。除规定的交单地点外,开证行所在地也是交单地点。

e.除非如第二十九条a款规定的情形,否则受益人或者代表受益人的交单应在截止日当天或之前完成。

第七条 开证行责任

a.只要规定的单据提交给指定银行或开证行,并且构成相符交单,则开证行必须承付,如果信用证为以下情形之一:

i.信用证规定由开证行即期付款,延期付款或承兑。

ii.信用证规定由指定银行即期付款但其未付款。

iii.信用证规定由指定银行延期付款但其未承诺延期付款,或虽已承诺延期付款,但未在到期日付款。

iv.信用证规定由指定银行承兑,但其未承兑以其为付款人的汇票,或虽然承兑了汇票,但未在到期日付款。

v.信用证规定由指定银行议付但其未议付。

b.开证行自开立信用证之时起即不可撤销地承担承付责任。

c.指定银行承付或议付相符交单并将单据转给开证行之后,开证行即承担偿付该指定银行的责任。对承兑或延期付款信用证下相符交单金额的偿付应在到期日办理,无论指定银行是否在到期日之前预付或购买了单据。开证行偿付指定银行的责任独立于开证行对受益人的责任。

第八条 保兑行责任

a.只要规定的单据提交给保兑行,或提交给其他任何指定银行,并且构成相符交单,保兑行必须:

i. 承付,如果信用证为以下情形之一:

a)信用证规定由保兑行即期付款、延期付款或承兑;

b)信用证规定由另一指定银行延期付款,但其未付款;

c)信用证规定由另一指定银行延期付款,但其未承诺延期付款,或虽已承诺延期付款但未在到期日付款;

d)信用证规定由另一指定银行承兑,但其未承兑以其为付款人的汇票,或虽已承兑汇票未在到期日付款;

e)信用证规定由另一指定银行议付,但其未议付。

ii. 无追索权地议付,如果信用证规定由保兑行议付。

b.保兑行自对信用证加具保兑之时起即不可撤销地承担承付或议付的责任。

c.其他指定银行承付或议付相符交单并将单据转往保兑行之后,保兑行即承担偿付该指定银行的责任。对承兑或延期付款信用证下相符交单金额的偿付应在到期日办理,无论指定银行是否在到期日之前预付或购买了单据。保兑行偿付指定银行的责任独立于保兑行对受益人的责任。

d.如果开证行授权或要求一银行对信用证加具保兑,而其并不准备照办,则其必须毫不延误地通知开证行,并可通知此信用证而不加保兑。

第九条 信用证及其修改的通知

a.信用证及其任何修改可以经由通知行通知给受益人。非保兑行的通知行通知信用证及修改时不承担承付或议付的责任。

b.通知行通知信用证或修改的行为表示其已确信信用证或修改的表面真实性,而且其通知准确地反映了其收到的信用证或修改的条款。

c.通知行可以通过另一银行("第二通知行")向受益人通知信用证及修改。第二通知行通知信用证或修改的行为表明其已确信收到的通知的表面真实性,并且其通知准确地反映了收到的信用证或修改的条款。

d.经由通知行或第二通知行通知信用证的银行必须经由同一银行通知其后的任何修改。

e.如一银行被要求通知信用证或修改但其决定不予通知,则应毫不延误地告知自其处收到信用证、修改或通知的银行。

f.如一银行被要求通知信用证或修改但其不能确信信用证、修改或通知的表面真实性,则应毫不延误地通知看似从其处收到指示的银行。如果通知行或第二通知行决定仍然通知信用证或修改,则应告知受益人或第二通知行其不能确信信用证、修改或通知的表面真实性。

第十条 修改

a.除第三十八条别有规定者外,未经开证行、保兑行(如有的话)及受益人同意,信用证既不得修改,也不得撤销。

b.开证行自发出修改之时起,即不可撤销地受其约束。保兑行可将其保兑扩展至修改,并自通知该修改时,即不可撤销地受其约束。但是,保兑行可以选择将修改通知受益人而不对其加具保兑。若然如此,其必须毫不延误地将此告知开证行,并在其给受益人的通知中告知受益人。

c. 在受益人告知通知修改的银行其接受该修改之前,原信用证(或含有先前被接受的修改的信用证)的条款对受益人仍然有效。受益人应提供接受或拒绝修改的通知。如果受益人未能给予通知,当交单与信用证以及尚未表示接受的修改的要求一致时,即视为受益人已作出接受修改的通知,并且从此时起,该信用证被修改。

d. 通知修改的银行应将任何接受或拒绝的通知转告发出修改的银行。

e. 对同一修改的内容不允许部分接受,部分接受将被视为拒绝修改的通知。

f. 修改中关于除非受益人在某一时间内拒绝修改否则修改生效的规定应被不予理会。

第十一条　电讯传输的和预先通知的信用证和修改

a. 以经证实的电讯方式发出的信用证或信用证修改即被视为有效的信用证或修改文据,任何后续的邮寄确认书应被不予理会。如电讯声明"详情后告"(或类似用语)或声明以邮寄确认书为有效信用证或修改,则该电讯不被视为有效。

b. 开证行只有在准备开立有效信用证或作出有效修改时,才可以发出关于开立或修改信用证的初步通知(预先通知)。开证行作出该预先通知,即不可撤销地保证不迟延地开立或修改信用证,且其条款不能与预先通知相矛盾。

第十二条　指定

a. 除非指定银行为保兑行,对于承付或议付的授权并不赋予指定银行承付或议付的义务,除非该指定银行明确表示同意并且告知受益人。

b. 开证行指定一银行承兑汇票或作出延期付款承诺,即为授权该指定银行预付或购买其已承兑的汇票或已作出的延期付款承诺。

c. 非保兑行的指定银行收到或审核并转递单据的行为并不使其承担承付或议付的责任,也不构成其承付或议付的行为。

第十三条　银行之间的偿付安排

a. 如果信用证规定指定银行("索偿行")向另一方("偿付行")获取偿付时,必须同时规定该偿付是否按信用证开立时有效的 ICC 银行间偿付规则进行。

b. 如果信用证没有规定偿付遵守 ICC 银行间偿付规则,则按照以下规定:

i. 开证行必须给予偿付行有关偿付的授权,授权应符合信用证关于兑用方式的规定,且不应设定截止日。

ii. 开证行不应要求索偿行向偿付行提供与信用证条款相符的证明。

iii. 如果偿付行未按信用证条款见索即偿,开证行将承担利息损失以及产生的任何其他费用。

iv. 偿付行的费用应由开证行承担。然而,如果此项费用由受益人承担,开证行有责任在信用证及偿付授权中注明。如果偿付行的费用由受益人承担,该费用应在偿付时从付给索偿行的金额中扣取。如果偿付未发生,偿付行的费用仍由开证行负担。

c.如果偿付行未能见索即偿,开证行不能免除偿付责任。

第十四条　单据审核标准

a.按指定行事的指定银行、保兑行(如果有的话)及开证行须审核交单,并仅基于单据本身确定其是否在表面上构成相符交单。

b.按指定行事的指定银行、保兑行(如有的话)及开证行各有从交单次日起至多五个银行工作日用以确定交单是否相符。这一期限不因在交单日当天或之后信用证截止日或最迟交单日截止而受到缩减或影响。

c.如果单据中包含一份或多份受第十九、二十、二十一、二十二、二十三、二十四或二十五条规制的正本运输单据,则须由受益人或其代表在不迟于本惯例所指的发运日之后的二十一个日历日内交单,但是在任何情况下都不得迟于信用证的截止日。

d.单据中的数据,在与信用证、单据本身以及国际标准银行实务参照解读时,无须与该单据本身中的数据、其他要求的单据或信用证中的数据等同一致、但不得矛盾。

e.除商业发票外,其他单据中的货物、服务或履约行为的描述,如果有的话,可使用与信用证中的描述不矛盾的概括性用语。

f.如果信用证要求提交运输单据、保险单据或者商业发票之外的单据,却未规定出单人或其数据内容,则只要提交的单据内容看似满足所要求单据的功能,且其他方面符合第十四条d款,银行将接受该单据。

g.提交的非信用证所要求的单据将被不予理会,并可被退还给交单人。

h.如果信用证含有一项条件,但未规定用以表明该条件得到满足的单据,银行将视为未作规定并不予理会。

i.单据日期可以早于信用证的开立日期,但不得晚于交单日期。

j.当受益人和申请人的地址出现在任何规定的单据中时,无须与信用证或其他规定单据中所载相同,但必须与信用证中规定的相应地址同在一国。联络细节(传真、电话、电子邮件及类似细节)作为受益人和申请人地址的一部分时将被不予理会。然而,如果申请人的地址和联络细节为第十九、二十、二十一、二十二、二十三、二十四或二十五条规定的运输单据上的收货人或通知方细节的一部分时,应与信用证规定的相同。

k.在任何单据中注明的托运人或发货人无须为信用证的受益人。

l.运输单据可以由任何人出具,无须为承运人、船东、船长或租船人,只要其符合第十九、二十、二十一、二十二、二十三或二十四条的要求。

第十五条　相符交单

a.当开证行确定交单相符时,必须承付。

b.当保兑行确定交单相符时,必须承付或者议付并将单据转递给开证行。

c.当指定银行确定交单相符并承付或议付时,必须将单据转递给保兑行或开证行。

第十六条 不符单据、放弃及通知

a.当按照指定行事的指定银行、保兑行(如有的话)或者开证行确定交单不符时,可以拒绝承付或议付。

b.当开证行确定交单不符时,可以自行决定联系申请人放弃不符点。然而这并不能延长第十四条 b 款所指的期限。

c.当按照指定行事的指定银行、保兑行(如有的话)或开证行决定拒绝承付或议付时,必须给予交单人一份单独的拒付通知。

该通知必须声明:

i.银行拒绝承付或议付;

ii.银行拒绝承付或者议付所依据的每一个不符点;

iii.

a)银行留存单据听候交单人的进一步指示;

b)开证行留存单据直到其从申请人处接到放弃不符点的通知并同意接受该放弃,或者其同意接受对不符点的放弃之前从交单人处收到其进一步指示;

c)银行将退回单据;

d)银行将按之前从交单人处获得的指示处理。

d.第十六条 c 款要求的通知必须以电讯方式,如不可能,则以其他快捷方式,在不迟于自交单之翌日起第五个银行工作日结束前发出。

e.按照指定行事的指定银行、保兑行(如有的话)或开证行在按照第十六条 c 款 iii 项 a)或 b)发出了通知后,可以在任何时候将单据退还交单人。

f.如果开证行或保兑行未能按照本条行事,则无权宣称交单不符。

g.当开证行拒绝承付或保兑行拒绝承付或者议付,并且按照本条发出了拒付通知后,有权要求返还已偿付的款项及利息。

第十七条 正本单据及副本

a.信用证规定的每一种单据须至少提交一份正本。

b.银行应将任何带有看似出单人的原始签名、标记、印戳或标签的单据视为正本单据,除非单据本身表明其非正本。

c.除非单据本身另有说明,在以下情况下,银行也将其视为正本单据:

i.单据看似由出单人手写、打字、穿孔或盖章;

ii.单据看似使用出单人的原始信纸出具;

iii.单据声明其为正本单据,除非该声明看似不适用于提交的单据。

d.如果信用证要求提交单据的副本,提交正本或副本均可。

e. 如果信用证使用诸如"一式两份(in duplicate)"、"两份(in two fold)"、"两套(in two copies)"等用语要求提交多份单据,则提交至少一份正本,其余使用副本即可满足要求,除非单据本身另有说明。

第十八条　商业发票

a. 商业发票:

i. 必须看似由受益人出具(第三十八条规定的情形除外);

ii. 必须出具成以申请人为抬头(第三十八条 g 款规定的情形除外);

iii. 必须与信用证的货币相同;

iv. 无须签名。

b. 按指定行事的指定银行、保兑行(如有的话)或开证行可以接受金额大于信用证允许金额的商业发票,其决定对有关各方均有约束力,只要该银行对超过信用证允许金额的部分未作承付或者议付。

c. 商业发票上的货物、服务或履约行为的描述应该与信用证中的描述一致。

第十九条　涵盖至少两种不同运输方式的运输单据

a. 涵盖至少两种不同运输方式的运输单据(多式或联合运输单据),无论名称如何,必须看似:

i. 表明承运人名称并由以下人员签署:

＊承运人或其具名代理人,或

＊船长或其具名代理人。

承运人、船长或代理人的任何签字,必须标明其承运人、船长或代理人的身份。

代理人签字必须表明其系代表承运人还是船长签字。

ii. 通过以下方式表明货运站物已经在信用证规定的地点发送、接管或已装船。

＊事先印就的文字,或者

＊表明货物已经被发送、接管或装船日期的印戳或批注。

运输单据的出具日期将被视为发送、接管或装船的日期,也即发运的日期。然而如单据以印戳或批注的方式表明了发送、接管或装船日期,该日期将被视为发运日期。

iii. 表明信用证规定的发送、接管或发运地点,以及最终目的地,即使:

a) 该运输单据另外还载明了一个不同的发送、接管或发运地点或最终目的地,或者,

b) 该运输单据载有"预期的"或类似的关于船只,装货港或卸货港的限定语。

iv. 为唯一的正本运输单据,或者,如果出具为多份正本,则为运输单据中表明的全套单据。

v. 载有承运条款和条件,或提示承运条款和条件参见别处(简式/背面空白的运输单据)。银行将不审核承运条款和条件的内容。

vi. 未表明受租船合同约束。

b. 就本条而言,转运指在从信用证规定的发送、接管或者发运地点最终目的地的运输过程中从某一运输工具上卸下货物并装上另一运输工具的行为(无论其是否为不同的运输方式)。

c. i. 运输单据可以表明货物将要或可能被转运,只要全程运输由同一运输单据涵盖。

ii. 即使信用证禁止转运,注明将要或者可能发生转运的运输单据仍可接受。

第二十条 提单

a. 提单,无论名称如何,必须看似:

i. 表明承运人名称,并由下列人员签署:

* 承运人或其具名代理人,或者

* 船长或其具名代理人。

承运人,船长或代理人的任何签字必须标明其承运人,船长或代理人的身份。

代理人的任何签字心须标明其系代表承运人还是船长签字。

ii. 通过以下方式表明货物已在信用证规定的装货港装上具名船只:

* 预先印就的文字,或

* 已装船批注注明货物的装运日期。

提单的出具日期将被视为发运日期,除非提单载有表明发运日期的已装船批注,此时已装船批注中显示的日期将被视为发运日期。

如果提单载有"预期船只"或类似的关于船名的限定语,则需以已装船批注明确发运日期以及实际船名。

iii. 表明货物从信用证规定的装货港发运至卸货港。

如果提单没有表明信用证规定的装货港为装货港,或者其载有"预期的"或类似的关于装货港的限定语,则需以已装船批注表明信用证规定的装货港、发运日期以及实际船名。即使提单以事先印就的文字表明了货物已装载或装运于具名船只,本规定仍适用。

iv. 为唯一的正本提单,或如果以多份正本出具,为提单中表明的全套正本。

v. 载有承运条款和条件,或提示承运条款和条件参见别外(简式/背面空白的提单)。银行将不审核承运条款和条件的内容。

vi. 未表明受租船合同约束。

b. 就本条而言,转运系指在信用证规定的装货港到卸货港之间的运输过程中,将货物从一船卸下并再装上另一船的行为。

c. i. 提单可以表明货物将要或可能被转运,只要全程运输由同一提单涵盖。

ii. 即使信用证禁止转运,注明将要或可能发生转运的提单仍可接受,只要其表明货物由集装箱、拖车或子船运输。

d. 提单中声明承运人保留转运权利的条款将被不予理会。

第二十一条　不可转让的海运单

a. 不可转让的海运单,无论名称如何,必须看似:

i. 表明承运人名称并由下列人员签署:

＊承运人或其具名代理人,或者

＊船长或其具名代理人。

承运人、船长或代理人的任何签字必须标明其承运人、船长或代理人的身份。

代理签字必须标明其系代表承运人还是船长签字。

ii. 通过以下方式表明货物已在信用证规定的装货港装上具名船只:

＊预先印就的文字,或者

＊已装船批注表明货物的装运日期。

不可转让海运单的出具日期将被视为发运日期,除非其上带有已装船批注注明发运日期,此明已装船批注注明的日期将被视为发运日期。

如果不可转让海运单载有"预期船只"或类似的关于船名的限定语,则需要以已装船批注表明发运日期和实际船名。

iii. 表明货物从信用证规定的装货港发运至卸货港。

如果不可转让海运单未以信用证规定的装货港为装货港,或者如果其载有"预期的"或类似的关于装货港的限定语,则需要以已装船批注表明信用证规定的装货港、发运日期和船只。即使不可转让海运单以预先印就的文字表明货物已由具名船只装载或装运,本规定也适用。

iv. 为唯一的正本不可转让海运单,或如果以多份正本出具,为海运单上注明的全套正本。

v. 载有承运条款的条件,或提示承运条款和条件参见别处(简式/背面空白的海运单)。银行将不审核承运条款和条件的内容。

vi. 未注明受租船合同约束。

b. 就本条而言,转运系指在信用证规定的装货港到卸货之间的运输过程中,将货物从一船卸下并装上另一船的行为。

c. i. 不可转让海运单可以注明货物将要或可能被转运,只要全程运输由同一海运单涵盖。

ii. 即使信用证禁止转运,注明转运将要或可能发生的不可转让的海运单仍可接受,只要其表明货物装于集装箱、拖船或子船中运输。

d. 不可转让的海运单中声明承运人保留转运权利条款将被不予理会。

第二十二条　租船合同提单

a. 表明其受租船合同约束的提单(租船合同提单),无论名称如何,必须看似:

i. 由以下员签署:

＊船长或其具名代理人,或

＊船东或其具名代理人,或

＊租船人或其具名代理人。

船长、船东、租船人或代理人的任何签字必须标明其船长、船东、租船人或代理人的身份。

代理人签字必须表明其系代表船长、船东还是租船人签字。

代理人代表船东或租船人签字时必须注明船东或租船人的名称。

ii. 通过以下方式表明货物已在信用证规定的装货港装上具名船只:

＊预先印就的文字,或者

＊已装船批注注明货物的装运日期

租船合同提单的出具日期将被视为发运日期,除非租船合同提单载有已装船批注注明发运日期,此时已装船批注上注明的日期将被视为发运日期。

iii. 表明货物从信用证规定的装货港发运至卸货港。卸货港也可显示为信用证规定的港口范围或地理区域。

iv. 为唯一的正本租船合同提单,或如以多份正本出具,为租船合同提单注明的全套正本。

b. 银行将不审核租船合同,即使信用证要求提交租船合同。

第二十三条 空运单据

a. 空运单据,无论名称如何,必须看似:

i. 表明承运人名称,并由以下人员签署:

＊承运人,或

＊承运人的具名代理人。

承运人或其代理人的任何签字必须标明其承运人或代理人的身份。

代理人签字必须表明其系代表承运人签字。

ii. 表明货物已被收妥待运。

iii. 表明出具日期。该日期将被视为发运日期,除非空运单据载有专门批注注明实际发运日期,此时批注中的日期将被视为发运日期。

空运单据中其他与航班号和航班日期相关的信息将不被用来确定发运日期。

iv. 表明信用证规定的起飞机场和目的地机场。

v. 为开给发货人或托运人的正本,即使信用证规定提交全套正本。

vi. 载有承运条款和条件,或提示条款和条件参见别处。银行将不审核承运条款和条件的内容。

b. 就本条而言,转运是指在信用证规定的起飞机场到目的地机场的运输过程中,将货物从一飞机卸下再装上另一飞机的行为。

c. i. 空运单据可以注明货物将要或可能转运,只要全程运输由同一空运单据涵盖。

ii. 即使信用证禁止转运,注明将要或可能发生转运的空运单据仍可接受。

第二十四条 公路、铁路或内陆水运单据

a. 公路、铁路或内陆水运单据,无论名称如何,必须看似:

i. 表明承运人名称,并且

* 由承运人或其具名代理人签署,或者

* 由承运人或其具名代理人以签字、印戳或批注表明货物收讫。

承运人或其具名代理人的收货签字、印戳或批注必须标明其承运人或代理人的身份。

代理人的收货签字、印戳或批注必须标明代理人系代理承运人签字或行事。

如果铁路运输单据没有指明承运人,可以接受铁路运输公司的任何签字或印戳作为承运人签署单据的证据。

ii. 表明货物的信用规定地点的发运日期,或者收讫待运或待发送的日期。运输单据的出具日期将被视为发运日期,除非运输单据上盖有带日期的收货印戳,或注明了收货日期或发运日期。

iii. 表明信用证规定的发运地及目的地。

b. i. 公路运输单据必须看似为开给发货人或托运人的正本,或没有任何标记表明单据开给何人。

ii. 注明"第二联"的铁路运输单据将被作为正本接受。

iii. 无论是否注明正本字样,铁路或内陆水运单据都被作为正本接受。

c. 如运输单据上未注明出具的正本数量,提交的份数即视为全套正本。

d. 就本条而言,转运是指在信用证规定的发运、发送或运送的地点到目的地之间的运输过程中,在同一运输方式中从一运输工具卸下再装上另一运输工具的行为。

e. i. 只要全程运输由同一运输单据涵盖,公路、铁路或内陆水运单据可以注明货物将要或可能被转运。

ii. 即使信用证禁止转运,注明将要或可能发生转运的公路、铁路或内陆水运单据仍可接受。

第二十五条 快递收据、邮政收据或投邮证明

a. 证明货物收讫待运的快递收据,无论名称如何,必须看似:

i. 表明快递机构的名称,并在信用证规定的货物发运地点由该具名快递机构盖章或签字;并且

ii. 表明取件或收件的日期或类似词语,该日期将被视为发运日期。

b. 如果要求显示快递费用付讫或预付,快递机构出具的表明快递费由收货人以外的一方支付的运输单据可以满足该项要求。

c. 证明货物收讫待运的邮政收据或投邮证明,无论名称如何,必须看似在信用证规定的货物发运地点盖章或签署并注明日期。该日期将被视为发运日期。

第二十六条 "货装舱面"、"托运人装载和计数"、"内容据托运人报称"及运费之外的费用

a. 运输单据不得表明货物装于或者将装于舱面。声明货物可能装于舱面的运输单据条款可以接受。

b. 载有诸如"托运人装载和计数"或"内容据托运人报称"条款的运输单据可以接受。

c. 运输单据上可以以印戳或其他方法提及运费之外的费用。

第二十七条 清洁运输单据

银行只接受清洁运输单据,清洁运输单据指未载有明确宣称货物或包装有缺陷的条款或批注的运输单据。"清洁"一词并不需要在运输单据上出现,即使信用证要求运输单据为"清洁已装船"的。

第二十八条 保险单据及保险范围

a. 保险单据,例如保险单或预约保险项下的保险证明书或者声明书,必须看似由保险公司或承保人或其代理人或代表出具并签署。

b. 如果保险单据表明其以多份正本出具,所有正本均须提交。

c. 暂保单将不被接受。

d. 可以接受保险单代预约保险项下的保险证明书或声明书。

e. 保险单据日期不得晚于发运日期,除非保险单据表明保险责任不迟于发运日生效。

f. i. 保险单据必须表明投保金额并以与信用证相同的货币表示。

ii. 信用证对于投保金额为货物价值、发票金额或类似金额的某一比例的要求,将被视为对最低保额的要求。

如果信用证对投保金额未做规定,投保金额须至少为货物的 CIF 或 CIP 价格的 110%。

如果从单据中不能确定 CIF 或者 CIP 价格,投保金额必须基于要求承付或议付的金额,或者基于发票上显示的货物总值来计算,两者之中取金额较高者。

iii. 保险单据须表明承保的风险区间至少涵盖从信用证规定的货物接管地或发运地开始到卸货地或最终目的地为止。

g. 信用证应规定所需投保的险别及附加险(如有的话)。如果信用证使用诸如"通常风险"或"惯常风险"等含义不确切的用语,则无论是否有漏保之风险,保险单据将被照样接受。

h. 当信用证规定投保"一切险"时,如保险单据载有任何"一切险"批注或条款,无论是否有"一切险"标题,均将被接受,即使其声明任何风险除外。

i. 保险单据可以援引任何除外条款。

j. 保险单据可以注明受免赔率或免赔额(减除额)约束。

第二十九条 截止日或最迟交单日的顺延

a. 如果信用证的截止日或最迟交单日适逢接受交单的银行非因第三十六条所述原因而歇业,则截止日或最迟交单日,视何者适用,将顺延至其重新开业的第一个银行工作日。

b. 如果在顺延后的第一个银行工作日交单,指定银行必须在其致开证行或保兑行的面函中声明交单是在根据第二十九条 a 款顺延的期限内提交的。

c. 最迟发运日不因第二十九条 a 款规定的原因而顺延。

第三十条 信用证金额、数量与单价的伸缩度

a. "约"或"大约"用于信用证金额或信用证规定的数量或单价时,应解释为允许有关金额或数量或单价有不超过 10% 的增减幅度。

b. 在信用证未以包装单位件数或货物自身件数的方式规定货物数量时,货物数量允许有 5% 的增减幅度,只要总支取金额不超过信用证金额。

c. 如果信用证规定了货物数量,而该数量已全部发运,及如果信用证规定了单价,而该单价又未降低,或当第三十条 b 款不适用时,则即使不允许部分装运,也允许支取的金额有 5% 的减幅。若信用证规定有特定的增减幅度或使用第三十条 a 款提到的用语限定数量,则该减幅不适用。

第三十一条 部分支款或部分发运

a. 允许部分支款或部分发运。

b. 表明使用同一运输工具并经由同次航程运输的数套运输单据在同一次提交时,只要显示相同目的地,将不视为部分发运,即使运输单据上表明的发运日期不同或装货港、接管地或发运地点不同。如果交单由数套运输单据构成,其中最晚的一个发运日将被视为发运日。含有一套或数套运输单据的交单,如果表明在同一种运输方式下经由数件运输工具运输,即使运输工具在同一天出发运往同一目的地,仍将被视为部分发运。

c. 含有一份以上快递收据、邮政收据或投邮证明的交单,如果单据看似由同一快递或邮政机构在同一地点和日期加盖印戳或签字并且表明同一目的地,将不视为部分发运。

第三十二条 分期支款或分期发运

如信用证规定在指定的时间段内分期支款或分期发运,任何一期未按信用证规定期限支取或发运时,信用证对该期及以后各期均告失效。

第三十三条 交单时间

银行在其营业时间外无接受交单的义务。

第三十四条 关于单据有效性的免责

银行对任何单据的形式、充分性、准确性、内容真实性、虚假性或法律效力,或对单据中规定或添加的一般或特殊条件,概不负责;银行对任何单据所代表的货物、服务或其他履约行为的描述、数量、重量、品质、状况、包装、交付、价值或其存在与否,或对发货人、承运人、货运代理人、收货人、货物的保险人或其他任何人的诚信与否、作为或不作为、清偿能力、履约或资信状况,也概不负责。

第三十五条　关于信息传递和翻译的免责

当报文、信件或单据按照信用证的要求传输或发送时,或当信用证未作指示,银行自行选择传送服务时,银行对报文传输或信件或单据的递送过程中发生的延误、中途遗失、残缺或其他错误产生的后果,概不负责。

如果指定银行确定交单相符并将单据发往开证行或保兑行,无论指定银行是否已经承付或议付,开证行或保兑行必须承付或议付,或偿付指定银行,即使单据在指定银行送往开证行或保兑行的途中,或保兑行送往开证行的途中丢失。

银行对技术术语的翻译或解释上的错误,不负责任,并可不加翻译地传送信用证条款。

第三十六条　不可抗力

银行对由于天灾、暴动、骚乱、叛乱、战争、恐怖主义行为或任何罢工、停工或其无法控制的任何其他原因导致的营业中断的后果,概不负责。

银行恢复营业时,对于在营业中断期间已逾期的信用证,不再进行承付或议付。

第三十七条　关于被指示方行为的免责

a. 为了执行申请人的指示,银行利用其他银行的服务,其费用和风险由申请人承担。

b. 即使银行自行选择了其他银行,如果发出的指示未被执行,开证行或通知行对此亦不负责。

c. 指示另一银行提供服务的银行有责任负担被指示方因执行指示而发生的任何佣金、手续费、成本或开支("费用")。

如果信用证规定费用由受益人负担,而该费用未能收取或从信用证款项中扣除,开证行依然承担支付此费用的责任。

信用证或其修改不应规定向受益人的通知以通知行或第二通知行收到其费用为条件。

d. 外国法律和惯例加诸于银行的一切义务和责任,申请人应受其约束,并就此对银行负补偿之责。

第三十八条　可转让信用证

a. 银行无办理信用证转让的义务,除非其明确同意。

b. 就本条而言:

可转让信用证系指特别注明"可转让(transferable)"字样的信用证。可转让信用证可应受益人(第一受益人)的要求转为全部或部分由另一受益人(第二受益人)兑用。

转让行系指办理信用证转让的指定银行,或当信用证规定可在任何银行兑用时,指开证行特别如此授权并实际办理转让的银行。开证行也可担任转让行。

已转让信用证指已由转让行转为可由第二受益人兑用的信用证。

c. 除非转让时另有约定,有关转让的所有费用(诸如佣金、手续费、成本或开支)须由第一受益人支付。

d. 只要信用证允许部分支款或部分发运,信用证可以分部分地转让给数名第二受益人。已转让信用证不得应第二受益人的要求转让给任何其后受益人。第一受益人不视为其后受益人。

e. 任何转让要求须说明是否允许及在何条件下允许将修改通知第二受益人。已转让信用证须明确说明该项条件。

f. 如果信用证转让给数名第二受益人,其中一名或多名第二受益人对信用证修改的拒绝并不影响其他第二受益人接受修改。对接受者而言该已转让信用证即被相应修改,而对拒绝改的第二受益人而言,该信用证未被修改。

g. 已转让信用证须准确转载原证条款,包括保兑(如果有的话),但下列项目除外:信用证金额、规定的任何单价、截止日、交单期限、最迟发运日或发运期间。

以上任何一项或全部均可减少或缩短。

必须投保的保险比例可以增加,以达到原信用证或本惯例规定的保险金额。

可用第一受益人的名称替换原证中的开证申请人名称。

如果原证特别要求开证申请人名称应在除发票以外的任何单据出现时,已转让信用证必须反映该项要求。

h. 第一受益人有权以自己的发票和汇票(如有的话)替换第二受益人的发票的汇票,其金额不得超过原信用证的金额。经过替换后,第一受益人可在原信用证项下支取自己发票与第二受益人发票间的差价(如有的话)。

i. 如果第一受益人应提交其自己的发票和汇票(如有的话),但未能在第一次要求的照办,或第一受益人提交的发票导致了第二受益人的交单中本不存在的不符点,而其未能在第一次要求时修正,转让行有权将从第二受益人处收到的单据照交开证行,并不再对第一受益人承担责任。

j. 在要求转让时,第一受益人可以要求在信用证转让后的兑用地点,在原信用证的截止日之前(包括截止日),对第二受益人承付或议付。本规定并不得损害第一受益人在第三十八条h款下的权利。

k. 第二受益人或代表第二受益人的交单必须交给转让行。

第三十九条 款项让渡

信用证未注明可转让,并不影响受益人根据所适用的法律规定,将该信用证项下其可能有权或可能将成为有权获得的款项让渡给他人的权利。本条只涉及款项的让渡,而不涉及在信用证项下进行履行行为的权利让渡。

参考文献

[1] 周岳梅,孙海洋.国际贸易融资结算操作技能实训[M].上海交通大学出版社,2011.
[2] 潘冬青,胡松华.国际贸易电子化实务[M].杭州:浙江大学出版社,2010.
[3] 孙莹.国际结算[M].厦门大学出版社,2010.
[4] 林俐.国际结算[M].上海:立信会计出版社,2010.
[5] 蒋琴儿,秦定.国际结算:理论·实务·案例(双语教材)[M].北京:清华大学出版社,2007.
[6] 邵红岭.国际结算[M].重庆:西南财经大学出版社,2010.
[7] 林孝成.国际结算实务[M].北京:高等教育出版社,2004.
[8] 徐进亮.国际结算惯例与案例[M].北京:对外经济贸易大学出版社,2007.
[9] 赵明霄.国际结算[M].北京:中国金融出版社,2010.
[10] 戴海珊,吴安南.国际贸易实务[M].大连理工大学出版社,2011.
[11] 汪卫芳,蔡海林.国际结算[M].杭州:浙江大学出版社,2010.
[12] 姜学军.国际汇兑与结算[M].北京:首都经济贸易大学出版社,2011.
[13] 王雅松.国际结算[M].上海:立信会计出版社,2010.
[14] 庞红.国际结算[M].北京:中国人民大学出版社,2012.
[15] 高洁.国际结算[M].北京:中国人民大学出版社,2012.
[16] 王学惠.国际结算[M].北京:清华大学出版社,2009.
[17] 倪信琦.国际结算[M].厦门大学出版社,2009.
[18] 王婧.国际结算操作[M].北京:高等教育出版社,2008.
[19] 郭晓晶.国际结算[M].北京:科学出版社,2006.
[20] 苏宗祥,徐捷.国际结算[M]北京:中国金融出版社,2008.
[21] 温晓芳.国际结算[M].北京:对外经济贸易大学出版社,2009.
[22] 海威,沈承红.国际金融[M].北京:中央广播电视大学出版社,2011.
[23] 孙黎.国际金融实务[M].西安交通大学出版社,2011.
[24] 黎效先,王健.国际贸易实务[M].北京:对外经济贸易大学出版社,2011.
[25] 侯颖.国际结算[M].北京.电子工业出版社,2010.
[26] http://www.boc.cn/